Marquardt / Sonnenberg / Sudhoff (Hg.)
_____

Es geht anders!

Jochen Marquardt
Bianca Sonnenberg
Jan Sudhoff (Hg.)

Es geht anders!

Neue Denkanstöße
für politische Alternativen

PapyRossa Verlag

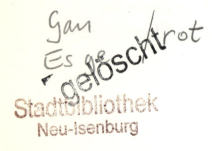

Redaktion dieses Bandes: Anne Sandner

© 2014 by PapyRossa Verlags GmbH & Co. KG, Köln
Luxemburger Str. 202, 50937 Köln
Tel.:   +49 (0) 221 – 44 85 45
Fax: +49 (0) 221 – 44 43 05
E-Mail: mail@papyrossa.de
Internet: www.papyrossa.de

Alle Rechte vorbehalten

Druck: Interpress

Die Deutsche Nationalbibliothek verzeichnet diese Publikation in
der Deutschen Nationalbibliografie; detaillierte bibliografische
Daten sind im Internet über http://dnb.d-nb.de abrufbar

ISBN 978-3-89438-563-7

Inhalt

Gegen den Strom
Unsere Vortragsreihe 8

SABINE REINER
**Das transatlantische Freihandels-
und Investitionsabkommen (TTIP)**
Ein Abkommen zu Lasten von Bevölkerung und Umwelt 10

MANUELA MASCHKE
Herausforderungen für die betriebliche Mitbestimmung 17

GUNTER QUAISSER
»Bildungsrepublik« Deutschland? 26

ANDREAS KEMPER
Was ist die Alternative für Deutschland (AfD)? 32

BRIAN TERRELL
Keine Kampfdrohnen in Kriegsgebieten 38

JOCHEN MARQUARDT
Neoliberale Politik in Deutschland 45

RAOUL DIDIER
**Handlungsfähiger Staat oder
mehr Steuergerechtigkeit? Beides!** 53

CORNELIA HEINTZE
**Anderes Staatsverständnis als Basis
des skandinavischen Sozialmodells** 59

FRANZ-JOSEF MÖLLENBERG
»Gute Arbeit – sichere Rente – soziales Europa« 67

GERD BOSBACH
Lügen mit Zahlen 73

SIMON FUNCKE
Regenerativ, dezentral und bürgerbestimmt?
Die zukünftige Stromversorgung 84

LENA PAETSCH
Frauen in der extremen Rechten 92

STEFFEN LEHNDORFF
Ein »Triumph gescheiterter Ideen«
Das deutsche Geschäftsmodell in der europäischen Krise 100

JÜRGEN GRÄSSLIN
Millionen? Ja, Millionen Opfer deutscher Gewehrexporte 106

NORBERT REUTER
Zukunft ohne Wachstum? 119

KAI EICKER-WOLF
Der Verfall der kommunalen Investitionen
Das Beispiel Nordrhein-Westfalen 127

WILHELM ADAMY
Zehn Jahre Hartz IV – Kein Grund zum Feiern 133

MARKUS HENN
Spekulation mit Nahrungsmitteln 140

HEINZ-J. BONTRUP
Ökonomische Begründungen für Mitbestimmung 146

KAI EICKER-WOLF
Zwangsjacke Schuldenbremse 158

HERMANN BÖMER
Re-Industrialisierung?
Industrie- und Regionalpolitik für die EU-Krisenländer 166

CLAUDIA WEINKOPF
Niedriglohn ist weiblich 180

MOHSSEN MASSARRAT
Arbeitszeitverkürzung als Ausweg aus der Finanzkrise 187

DANIEL KREUTZ
Zur Kritik des »bedingungslosen Grundeinkommens« 197

ACHIM VANSELOW
Niedriglohnarbeit in einem reichen Land 203

JOSEPHAT SYLVAND
Fairer Handel – machen Sie mit! 209

PETER HENNICKE / DOROTHEA HAUPTSTOCK
Die Energiewende erfolgreich gestalten 214

CARMEN TIETJEN
Reine Frauensache?
Vereinbarkeit von Familie und Beruf 226

AXEL TROOST
Stadt, Land, Bund: Die Finanzkrise wirkt vor Ort
UmSteuern für zukunftsfähige Bundesländer und Kommunen 235

HAJO SCHMIDT
Krieg und Frieden 243

MECHTHILD SCHROOTEN
WestLB und kommunale Haushalte 256

CHRISTOPH BUTTERWEGGE
Armut in Deutschland und in der Europäischen Union 262

WERNER RÜGEMER
Freiheit der Arbeit!
Die universellen Menschenrechte
gelten auch für die Arbeitsverhältnisse 268

Autorinnen und Autoren 273

Gegen den Strom

Unsere Vortragsreihe

Seit rund zehn Jahren wird in Hagen »Gegen den Strom« diskutiert. Aus Anlass der 100. Veranstaltung im Jahr 2014 stellt die Veranstaltergemeinschaft aus Arbeit und Leben, DGB und der VHS in Hagen zum zweiten Male eine Auswahl von Aufsätzen in einem Sammelband zur Verfügung. Nach den ersten 50 Veranstaltungen wurde das Buch »Es geht nur anders« im Jahr 2009 vorgestellt. Der vorliegende neue Band stellt wiederum zusammengefasste und aktualisierte Texte vor – von der Reihenfolge her an den Veranstaltungsterminen ausgerichtet. Auch diesmal ist die Bandbreite der Themen groß und die Referentinnen und Referenten stehen für mutige Debatten gegen den Mainstream. Gestartet war die Informations- und Diskussionsreihe nach dem Antritt der SPD-Grünen Bundesregierung. Es sollten Alternativen zur Agenda 2010 und den zu Beginn des Jahrtausends eingeführten Hartz-Gesetzen vorgestellt und diskutiert werden. Während die Regierungskoalition in den Folgejahren verschiedentlich zwischen großer Koalition und schwarz-gelber Ausrichtung wechselte, blieben zentrale Fragen im stetigen politischen Streit der vergangenen Jahre.

Von besonderer Bedeutung waren Auseinandersetzungen um die Ordnung und Ausrichtung der Arbeitsmärkte, Herausforderungen um soziale Gerechtigkeit und eine andere Verteilungspolitik in Deutschland und zunehmend darüber hinaus in der europäischen Dimension. Prägend für viele Debatten waren die Auswirkungen der größten Finanz- und Wirtschaftskrise der vergangenen 80 Jahre. In vielen Facetten wurden die Themen in der Reihe aufgegriffen und durch Hintergrundinformationen erläutert. Diskutiert wurden ferner Fragen der Mitbestimmung in der Wirtschaft und der demokratischen Entwicklungen in der Gesellschaft.

Der Blick wurde auch auf weitere und spezielle Themen gerichtet. So standen Fragen der Kulturarbeit ebenso auf der Tagesordnung wie alte und neue Aufgaben im Zusammenhang mit Wohlstandsentwicklung und Umweltpolitik. Bildungspolitik wurde sowohl aus dem Blickwinkel der inhaltlichen und pädagogischen Perspektive angeschaut als auch aus der vermeintlichen Falle finanzpolitischer Ressourcenknappheit. Den Referentinnen und Referenten aus der Wissenschaft, aus Gewerkschaften, Politik und Gesellschaft gilt ein ganz herzlicher Dank für ihre Unterstützung. Dank für viele spannende Veranstaltungen und selbstverständlich ganz besonders für die zur Verfügung gestellten Texte.

Ein weiteres Dankeschön all jenen, die uns in den vergangenen Jahren als TeilnehmerInnen der Reihe »Gegen den Strom« begleitet haben, ebenso denen, die uns ihre Räumlichkeiten zur Verfügung stellten, Anne Sandner für die Organisation und dem PapyRossa Verlag für die gute Zusammenarbeit.

Als Vertreter der Veranstaltergemeinschaft schauen wir gern auf ein spannendes und anregendes Stück gemeinsamer Debattenkultur in unserer Stadt zurück und wir freuen uns auf die nächste Etappe unserer Zusammenarbeit.

Jochen Marquardt, DGB Hagen
Bianca Sonnenberg, VHS Hagen
Jan Sudhoff, Regionalbüro Arbeit und Leben Berg-Mark

Sabine Reiner

Das transatlantische Freihandels- und Investitionsabkommen (TTIP)

Ein Abkommen zu Lasten von Bevölkerung und Umwelt

Seit Sommer 2013 verhandeln Arbeitsgruppen unter der Federführung des EU-Kommissars für Handel und des US-Handelsministers über ein Freihandelsabkommen mit dem Namen »Transatlantisches Handels- und Investitionsabkommen« (Transatlantic Trade and Investment Partnership, TTIP). Die Vorbereitungen liefen unter strengster Geheimhaltung bereits seit Jahren. Beteiligt daran waren Organisationen wie die Bertelsmann-Stiftung oder Unternehmerverbände wie Business Europe oder der Transatlantic Business Dialogue. Gewerkschaften oder NGOs blieben außen vor.

Traditionell dienen Freihandelsabkommen dazu, Handelsbeschränkungen wie Zölle oder Quoten zu reduzieren. Diese sind jedoch – abgesehen von einigen wenigen Branchen wie zum Beispiel Landwirtschaft – zwischen Europa und USA schon auf sehr niedrigem Niveau. Im TTIP sind daher sogenannte nichttarifäre Handelshemmnisse viel stärker im Fokus der Verhandlungen. Es geht vor allem um Vorschriften, die Unternehmen und Investoren Marktzugänge erschweren könnten. Dazu gehören Qualitätsstandards, rechtliche oder technische Anforderungen, Steuervergünstigungen oder andere Formen der Förderung, Herkunftsangaben oder Verpackungsvorschriften.

Seit Ende 2013 gewinnt die Kritik an den Geheimverhandlungen an Breite.[1] Die Erfahrung mit solchen Abkommen hat in der Vergangenheit immer wieder gezeigt, dass vollmundig versprochene Wachstums-, Wohlfahrts- und Beschäftigungsgewinne nicht realisiert wurden, stattdessen aber Verschlechterungen etwa bei Löhnen, Sozial- oder Umweltstandards die Folge waren. Die versprochenen positiven Effekte sind ohnehin lächerlich gering: Ein zusätzliches Wachstum von ungefähr einem halben Prozent und zwei Millionen zusätzliche Arbeitsplätze für USA und Europa insgesamt klingen zwar zunächst ganz gut. Allerdings sollen sie erst im Lauf von 10 bis 20 Jahren realisiert werden, pro Jahr also ein Wachstum von 0,03 Prozent und zum Beispiel deutschlandweit jährlich gut 10.000 zusätzliche Jobs. Wenn denn die Modellrechnungen Realität würden.

Die Gefahren sind ungleich größer. Sie betreffen vor allem bestehende, häufig mühsam erstrittene Schutzrechte für Beschäftigte, für Verbraucher/innen, für die Umwelt sowie demokratische Beteiligung. Letztere wird schon dadurch ausgehebelt, dass aufgrund der Geheimhaltung und Intransparenz bei den Verhandlungen eine öffentliche Debatte von vornherein verhindert wird. Hinzu kommt ein geplanter spezieller Investorenschutz, der Unternehmen die Möglichkeit gibt, per Klage gegen politische Entscheidungen vorzugehen.

Im Unterschied zu Verhandlungen mit anderen Ländern (auch mit Kanada verhandelt die EU gegenwärtig das Wirtschafts- und Handelsabkommen CETA) oder bestehenden Abkommen ist TTIP von besonderer strategischer Bedeutung wegen der schieren Größe der Verhandlungspartner. Der Anteil von USA und Europa an der Weltbevölkerung liegt zwar nur bei 12 Prozent. Sie stehen aber für fast 50 Prozent des globalen Bruttoinlandsprodukts, 60 Prozent aller Auslandsinvestitionen und Forschungsausgaben sowie 75 Prozent der weltweiten Finanzdienstleistungen. Standards, die die USA und die EU für den Welthandel setzen, sind Orientierung für viele andere.

---

1   Vgl. z. B. ver.di: Angriff auf Löhne, Soziales und Umwelt. Was steckt hinter dem transatlantischen Freihandelsabkommen TTIP?; Dez. 2013 (www.wipo.verdi.de) oder Informationen des Bündnisses v. a. von Umwelt- und Entwicklungsorganisationen »TTIP unfair handelbar« (www.ttip-unfairhandelbar.de).

Von Chlorhähnchen und Hormonfleisch

Auf beiden Seiten des Atlantiks haben sich sehr unterschiedliche Regulierungssysteme aber auch Gewohnheiten herausgebildet. Breite Bevölkerungskreise wurden alarmiert durch Unterschiede beim Verbraucherschutz. Sinnbild wurden die Hähnchen, die in den USA vor der Weiterverarbeitung in ein Chlorbad geworfen werden, eine Brühe, die Löcher in Beton fressen kann, wie eine ehemalige Beschäftigte eines US-Unternehmens im deutschen Fernsehen berichtete. In Europa ist für viele Menschen kaum nachzuvollziehen, wieso US-Bürger/innen angesichts solcher Praktiken in der Lebensmittelindustrie nicht Sturm laufen. Das »Chlorhähnchen« hat jedenfalls dazu beigetragen, dass das TTIP eine größere Aufmerksamkeit in der Öffentlichkeit erhalten hat.

Standards sind allerdings nicht nur beim Verbraucherschutz bedroht und auch nicht allein auf der europäischen Seite. Die US-Bürgerrechts-Organisation Public Citizen leistet Aufklärung zu TTIP auf ihrer Website und hat unter anderem Informationen zu bedrohten Standards auf beiden Seiten des Atlantiks zusammengestellt.[2] So drängen US-Unternehmen zwar nicht nur auf Zulassung chlorbehandelter Hähnchen auf den europäischen Märkten, sondern auch von Fleisch, das mit Wachstumshormonen behandelt wurde. Außerdem halten US-Agrarunternehmen das Niveau erlaubter Pestizid-Rückstände in Europa für zu niedrig. Auf der anderen Seite aber beklagt sich die europäische Lobbyorganisation Business Europe über Einfuhrbeschränkung für ungekochtes Fleisch in die USA und die europäische Milchindustrie hält Gütestandards für Milch in den USA für zu hoch. Außerdem verweist Public Citizen darauf, dass von europäischer Seite eine Rücknahme von Finanzmarktreformen gefordert wird, die in den USA im Gefolge der Finanzmarktkrise verabschiedet wurden. In dieser Hinsicht waren die USA konsequenter als Europa bzw. die europäischen Nationalstaaten.

Ein grundsätzlicher Unterschied besteht auch in der Art und Weise der Zulassung von Produkten oder Verfahren. Wenn Gefahren oder

---

2 www.citizen.org/Page.aspx?pid=6037

Schädlichkeit nicht ausdrücklich nachgewiesen ist, kann in den USA grundsätzlich alles zugelassen werden. In Europa wird nach dem Vorsorgeprinzip verfahren. Demnach kann eine Zulassung auch verweigert werden, wenn unklar ist, ob oder wie gefährlich ein Produkt möglicherweise ist, ein drohender Schaden aber nicht wissenschaftlich nachgewiesen werden kann. Dieses Vorsorgeprinzip, so die Vermutung, könnte durch TTIP ausgehebelt werden.

Arbeitnehmerrechte, Lohn- und Sozialdumping
Bezüglich der Arbeitnehmerrechte ist alarmierend, dass die USA sechs der acht Kernarbeitsnormen der Internationalen Arbeitsorganisation, ILO, nicht ratifiziert haben. Dadurch sind in den USA die Vereinigungsfreiheit und das Recht auf Kollektivverhandlungen teilweise erheblich eingeschränkt. Ein Beispiel dafür ist der Konzern T-Mobile USA, der gewerkschaftliche Interessenvertretung zu verhindern versucht. Und aktuell hat das VW-Werk in Chattanooga, Tennessee, Furore gemacht, als massiver politischer Einfluss die geplante Gründung eines Betriebsrats knapp verhinderte.

Auch wenn beteuert wird, dass die jeweiligen Arbeits- und Sozialstandards erhalten bleiben sollen, zielen Freihandelsabkommen immer auch auf eine Verstärkung von Wettbewerb. International agierende Konzerne nutzen unterschiedliche Regulierungsstandards aus und verstärken damit Druck in Richtung Absenkung. Die Gefahr von Abwärtsspiralen hat sich in anderen Freihandelsabkommen bereits bestätigt – nicht zuletzt auf dem liberalisierten europäischen Binnenmarkt, wo fehlende einheitliche Standards zu einem Anstieg prekärer Arbeitsverhältnisse, steigenden Einkommensunterschieden und verstärktem Druck auf Löhne und Arbeitsbedingungen und einer Aushöhlung von Gewerkschaftsrechten führen.

Eine zusätzliche Bedrohung von Arbeitnehmerrechten und sozialen Errungenschaften ist der Druck in Richtung verstärkte Liberalisierung und Privatisierung von gesellschaftlich notwendigen Gütern und Dienstleistungen wie Wasser, Bildung, Gesundheit, Kunst und Kultur. Studien haben gezeigt, dass die Privatisierung vormals öffentlicher Dienstleistungen die Arbeitsbedingungen der Beschäftigten und die

Qualität der Angebote häufig verschlechtern und einkommensschwächere Bevölkerungsgruppen ausgrenzen. Auch das öffentliche Beschaffungswesen ist unter Beschuss. Die USA nutzen öffentliche Aufträge bisher viel stärker als Europa dafür, die lokale Wirtschaft oder bestimmte Wirtschaftszweige zu stützen (»Buy American-Klausel«). Liberalisierungen schränken die Möglichkeiten ein, mit öffentlichen Aufträgen gezielte Konjunkturpolitik zu machen oder Aufträge auf Grundlage sozialer und ökologischer Kriterien zu vergeben.

Doch die Lobby privatwirtschaftlicher Dienstleistungsanbieter versucht das TTIP für weitere Liberalisierungsschritte zu nutzen und erreichte Liberalisierungsniveaus festzuschreiben. Dazu würde eine sogenannte Negativliste dienen, nach der alle Bereiche liberalisiert werden müssten, die nicht ausdrücklich ausgenommen sind. Ebenfalls gefährlich wäre eine sogenannte Sperrklinken-Klausel, die verhindern soll, dass erreichte Liberalisierungen durch Re-Kommunalisierung oder andere Formen von Re-Regulierung rückgängig gemacht werden.

Investorenschutz schlägt Demokratie?
Besonders problematisch ist die geplante Verankerung eines sogenannten Investoren/Staat-Streitschlichtungsmechanismus (Investor to State Dispute Settlement, ISDS). Damit wird privaten Unternehmen ein spezielles Klagerecht gegen Staaten eingeräumt. Sie können Staaten auf Entschädigung verklagen, wenn sie ihre Profite durch bestimmte Gesetze beeinträchtigt sehen, die Bürger/innen, Beschäftigte oder die Umwelt schützen sollen. In vielen bilateralen und multilateralen Verträgen existieren bereits solche Klauseln, daher gibt es inzwischen eine Vielzahl von spektakulären Klagebeispielen: Philip Morris klagt gegen Australien und Uruguay wegen deren Auflagen für Tabakwerbung, Vattenfall klagt gegen Deutschland wegen des Atomausstiegs, ein französisches Unternehmen klagt gegen den Versuch der Erhöhung des Mindestlohns in Ägypten, oder ein kanadisches Unternehmen klagt über seine US-Tochter gegen ein Fracking-Moratorium in Kanada. Verschiedene südamerikanische Länder haben das bei der Weltbank angegliederte Schiedsgericht bereits verlassen und Australien hat angekündigt, keine solchen Abkommen mehr abzuschließen.

Die Schiedsgerichte selbst sind keine Institutionen des demokratischen Rechtsstaats, sondern agieren außerhalb nationalstaatlicher Rechtssysteme. Entscheidungsträger bzw. Richter sind hier drei Juristen, von denen der erste vom Unternehmen/Investor, der zweite vom Staat und der dritte im Konsens beider Parteien, oder von einer anderen Institution nominiert werden. Über die Hälfte der Verfahren wurden dabei von einer kleinen Gruppe von lediglich 15 Anwälten durchgeführt. Berufungsverfahren oder eine höhere Instanz, die solche Entscheidungen widerrufen könnte, gibt es nicht.

Diese Form des Investorenschutzes ist eine undemokratische Veranstaltung, die zudem überflüssig ist, weil die Rechtssysteme der USA wie Europas ausreichenden Schutz für Investoren gewährleisten. Das Investor/Staat-Schiedsverfahren sichert einseitig Privilegien für Investoren und schützt sie vor den Kosten von demokratisch zustande gekommenen sozialen und ökologischen Veränderungen bzw. noch weitergehend: politische Entscheidungen werden schon im Vorfeld verhindert, weil politisch Verantwortliche Klagen von Investoren fürchten.

Freihandel ist kein Selbstzweck

Die Befürworter/innen des TTIP haben bisher nicht überzeugend darlegen können, welchen Nutzen das Abkommen für die Bevölkerung haben soll. Die möglichen Gefahren überwiegen bei weitem den angeblichen Nutzen. Wer Kritiker/innen überzeugen will, müsste als ersten Schritt mindestens für Transparenz sorgen. Doch nicht einmal dieser Minimalforderung wird gegenwärtig entsprochen.

Gewerkschaften und andere haben ihre Bedenken und Forderungen formuliert und warten auf Antworten. Sowohl die Verhandlungen zum TTIP wie auch die politisch Verantwortlichen, die das Abkommen zu ratifizieren haben, werden kritisch von ihnen begleitet. Entwarnung kann es erst mit einem zukunftsorientierten Ansatz in den Handelsbeziehungen geben: Nicht Freihandel als Selbstzweck, sondern internationale Regeln, die die Globalisierung in neue Bahnen lenken. Ziel muss der Schutz von erreichten Standards für Beschäftigte, Verbraucher/innen und Ökologie stehen. Das heißt: Anpassung von

Umweltvorschriften und sozialen Standards jeweils auf dem höchsten Niveau, Ratifizierung und Einhaltung aller ILO-Kernarbeitsnormen, Sicherung von Mitbestimmungs- und Arbeitnehmerrechten auf dem höchsten Niveau.

Wenn diese Standards nicht gesichert sind, bleibt es bei der Einschätzung, mit der *PublicCitizen* den Ökonomen und Nobelpreisträger Joseph Stiglitz zitiert: »Corporations everywhere might well agree that getting rid of regulations would be good for corporate profits ... But there would be some big losers – namely, the rest of us.« (Unternehmen mögen sich überall auf der Welt einig sein, dass es gut für ihre Profite wäre, wenn Regulierungen abgebaut würden ... Doch es würde auch große Verlierer geben, genau genommen, wir alle.)

Manuela Maschke

Herausforderungen für die betriebliche Mitbestimmung

Betriebsräte machen den Unterschied. Zu diesem Ergebnis kommt eine repräsentative Beschäftigtenbefragung des DGB-Index »Gute Arbeit« aus dem Jahr 2009. In Betrieben mit Betriebsrat beurteilten Beschäftigte insgesamt ihre Arbeitsbedingungen besser als in Betrieben ohne Betriebsrat sowohl bezogen auf die Einkommenssituation als auch bei der Arbeitsplatzsicherheit.

Das Argument, Betriebsräte seien Verhinderer und schränkten notwendige Flexibilität ein, trifft nicht zu. Im Gegenteil: Auf vielfältige Weise tragen Betriebsräte dazu bei, Arbeitsbedingungen gut zu gestalten, Prozesse und Verfahren weiterzuentwickeln und mit dem Mittel der Betriebsvereinbarung vor allem Transparenz, gerechte Behandlung, gleiche Chancen und Verbindlichkeit herzustellen. Dies ist besonders dann von Bedeutung, wenn die handelnden Akteure häufig wechseln. Das Betriebsverfassungsgesetz regelt erzwingbare Mitbestimmung des Betriebsrates unter anderem bei: Fragen zur Ordnung des Betriebes; bei Beginn, Ende und Verteilung der Arbeitszeit; bei Urlaubsgrundsätzen; bei der Einführung neuer Technik; Leistungsentgelt und Entlohnungsgrundsätzen; im Betrieblichen Vorschlagswesen; bei Fragen des Arbeits- und Gesundheitsschutzes. Darüber hinaus bestimmen Betriebsräte mit, wenn es um die Förderung von Chancengleichheit und Integration geht, um die Verbesserung beruflicher Aus- und Weiterbildung, die Gestaltung flexibler Arbeitsbedingungen (Arbeitszeit, -ort) sowie den Schutz von Arbeitnehmerrechten im weiten Feld der Informations- und Kommunikationstechnologie.

Andere aktuelle Herausforderungen für die Gestaltung guter Arbeitsbedingungen sind die verstärkte Arbeitsverdichtung, die zunehmend fließende Grenze zwischen der Privatsphäre und dem beruflichen Alltag sowie die wachsenden psychischen Belastungen. Diverse Befragungen ergeben, dass Stress, Zeitdruck und ständige Erreichbarkeit zu Fehlbelastungen führen. Deshalb müssen Wege gefunden werden, um Fehlbelastungen zu verringern und somit auch alter(n)sgerechte Arbeitsbedingungen zu schaffen.

Relevant hierfür sind beispielsweise Gefährdungsbeurteilungen. Der Arbeitgeber muss sie durchführen, das ist seit 1996 gesetzlich geregelt. Doch bislang haben sehr viele Unternehmen und Verwaltungen keine Verfahren für aussagekräftige Gefährdungsbeurteilungen etabliert. Ein positives Beispiel ist im Container Terminal Tollerort des Hamburger Hafens zu finden. Dort befasst man sich auf der Basis eines Konzerntarifvertrages aus dem Jahr 2007 mit dem demografischen Wandel, mit globalem Wettbewerb und betrieblicher Sozialpolitik. Altersstrukturanalysen und Qualifizierungsbedarfe werden jährlich erhoben. Auf diese Weise wird erkannt, wie Arbeit organisiert, gestaltet und die Personalentwicklung aussehen muss. Hinzu kommen Arbeitszeitmodelle für eine bessere Vereinbarkeit von Arbeit, Familie und Pflege sowie ein ausgereiftes Präventionssystem zum Arbeits- und Gesundheitsschutz. Die Details werden in Betriebsvereinbarungen geregelt. Inzwischen gibt es auch Gefährdungsbeurteilungen für psychische Belastungen.

Ein weiteres Beispiel ist die Rheinbahn in Düsseldorf. Dort entwickelten Betriebsräte gemeinsam mit dem Arbeitgeber eine Dienstplanregelung zur Entlastung der Kolleginnen und Kollegen im Fahrdienst. Im vergangenen Jahr wurden sie vom Deutschen Betriebsrätepreis dafür mit dem Sonderpreis für Gute Arbeit ausgezeichnet. Überstunden, Krankenstand und demografischer Wandel waren die Auslöser für die Initiative. Im Zentrum steht eine »Belastungsampel« für die Gestaltung des Dienstplanes. Für jede Schicht wird die Gesamtbelastung anhand eines Kriterienkataloges mit Punkten bewertet. Bereits in der Schichtplanung ist schnell ersichtlich welcher Dienst »rot« und somit stark belastend ist. Ziel ist, die roten Schichten zu eliminieren. Zusätzlich konnte Personal eingestellt werden.

Viele aktuelle Ansatzpunkte für die Verbesserung von Arbeitsbedingungen liegen im klassischen Feld der Arbeitszeitgestaltung. Gerade flexible Arbeitszeitmodelle (Arbeitszeitkonten, Arbeitszeitkorridore, Gleitzeiten, Rufbereitschaften, Wochenendarbeit etc.) sind Hauptgegenstand in Betriebsvereinbarungen. Vor allem die Rücksichtnahme auf private und nicht der ausschließliche Vorrang betrieblicher Belange ist regelmäßig umkämpftes Terrain. Aber heute ist nicht mehr nur die Arbeitszeit flexibel, sondern in zunehmendem Maß auch der Arbeitsort und selbst die Inhalte der Arbeit. Wachsende Digitalisierung und Vernetzung in die Arbeitswelt, Fragen des Datenschutzes sowie Stress und psychische Fehlbelastungen sind aktuelle »Begleiterscheinungen« und neue Themenfelder. In diesem Zusammenhang machte im Dezember 2011 eine Nachricht hinsichtlich des Umgangs mit mobilen Endgeräten Schlagzeilen. Es ging um die Regelung zur zeitlichen Beschränkung der Smartphone-Nutzung für Tarifbeschäftigte bei Volkswagen: »Das Smartphone wird grundsätzlich während der Anwesenheit im Betrieb genutzt, außerhalb der Anwesenheit im Betrieb sind die Nutzungsmöglichkeiten eingeschränkt. Während des Zeitfensters von 18.15 Uhr bis 7.00 Uhr und an Wochenenden steht die Telefonfunktion zur Verfügung, alle anderen Anwendungen nicht.«[1] Der Betriebsrat hatte diese Notbremse durchgesetzt, um die ständige Erreichbarkeit einzudämmen.

Zentrale Handlungsfelder zur Verringerung von Stress sind Arbeitszeitregelungen und Arbeitsüberlastung, Gesundheitsschutz, Kompetenzentwicklung und Personalpolitik. Entsprechende Ideen von Betriebsräten werden in verbindlichen Regelungen mit dem Arbeitgeber vereinbart: der Zugriff auf das Firmennetz für die Zeit der betrieblichen Gleitzeit wird begrenzt. Andere Regelungen betonen die Freiwilligkeit und legen fest, dass Beschäftigte außerhalb ihrer Arbeitszeit nicht erreichbar sein müssen. Oder Vorgesetzte werden verpflichtet, der Erwartungshaltung einer ständigen Erreichbarkeit der Beschäftigten entgegenzuwirken. Weitere Regelungen befassen sich mit trans-

---

1 Vgl. www.merkur-online.de/nachrichten/wirtschaft-finanzen/schaltet-email-eingang-smartphones-nach-feierabend-1540941.html.

parenten Vertretungsregelungen für den E-Mail-Verkehr bei Krankheit und Urlaub. In einigen Bereichen wird zusätzlich bezahlte und geplante Rufbereitschaft eingerichtet, verbunden mit Sonderurlauben. Neue Regelungen sehen Kompetenzschulungen für die mobile Arbeitswelt und den angemessenen Umgang mit mobilen Endgeräten vor. Derlei Regelungen müssen ein Mindestmaß an Schutz bieten und zugleich Bedürfnisse von sehr unterschiedlichen Beschäftigtengruppen berücksichtigen. Ein solches Dilemma ist nicht immer lösbar. Um Konflikte mit Beschäftigten zu vermeiden, ist deren Beteiligung an der Gestaltung von Regelungen und Verfahrensweisen wichtig.

Betriebsräte sorgen gemeinsam mit Gewerkschaften für gute Arbeit und Arbeitsbedingungen. Weil technologischer Fortschritt, Digitalisierung, Vernetzung und Mobilität das Arbeitsleben verdichten und beschleunigen, entstehen neue Handlungsfelder für die betriebliche Mitbestimmung beim Thema Gute Arbeit.

Für viele Beschäftigte wachsen individuelle Freiräume. Aber nicht für alle verbessern sich auch ihre Arbeitsbedingungen. Für Betriebsräte entsteht eine Zwickmühle: Einerseits geht es um den Schutz vor zu viel Arbeitsverdichtung und überhöhten betrieblichen Flexibilitätsanforderungen. Andererseits müssen wichtige individuelle Freiräume erhalten bleiben für Arbeitsorganisation und Zeitarrangements.

Neue Herausforderungen für die betriebliche Mitbestimmung

Seit einigen Jahren stehen Betriebsräte vor neuen Herausforderungen. Dazu zählen neue Konzern- und Unternehmensstrukturen, bedingt durch häufige Restrukturierungen und neue grenzüberschreitende Arbeits- und Organisationsformen. Transnationalität und Europäisierung gehören inzwischen zum Alltag deutscher Betriebsräte. Fast jeder vierte Beschäftigte außerhalb der Landwirtschaft arbeitet heute in einem multinationalen Unternehmen oder einer Tochtergesellschaft. Der Sitz der Entscheidungsträger im Unternehmen liegt oft außerhalb Deutschlands und die heimische Ansprechperson auf Arbeitgeberseite darf keine weitreichenden Entscheidungen treffen.

Der wachsende Renditedruck in vielen Branchen lässt weitgehend ungeschützte atypische Beschäftigungsverhältnisse entstehen, wie z. B.

befristete Arbeitsverträge, Leiharbeit oder Werkverträge. Hier gerät die betriebliche Mitbestimmung heute an ihre Grenzen, die nur mit besonderen Strategien zu überwinden sind. Bis der Gesetzgeber erneut zum Handeln gezwungen werden kann, müssen Betriebsräte sich behaupten und das Beste für die von ihnen vertretenen Arbeitnehmer herausholen. Bisweilen kommt die Rechtsprechung aber den Betriebsräten entgegen. So hat inzwischen das Bundesarbeitsgericht entschieden, dass Leiharbeitnehmer bei der Festlegung der Betriebsgröße mitgezählt werden müssen (BAG v. 13.3.2013 7ABR 69/11). Dies wirkt sich positiv aus: in der höheren Anzahl der zu wählenden Betriebsratsmitglieder. Notwendig wäre auch mehr Mitbestimmung bei Outsourcing-Entscheidungen und beim Einsatz von Werkverträgen auf dem Werksgelände zum Schutz der Arbeitsbedingungen.

Enormer Druck auf Löhne, gute Arbeit und Arbeitsbedingungen entsteht, wenn Stammarbeitsplätze durch Einsatz prekärer Jobs bedroht werden. In den vergangenen Jahren konnten Gewerkschaften durch vereinzelte gesetzliche Neuerungen, veränderte Rechtsprechung sowie durch Tarifverträge Verbesserungen für Leiharbeitskräfte erreichen. Darauf reagieren Arbeitgeber immer öfter mit Werkverträgen zu prekären Konditionen.

Für die Meyer Werft ist es der IG Metall gelungen, einen ersten Haustarifvertrag zu vereinbaren – mit Mindeststandards für Werkverträge und guten Informations- und Mitbestimmungsrechten für Betriebsräte. Auf diese Weise wird Mitwirkung bei der Personalplanung und Fremdvergabe erreicht. Die vereinbarten Mindeststandards regeln für Werkverträge die Arbeitszeit entsprechend den nationalen Gesetzen, Standards für sichere und hygienische Arbeitsumwelten und unter anderem gesundheitsgerechte Beschäftigungsbedingungen. Der Betriebsrat kann analog zur Mitbestimmung in §87 Abs. 1 Nr. 7 BetrVG begleitend die Einhaltung kontrollieren. Außerdem wird ein Mindestlohn von 8,50 Euro festgelegt. Weitere Regelungen betreffen die Nutzung der betrieblichen sozialen Infrastruktur und des Wohnraums. Der Betriebsrat prüft mit dem Arbeitgeber in einer dauerhaften paritätisch besetzten Arbeitsgruppe die Einhaltung.

Betriebsräte sichern und stärken die Tarifautonomie

Für das Funktionieren der industriellen Beziehungen in Deutschland ist das Zusammenspiel zwischen außerbetrieblicher Tarifautonomie und betrieblicher Interessenvertretung entscheidend. Betriebsräte sind verpflichtet vertrauensvoll mit dem Arbeitgeber zusammenzuarbeiten. Zugleich ist für ihre Durchsetzungsstärke im Betrieb eine starke Gewerkschaft als Rückendeckung notwendig. Betriebsräte sind das Bindeglied zur überbetrieblichen Sphäre und zugleich innerbetrieblich unabhängig gewählte Interessenvertretungen. Sie kontrollieren die Einhaltung von Tarifverträgen und: Aus ihrer Praxis entstehen Impulse für tarifliche und gesetzliche Regelungen. Der im Betriebsverfassungsgesetz vorgeschriebene Tarifvorrang (§ 77 Abs. 3 BetrVG) sorgt dafür, dass bezüglich der Kompetenzen die betriebliche von der überbetrieblichen Sphäre getrennt bleibt: Tarifliche Regelungen haben Vorrang vor Betriebsvereinbarungen.

In Westdeutschland gibt es in rund 32 Prozent der Betriebe, in Ostdeutschland in 18 Prozent der Betriebe keinen Tarifvertrag, allerdings orientieren sich 41 Prozent der nicht tarifgebundenen Betriebe an Tarifverträgen. Noch 53 Prozent der Beschäftigten in Westdeutschland bzw. 36 Prozent in Ostdeutschland fallen heute unter einen Flächentarifvertrag (Ellguth/Kohaut 2013). Dieser Erosionsprozess dauert seit Mitte der Neunzigerjahre an. Zu beobachten ist, dass er sich sogar noch beschleunigt hat. Die Tarifbindung in der Fläche sinkt, Arbeitgeber treten zunehmend aus ihren Verbänden aus oder schließen keinerlei Tarifbindung mehr ab. Dies beschädigt auch die Glaubwürdigkeit von Gewerkschaften gegenüber den Betriebsräten.

Heute geben tarifvertragliche Öffnungsklauseln neuen Spielraum für betriebliche Interessenvertretungen. Tarifvertragliche Öffnungsklauseln sind die regulierbare Antwort der Sozialpartner auf gesetzwidriges Unterschreiten von Tarifverträgen. Auf diese Weise kann man – abweichend vom Tarifvertrag – dezentral und spezifisch auf betrieblicher Ebene regeln, kontrolliert durch die und unter Beteiligung der Tarifpartner. Andernfalls werden Tarifverträge illegal unterlaufen, wenn Betriebsräte unter Druck geraten und mit dem Arbeitgeber ohne Rückkopplung mit der Gewerkschaft faktisch Regelungen treffen, für die keine Öffnung im Tarifvertrag vorgesehen ist. Kurzfristige Wettbewerbsvorteile gefährden auf diese Weise das gesamte Tarifgefüge.

Tarifliche Öffnungsklauseln sind ein (umstrittener) Ausweg aus diesem Dilemma. Das zeigte die IG Metall spätestens mit ihrem Pforzheimer Abkommen aus dem Jahre 2004. Hierin gelang es, Entscheidungsverfahren und Kompetenzen für Abweichungen von Tarifverträgen klar und einheitlich festzulegen. Dieses Instrument dient dem flexiblen Umgang mit Krisenzeiten, z. B. um im betrieblichen Einzelfall von der Regelarbeitszeit abzuweichen oder um Tariferhöhungen oder Sonderzahlungen für bestimmte Zeiträume auszusetzen. In der Regel werden Betriebsvereinbarungen oder Ergänzungs-Firmentarifverträge hierüber ausgehandelt.

Generell stellt die Verlagerung von Regelungsthemen auf die betriebliche Ebene in Form von Öffnungsklauseln Betriebsräte vor neue Herausforderungen. Sie zeigt jedoch auch neue Spielräume für die Tarifpolitik. Das Beispiel der Anwendung von Demografie-Tarifverträgen – erstmals 2006 in der Stahlbranche, dann ab 2008 in ähnlicher, ausgeweiteter Form in Branchen der IG BCE vereinbart – zeigt, dass Betriebsräte mit betrieblicher Mitbestimmung ihre neuen Spielräume aus dem Tarifvertrag auch aktiv für die Gestaltung von Arbeitsplätzen für die Zukunft nutzen. In Demografie-Tarifverträgen werden Möglichkeiten definiert, wie branchenweit zu gleichen Konditionen betrieblich jeweils unterschiedliche Instrumente eingesetzt werden, um zum Beispiel dem demografischen Wandel zu begegnen. Betriebsräte gestalten auf diese Weise Themen im Betrieb, die ohne tarifvertragliche Unterstützung mit ihren Arbeitgebern nicht verhandelbar und nicht gestaltbar wären. Ein weiteres Beispiel bietet die Bauindustrie, wo seit vielen Jahren Tarifverträge mit Zustimmung beider Tarifpartner für allgemeingültig erklärten werden, um Unternehmen mit Tarifbindung bessere Chancen im Wettbewerb gegen die tariffreie Konkurrenz zu verschaffen.

Doch was tun, wenn in wachsender Zahl Betriebsräten die direkten Verhandlungspartner auf der Arbeitgeberseite im Betrieb abhandenkommen, weil die Mitbestimmungsgremien nicht mehr den betrieblichen Organisationsstrukturen entsprechen? Mit wem soll der Betriebsrat ernsthaft und ergebnisorientiert verhandeln, wenn selbst der Werksleiter nicht mehr mit ausreichender Entscheidungsbefugnis ausgestattet ist, um betriebliche Vereinbarungen abzuschließen?

Wichtig ist, dass Tarifverträge der komplexer werdenden Realität Rechnung tragen und auf diese Weise flexible und tarifvertraglich vereinbarte Instrumente für Betriebsräte geschaffen werden. Betriebsräte sind auf dem Weg, auf neue Herausforderungen neue Antworten zu geben. Sie kontrollieren nicht mehr nur die Einhaltung von Tarifverträgen. Sie gestalten sie mit. Betriebsräte haben dadurch eine erhebliche Erweiterung und Aufwertung ihrer Rolle erfahren. Aber sie können ihre Arbeit nur mit Rückenstärkung der Gewerkschaften wahrnehmen. Daher muss das Zusammenspiel mit dem Tarifvertrag repariert werden. Andernfalls besteht die Gefahr, die betriebliche Ebene überzustrapazieren.

Der Rechtsrahmen muss an die komplexen und anspruchsvollen Aufgaben angepasst werden. Es wird vor allem darum gehen, dass Betriebsräte auch in Zukunft als starke Verhandlungspartner auftreten und weiterhin soziale Errungenschaften für Arbeitnehmerinnen und Arbeitnehmer herausholen können. Wenn der Betriebsrat stark und mächtig genug ist, dann erweitert er mit Betriebsvereinbarungen seinen Handlungsspielraum und schafft Grundlagen für die Betriebsverfassung von morgen. Dies gelingt arbeitsteilig und nur mit Gewerkschaft und Tarifvertrag. Auf rein freiwilliger Basis würde die Interessenvertretung in Unternehmen nicht auf Augenhöhe verhandeln können.

Literatur

DGB-Index Gute Arbeit (2009): Bessere Arbeitsbedingungen in Betrieben mit Belegschaftsvertretung, Berlin

W. Däubler/M. Kittner/Th. Klebe/P. Wedde (2012): BetrVG. Kommentar für die Praxis, 13. Aufl., Frankfurt a. M.

Ellguth, P./Kohaut, S. (2013): Tarifbindung und betriebliche Interessenvertretung: Ergebnisse aus dem IAB-Betriebspanel 2012, in: WSI-Mitteilungen 4/2013, S. 281-288

Hexel, D. (2014): DGB-Broschüre »Unsere Mitbestimmung«, herausgegeben zur Betriebsratswahl 2014

Hoßfeld, H. / Nienhüser, W. (2008): Verbetrieblichung aus der Perspektive betrieblicher Akteure, Reihe Betriebs- und Dienstvereinbarungen, Frankfurt a. M.

Hurley, J. / Mandl, I. (2012): Public instruments to support restructuring in Europe, Eurofound, Dublin

IG Metall (2014): Beschäftigtenbefragung, Analyse der Ergebnisse, Frankfurt a. M.

Kiesche, E. (2013): Betriebliches Gesundheitsmanagement, Reihe Betriebs- und Dienstvereinbarungen, Hans-Böckler-Stiftung (Hg.), Frankfurt a. M.

Klebe, T. (2006): Die Zukunft der Betriebsratsarbeit, in: AiB 9/2006

Klebe, T.(2013): Mitbestimmung in Betrieb und Unternehmen – Gewerkschaftliche Perspektiven, Vortrag vom 11.02.2013

Kotthoff, H. (2013): Betriebliche Mitbestimmung im Spiegel der jüngeren Forschung, in: Industrielle Beziehungen Jg. 20, Heft 4/2013, S. 323-341

Weiss, M. (2013): Die Entwicklung der Arbeitsbeziehungen aus arbeitsrechtlicher Sicht, in: Industrielle Beziehungen Heft 4/2013, S. 393-417

Gunter Quaisser

»Bildungsrepublik« Deutschland?

Was läuft falsch in unserer »Bildungsrepublik«?
Bildung wird von allen Seiten für immens wichtig gehalten – in Sonntagsreden allemal. Gleichzeitig gibt es große Defizite in unserem Bildungssystem – die eigentlich von niemandem geleugnet werden. Vor über zehn Jahren haben die Ergebnisse der ersten internationalen PISA-Studie den Glauben an eine vergleichsweise hohe Qualität unseres Bildungssystems erschüttert. PISA hatte damals praktisch den Output (eines Teils) unseres Bildungssystems gemessen und festgestellt, dass Schülerinnen und Schüler bei internationalen Leistungsvergleichen eher mittelmäßig abschneiden. Hinzu kommt, dass die OECD in ihrem jährlichen Bericht »Bildung auf einen Blick« regelmäßig feststellt, dass die deutschen Aufwendungen für Bildung auch eher im internationalen Mittelfeld liegen. Fakt ist auch, dass der Bildungserfolg von jungen Menschen in keinem anderen Land in Europa so sehr von der sozialen Herkunft abhängt wie in Deutschland: beispielsweise gehen von 100 Akademikerkindern 77 studieren, von 100 Nichtakademikerkindern sind es nur 23 (Sozialerhebung des DSW 2013, S. 12) – und an diesem Befund hat sich in den letzten Jahren nichts geändert. Es ist naheliegend, dass es einen Zusammenhang zwischen öffentlichen Bildungsausgaben und Qualität des Bildungssystems gibt. Und das bedeutet, dass eine Steigerung der Mittel bessere Ergebnisse zeitigen wird und dass die Chancen für eine gute Bildung zumindest weniger vom Einkommen der Eltern abhängig sind.

Tabelle 1:
Öffentliche Bildungsausgaben als Anteil am Bruttoinlandsprodukt in Prozent

	1995	2000	2003	2004	2005	2006	2007	2008	2009	2010
Belgien	–	5,9	6,1	6,0	6,0	6,0	6,0	6,5	6,6	6,6
Dänemark	7,3	8,3	8,3	8,4	8,3	8,0	7,8	7,7	8,7	8,8
Deutschland*	4,6	4,4	4,7	4,6	4,5	4,4	4,5	4,6	5,1	5,3
Finnland	6,8	6,0	6,5	6,4	6,3	6,1	5,9	6,1	6,8	6,8
Frankreich	6,3	6,0	5,9	5,8	5,7	5,6	5,6	5,6	5,9	5,9
Italien	4,7	4,5	4,9	4,6	4,4	4,7	4,3	4,6	4,7	4,5
Niederlande	5,1	5,0	5,1	5,2	5,2	5,5	5,3	5,5	5,9	6,0
Norwegen	7,9	5,9	7,6	7,6	7,0	6,6	6,7	9,0	7,3	8,8
Österreich	6,0	5,6	5,5	5,4	5,4	5,4	5,4	5,5	6,0	5,9
Portugal	5,1	5,4	5,9	5,3	5,4	5,3	5,3	4,9	5,8	5,6
Schweden	7,1	7,2	7,5	7,4	7,0	6,8	6,7	6,8	7,3	7,0
Schweiz	5,7	5,4	6,0	6,0	5,7	5,5	5,2	5,4	5,5	5,2
Spanien	4,6	4,3	4,3	4,3	4,2	4,3	4,3	4,6	5,0	5,0
UK	5,1	4,3	5,4	5,3	5,4	5,5	5,4	5,4	5,6	6.3
USA	4,7	4,9	5,7	5,3	5,1	5,5	5,3	5,4	5,5	5,5

* Der Anstieg der Bildungsausgaben in Relation zum BIP in den Jahren 2009 und 2010 in Deutschland ist in erster Linie auf Sonderprogramme (Ausbau der Krippenplätze, Ganztagsschulausbau, Hochschulpakt und Konjunkturprogramme) sowie den Rückgang des BIP 2009 um 5,1 Prozent zurückzuführen.

Quelle: OECD Bildung auf einen Blick, verschiedene Jahrgänge.

Was tut die Politik?

Spätestens 2008 gab es eine umfassende und höchst medienwirksame Reaktion der Kanzlerin und der Ministerpräsidenten der Länder, als auf einem »Bildungsgipfel« beschlossen wurde, die Bildungsausgaben bis 2015 auf 7,0 Prozent des BIP zu erhöhen. Warum aber 7,0 Prozent? Woher kommt diese »magische« Zahl? Auch hier spielt die OECD eine Rolle, die feststellte, dass Spitzenländer rund sieben Prozent (und mehr) ihres BIP für Bildung ausgeben. In den Jahren vor dem Bildungsgipfel hatten sich CDU- und SPD-Spitzengremien auf diese Befunde gestützt und die magere Zahl von unter fünf Prozent für Deutschland als beschämend angesehen. Da musste doch was zu machen sein! Klare Antwort: die Ausgaben müssen erhöht werden, damit man wieder in der ersten Liga mitspielen könnte – was auch die wirtschaftliche Wettbewerbsfähigkeit Deutschlands erhöhen würde. Wenn man mal nachrechnet: um von ca. 5 auf 7 zu kommen, müssten die Ausgaben um 40 Prozent steigen. Das haben die Politikerinnen und Politiker damals auch gemerkt und als Ausgangsgröße nicht mehr die OECD-»5«, sondern andere Werte genommen, nämlich die – niedrigeren – Zahlen des Statistischen Bundesamtes. In der Übersicht des Statistischen Bundesamtes werden die Bildungsausgaben anders erfasst und es werden Ausgaben einbezogen, die im internationalen Vergleich gar nicht berücksichtigt sind (bspw. private Nachhilfe, bestimmte Weiterbildungsausgaben). Das ist natürlich eine einfache Sache: ich ändere die Statistik und muss in der Realität nicht viel tun. Die Politik hat's gefreut – denn nach ihrer Sicht ist das Ziel der sieben Prozent fast erreicht.

Woher nehmen, wenn nicht ...?

Den Satz muss man ja gar nicht fortsetzen. Aber er offenbart das Problem: Woher sollen die zusätzlichen Finanzmittel kommen? Wie soll der Staat mehr ausgeben und bspw. für kleinere Klassen, mehr Lehrkräfte an Schulen, die Umsetzung der Inklusion usw. sorgen? Bezahlt werden müsste das aus dem allgemeinen Steueraufkommen. Hier haben wir aber das Problem, dass die offizielle Politik seit Jahrzehnten verlauten lässt, dass die Steuern (bzw. die Steuersätze) nicht erhöht werden sollen – denn die »Belastung der Bürgerinnen und Bürger sei ohnehin zu hoch«. Wer also Steuererhöhungen von vorneherein ausschließt, beschneidet sich selber in seinen Möglichkeiten. Genau das geschieht aber: Im Sommer 2013 sind die damaligen Oppositionsparteien mit der Forderung nach Steuererhöhungen (insbesondere bei den Gutverdienenden und Vermögenden) in den Wahlkampf gezogen. Aber: nach der Wahl ist nicht vor der Wahl. Bereits im Herbst konnte man während der Koalitionsverhandlungen auch von der ehemaligen Oppositionspartei SPD hören, dass Steuererhöhungen nicht notwendig wären – man könne eine »bessere« Politik auch mit den verfügbaren Mitteln machen. Das fand dann auch Einklang in den Koalitionsvertrag von CDU/CSU und SPD. Kurz: an mehr Einnahmen denkt derzeit niemand in der Regierung. Damit kann man eine Verbesserung der Bildungsfinanzen eigentlich ad acta legen.

Dabei wäre es angesichts der derzeitigen Mängel nicht nur in der Bildung, sondern auch in der öffentlichen Infrastruktur, im Pflegebereich usw. unbedingt notwendig, Geld in die Hand zu nehmen. Wie das gehen könnte, zeigt die *Arbeitsgruppe Alternative Wirtschaftspolitik* 2014[1] mit ihren steuerpolitischen Vorschlägen. Dazu gehört unter anderem:
- Einführung einer einmaligen und auf zehn Jahre gestreckten Vermögensabgabe für Superreiche
- Wiederbelebung der Vermögenssteuer
- Reform der Erbschaftssteuer sowie der Grundsteuer
- Erhöhung des Grundfreibetrags sowie des Spitzensteuersatzes in der Einkommensteuer
- Abschaffung der pauschalen Abgeltungssteuer auf Kapitaleinkommen
- Zügige Einführung der Finanztransaktionssteuer

Alle diese Vorschläge zielen darauf, hohe Einkommen und Vermögen stärker an der Finanzierung des Gemeinwesens zu beteiligen und damit die notwendigen Mehrausgaben zu finanzieren. Das wäre eine gelungene Politik einer UmFAIRteilung von oben nach unten sowie hin zu den öffentlichen Kassen.

---

1 Arbeitsgruppe Alternative Wirtschaftspolitik (2014): MEMORANDUM 2014. Kein Aufbruch – Wirtschaftspolitik auf alten Pfaden, Köln 2014.

Was ist im Bildungssystem notwendig?

Mit diesen Einnahmen ließen sich signifikante Verbesserungen im Bildungsbereich finanzieren. In einer viel beachteten Studie hat Piltz 2011[2] berechnet, welche Aufwendungen für ein zukunftsfähiges Bildungssystem notwendig wären. Beispielhaft sei hier der Schulbereich herausgegriffen – für den Piltz Mehrausgaben in Höhe von rund 27 Milliarden Euro jährlich als notwendig ansieht:

1. Verbesserung der Rahmenbedingungen: kleinere Klassengrößen (durchschnittlich 18 Schülerinnen und Schüler); Begrenzung der Pflichtstunden einer Lehrkraft (maximal 25 Unterrichtsstunden pro Woche); Ganztagsplätze für 60 Prozent der Schüler/innen. Mehrkosten: rund 15 Milliarden Euro jährlich.
2. Flächendeckende Versorgung mit Sozialpädagogen/innen, Schulpsychologen/innen sowie Sonderpädagogen/innen. Mehrkosten: sechs Milliarden Euro jährlich.
3. Lernmittelfreiheit. Mehrkosten: rund 200 Millionen Euro jährlich.
4. Personalpuffer für die Vertretung bei Krankheit, Fortbildung usw. im Umfang von fünf Prozent des Bedarfs an Vollzeitstellen. Mehrkosten: 2,2 Milliarden Euro jährlich.
5. Verbesserung der Ausstattung der Schulen (Computerräume und eine entsprechende Ausstattung oder Schulbibliotheken usw.); kostenloses Schulmittagessen in Ganztagsschulen. Mehrkosten: vier Milliarden Euro jährlich.

Allein diese Beispiele zeigt, dass signifikante Verbesserungen im Schulbereich ohne ein Mehr an finanziellen Mitteln schlichtweg nicht zu haben sind.

Warum ändert sich nichts?

In den letzten Dekaden ist es zu entscheidenden Veränderungen in unserer Gesellschaft gekommen. Wirtschaftliche Prinzipien – hier vor allem die Ideen von Markt, Wettbewerb und Selektion – breiten sich aus.

---

2   Piltz, Henrik (2011): Bildungsfinanzierung für das 21. Jahrhundert – Finanzierungsbedarf der Bundesländer zur Umsetzung eines zukunftsfähigen Bildungssystems, Studie im Auftrag der Max-Traeger-Stiftung, Frankfurt a. M. Als PDF abrufbar unter: www.gew.de

Das ist die Kernidee des Neoliberalismus, »... alle Lebensbereiche dem Marktmechanismus zu unterwerfen und die Verwandlung von Mensch, Natur und Moral in Waren grenzenlos auszuweiten« (Karl-Georg Zinn). Das geschieht nicht einfach von alleine, sondern wird von vielen Seiten unterstützt. Vor allem die reichen Eliten, aber auch die Unternehmen (siehe dazu die von Arbeitgeberverbänden finanzierte »Initiative Neue Soziale Marktwirtschaft«) befördern die Idee von »mehr Markt« – und im gleichen Atemzug von »weniger Staat«. Und sie haben es geschafft, die Öffentlichkeit (insbesondere einflussreiche Medien) von ihren »modernen« Konzepten zu überzeugen. Wer heute mehr Staat will – bspw. in Form von mehr öffentlichen Investitionen oder höheren Bildungsausgaben – wird als »Ewiggestriger« diffamiert. Gedeckt wird dies vor allem aus dem Mainstream der neoliberalen Wirtschaftswissenschaft, die sich zum einen für eine direkte Privatisierung und zum anderen für »mehr Markt« in bislang nicht zu privatisierenden öffentlichen Bereichen stark macht. Selbst wenn Defizite gesehen werden, mündet diese Erkenntnis nicht unbedingt in der Forderung nach einer verbesserten Mittelausstattung. Vor wenigen Jahren haben sich drei Wirtschaftsprofessoren mit einem »Hamburger Appell« an die Öffentlichkeit gewandt. Zum Thema Bildung stand folgendes darin: »Bildung und Ausbildung der Deutschen sind wichtige Standortfaktoren, die zunehmend in die Kritik geraten. In der Tat sind ernstzunehmende Defizite unübersehbar und münden schnell in den Ruf nach verbesserter Mittelausstattung im Bildungswesen. Dabei wird oft übersehen, dass große Fortschritte allein durch vermehrten Ansporn zu Fleiß, Wissbegier und strenger Leistungsorientierung erzielt werden könnten.«[3] Dass solche fast menschenverachtenden Sätze von einzelnen formuliert werden, ist schlimm genug. Aber: dieser Appell wurde von 243 Wirtschaftsprofessorinnen und -professoren unterzeichnet!

Festzuhalten ist dennoch: Zur Behebung der von allen (!) Seiten festgestellten Defizite in der Bildung bedarf es einer bessere Mittelausstattung. Eine andere Steuerpolitik würde es auch möglich machen.

---

3 Hamburger Appell 2005 und Unterzeichnerliste: www.wiso.uni-hamburg.de/professuren/wachstum-und-konjunktur/hamburger-appell

ANDREAS KEMPER

Was ist die Alternative für Deutschland (AfD)?

Die Alternative für Deutschland wurde von einer kleinen Gruppe von Unternehmervertretern[1], Volkswirtschaftsprofessoren[2], rechten Journalisten[3] und ständisch-konservativen Adelskreisen[4] innerhalb kürzester Zeit von oben nach unten aufgebaut[5]. Seit anderthalb Jahrzehnten gibt es von diesen unternehmerfreundlichen Interessenvertretern Überlegungen, wie die Demokratie geändert werden könnte.[6]

---

1 Bspw. Hans-Olaf Henkel, Berater der Bank of America und von 1995 bis 2000 Präsident des Bundesverbands der deutschen Industrie.

2 Bernd Lucke hatte 2011 das Plenum der Ökonomen gegründet, eine Gruppe von neoliberalen Volkswirtschaftlern, von denen dann einige im Gründungsprozess der AfD als Funktionsträger auftraten oder auch im wissenschaftlichen Beirat der AfD sitzen.

3 Stellvertretend wäre hier der konservative Welt-Kolumnist Konrad Adam zu nennen, der zu den Mitgründern und Bundessprechern der AfD zählt.

4 Das Kampagnennetzwerk Zivile Koalition e.V. von Beatrix und Sven von Storch ging aus dem Göttinger Arbeitskreis hervor, einer Lobbygruppe von Studierenden, die die Großgrundbesitze ihrer adligen ostelbischen Vorfahren aus der ehemaligen DDR zurückforderten.

5 Im Gründungsjahr 2013 wurden restriktive Maßnahmen seitens der AfD-Führung mit dem Zeitdruck der neuen, jungen Partei legitimiert; im Frühjahr 2014, als der Zeitdruck nicht mehr bestand, wollte das Führungsteam um Lucke und Adam eine Satzung durchdrücken, die von der Parteibasis als »Ermächtigungsgesetz« bezeichnet und mit großer Mehrheit beim Parteitag in Erfurt abgelehnt wurde.

6 Konrad Adam, der Gründer der AfD, und Hans-Olaf Henkel, der Wegbereiter der AfD, hatten bereits 1997 zusammen in dem Buch »Stimmen gegen den Stillstand« zur »Ruck-Rede« Roman Herzogs publiziert. Schon die Ti-

Unternehmernaher Demokratieabbau

Es geht darum, die Demokratie unternehmerfreundlicher zu gestalten. Die Rechte von Arbeiterinnen und Arbeitern und von Arbeitslosen sollen eingeschränkt, die Steuern der Reichen geschmälert, die Rechte von Unternehmern ausgeweitet werden.

Um diese unpopulären Maßnahmen durchsetzen zu können, soll zunächst das demokratische System umgebaut werden, das wird dann »Reform der politischen Entscheidungsstruktur« oder »Reform der Reformfähigkeit« genannt. In dieser Weise unterstützt die AfD vor allem die Interessen von reichen Familienunternehmen[7].

Geistiger Vater der AfD ist Hans-Olaf Henkel. Seit 1997, als er noch Präsident des *Bundesverbandes der Deutschen Industrie* war, verfolgt Henkel das Ziel einer Systemänderung[8]. Das demokratische System müsse grundlegend geändert werden. Er rief zudem die Unternehmen auf, das Tarifrecht zu brechen. In den Vereinigten Staaten als Berater der *Bank of America*, empfahl er, dass Bewohner und Bewoh-

---

tel ihrer Beiträge sind vielsagend: Konrad Adam: »...wenn man mich lässt. Vom notwendigen Rückbau der Sozialpolitik« und Hans-Olaf Henkel: »Für eine Reform des politischen Systems« (Manfred Bissinger (Hg.): Stimmen gegen den Stillstand. Roman Herzogs »Berliner Rede« und 33 Antworten, Hamburg 1997)

7 »Knapp 10 Prozent der Wähler, nämlich die, welche die FDP oder die AfD gewählt haben, werden im neuen Parlament nicht repräsentiert sein. Und hier handelt es sich um eine Bevölkerungsschicht, die überproportional zum wirtschaftlichen Erfolg und zur Schaffung von Arbeitsplätzen beiträgt und einen großen Teil des Steueraufkommens leistet. [...] Die Diskussion über eine entscheidende Schicksalsfrage der Zukunft, nämlich der weiteren Politik hinsichtlich der Euro-Gemeinschaftswährung, wird wohl weiterhin von der Regierung unterdrückt werden. Der Erfolg der AfD zeigt aber, dass immer mehr Bürger die Vertuschung und Verleugnung der auf uns zukommenden Belastungen durch die Euro-»Rettung« durchschauen. [...] Die Umgebung von Frau Merkel besteht überwiegend aus Funktionären, die sich auch nur noch zu Gerechtigkeits- und Verteilungsfragen äußern oder zu anderen Randproblemen aus dem sozialen Bereich, wie der Homo-Ehe oder der Frauenquote.« (Heinrich Weiss, Vorsitzender des Aufsichtsrats der SMS group: Rechts gewählt, links regiert. Was das Ergebnis der Bundestagswahl für den Familienunternehmer bedeutet, www.familienunternehmen.de)

8 »Der Rambo von Bonn«, in: Der Spiegel vom 21.07.1997, www.spiegel.de

nerinnen in ärmeren Stadtvierteln generell keinen Kredit mehr erhalten sollen[9] – ähnliches fordert er nun für ärmere Staaten in Europa. Henkel ist einer der eifrigsten Verteidiger Thilo Sarrazins. In der AfD steht Henkel gegenwärtig eine Gruppe von marktradikalen Volkswirtschaftsprofessoren beiseite, die forderten, dass die Geringverdienenden weniger verdienen und Sozialhilfe inklusive Frührente abgeschafft werde.[10] Sie entwickeln Modelle, wie reiche Unternehmer vor der »Tyrannei der Mehrheit« in der Demokratie »geschützt« werden könnten[11], wobei sogar diskutiert wurde, den Besitzlosen, die Geld vom Staat erhalten, das Wahlrecht zu entziehen[12]. Im Wahlprogramm der AfD wird eine massive Steuersenkung für Reiche gefordert. Einzelne Landessprecher fordern z. B., dass die staatlich über Steuern gesicherte Sozialhilfe wieder stärker in ein kirchliches Wohlfahrtssystem zurückgeführt werde, welches auf freiwillige Spenden beruht[13], oder dass der Parlamentarismus durch eine direkt gewählte Regierung ersetzt wird, um dann unpopuläre Maßnahmen durchsetzen zu können: Abschaffung des Streikrechts und Kündigungsschutzes, Rente mit 70, Einführung von Arbeitszwang für Arbeitslose und Dienstpflicht für 18-Jährige, wobei letztere zu einem Ordnungsdienst rekrutiert werden könnten, z. B. für Demonstrationen.[14]

Die marktradikalen Volkswirtschaftler der AfD nehmen Arbeitslose als »Bodensatz« (Lucke) wahr. Sie wollen, dass der Bildungserfolg der Kinder noch stärker von den Herkunftsfamilien abhängt, dabei setzen die Gründer der AfD auf soziale Selektion, damit die »schwer erziehbaren Hauptschüler« (Lucke) nicht die »Realschüler« oder gar

---

9   William K. Black: Herr Henkels Hall of Shame, in: New Economic Perspectives vom 4.2.2010, http://neweconomicperspectives.org

10 Hamburger Appell, www.wiso.uni-hamburg.de

11 Roland Vaubel: Der Schutz der Leistungseliten in der Demokratie, in Wirtschaftliche Freiheit vom 1.02.2007, http://wirtschaftlichefreiheit.de

12 Konrad Adam: Wer soll wählen?, in: Die Welt vom 16.10.2006, www.welt.de

13 »Fundamentalistisch und national«, in: deutschlandradiokultur.de, 13.03.2014

14 AfD-NRW-Vorstandssprecher: Abschaffung der parlamentarischen Demokratie, in: http://andreaskemper.wordpress.com, 29.03.2014

Gymnasiasten »herunterziehen«[15]. An türkische Großstadtjugendliche sei Bildung verschwendet, diese würden ihre Energie eher in Messerstechereien stecken (Adam). Arbeiterkinder sollten keine Fächer wie Volkswirtschaftslehre studieren, weil ihre »verbale Logik« dafür nicht ausreiche.[16] Zudem fordern Landesverbände wie Sachsen die Ersetzung des Kindergeldes durch eine einkommensabhängige »Kinderrente« (6 bis 8 % des Elterneinkommens), wobei ähnlich wie beim Elterngeld gilt: Gutverdienende Eltern erhalten mehr, schlecht verdienende weniger Geld für ihre Kinder.[17]

Rechtspopulistisches und christlich-fundamentalistisches Sammelbecken

Die AfD-Sprecherin Frauke Petry sieht die AfD vor allem als »Partei für Familienpolitik«. Familienpolitik dürfe heute wieder Bevölkerungspolitik genannt werden, gab sie in einem Interview mit der neurechten Wochenzeitung *Junge Freiheit* bekannt[18], die im rechten Lager für die AfD wirbt. Petry war auch beim *Compact*-Kongress in Leipzig eingeladen, wo u. a. Sarrazin seine heteronormativen Positionen und Duma-Abgeordnete ihre homophobe Gesetzgebung propagierten.[19] Petry nahm nicht teil, sie wurde beim hessischen Landesparteitag gebraucht. Dieser musste sich wegen innerparteilicher Querelen dreimal treffen. Auf einem davon forderte Lucke den schwulen Fußballspieler Thomas Hitzlsperger auf, sich zur traditionellen Familie zu bekennen.[20] Dies

---

15 Andreas Kemper: »Bodensatz« und andere Vertikalismen der AfD, in: http://andreaskemper.wordpress.com, 14.09.2013.

16 FikuS-Referat AStA Uni Münster: »Offener Brief an Alexander Dilger« vom 22.07.2013, http://fikus.asta.ms

17 Wahlprogramm der AfD Sachsen, Punkt 1.6 (nähere Ausführungen vgl. Schreiber-Plan), http://afdsachsen.de/download/AfD_Programm_Lang.pdf

18 Andreas Kemper: AfD-Sprecherin Petry für »Kinderrente, in: http://andreaskemper.wordpress.com, 28.3.2014

19 queer.de: »Compact«-Konferenz: Widerstand gegen Homo-Gleichstellung gefordert« vom 24.11.2013, www.queer.de

20 Andreas Kemper: »Bernd Lucke stellt beitragsfreie Sozialleistungen in Frage«, in: http://andreaskemper.wordpress.com, 11.01.2014

erfordere mehr »Mut zur Wahrheit« als ein Coming-Out. Die AfD geht davon aus, dass Minderheiten wie der »Homo-Lobby« zu viel Platz in den Medien gegeben werde.

In ihrem Europawahlprogramm lehnt die AfD Gleichstellungsmaßnahmen wie Quotierung oder geschlechtersensible Sprache ab und fordert den Stop von Gender-Mainstreaming und des Infragestellens der Geschlechter»rollen« und -»identitäten«.[21] Auf ihrer Facebook-Seite hieß es platt: »Gender-Wahn stoppen«. Zudem beteiligt sie sich an Petitionen und Demonstrationen gegen eine angebliche »Frühsexualisierung« von Schülern und Schülerinnen. Diese soll angeblich in Bildungsplänen der Länder NRW, Baden-Württemberg und Bayern forciert werden, dabei geht es den sogenannten »besorgten Eltern« dieser Demonstrationen wohl eher darum, andere als die traditionelle Familienkonstellation zu bekämpfen.[22]

Vor allem das Kampagnennetzwerk *Zivile Koalition*, welches mit Beatrix von Storch ein nicht zu unterschätzendes Machtzentrum in der AfD bildet, fährt eine christlich-fundamentalistische rückschrittliche Politik gegen die Fortschritte der Frauenbewegung.[23] Mit den »Christen in der Alternative für Deutschland« wurde zudem eine fundamentalistische Abtreibungsinitiative etabliert.[24] Die »Junge Alternative« wirbt noch plakativer als die AfD mit antifeministischen[25] und auch mit sexistischen Parolen[26].

---

21 Europawahlprogramm der AfD: Mut zu Deutschland. Für ein Europa der Vielfalt. Beschluss des Bundesparteitags vom 22. März 2014, S. 18

22 Andreas Kemper: Keimzelle der Nation? Familien- und geschlechterpolitische Positionen der AfD – Eine Expertise, Friedrich-Ebert-Stiftung, Bonn 2014, S. 40

23 Ebd., S. 15

24 Ebd., S. 16

25 Merle Stöver: Genderwahn und Gleichmacherei – die »Junge Alternative« der AfD offenbart ihr Frauenbild, in: Netz gegen Nazis, www.netz-gegen-nazis.de, 28.3.2014

26 Am 12. April 2014 postete die Junge Alternative auf ihrer Facebook-Seite ein Foto von fünf Frauen in Bikinis von hinten mit dem Text: »Gleichberechtigung statt Gleichmacherei. P(r)o Vielfalt in Europa. Verstand statt Ideologie.«

Schluss

Die Installateure der AfD streben eine »Reform der politischen Entscheidungsstruktur« zum »Rückbau des Sozialstaats« an. Diese Reform soll einher gehen mit einer als Familienpolitik bezeichneten Bevölkerungspolitik, der sich Frauen und Schwule/Lesben anzupassen haben. Diese Bevölkerungspolitik verbindet sich mit einer vermeintlich deutsch-kulturellen Identität und nationalen Interessen, die vor allem vom starken rechtspopulistischen Flügel in der AfD vertreten werden.

BRIAN TERRELL

Keine Kampfdrohnen in Kriegsgebieten[1]

Am 13. Mai 2013 hielt US-Präsident Obama vor der National Defense University (Nationale Verteidigungsuniversität) eine längere Rede zum Thema »Über die Zukunft unseres Kampfes gegen den Terrorismus«, in der er zum ersten Mal über das offiziell noch immer geheime Programm der US-Regierung der gezielten Attentate durch ferngesteuerte Drohnen sprach. Ich war in der Lage, diese Rede im Fernsehen aus dem privilegierten Blickwinkel des Insassen eines Bundesgefängnisses zu verfolgen, am letzten Tag einer Haftstrafe aufgrund meines Protests gegen Kampfdrohnen, die von der Whiteman Luftwaffen-Basis in Missouri aus in mehreren Ländern in der ganzen Welt tödlich eingesetzt werden.

In den vorhergehenden sechs Monaten im Bundesgefängnis von Yankton, South Dakota, hatte ich aus der Ferne beobachtet, wie die Diskussion um die Kriegsführung mit Drohnen von einem randständigen zu einem zentralen Thema wurde. Mitgefangene brachten mir Zeitungsausschnitte zum Thema aus ihren heimatlichen Lokalzeitungen und berichteten mir, was sie in den Abendnachrichten gehört hatten. Es schien, dass das amerikanische Volk gerade erst anfing, die Realität und die Konsequenzen von Kriegen und Attentaten wahrzunehmen, die von unbemannten, aber schwerbewaffneten Flugkörpern ausgeführt werden, gesteuert am Computerbildschirm von Kombat-

---

1 Übersetzt von Bernd Büscher; die englischsprachige Originalfassung kann über hagen@dgb.de angefordert werden.

tanten, die weit entfernt vom Konfliktherd in heimischen Militärbasen sitzen.

Mein eigener Anti-Drohnen-Aktivismus begann im April 2009 mit Protesten an der Creech-Luftwaffenbasis in der Wüste von Nevada. Damals waren selbst ansonsten gut informierte Leute skeptisch, ob so etwas überhaupt möglich sei, geschweige denn sich täglich ereignete. Viele, die davon wussten, akzeptierten die simple und gute Mär von der Kriegsführung mit Drohnen als präzises neuartiges High-Tech-Systems, mit Hilfe dessen Soldaten aus sicherer Entfernung von Tausenden von Meilen diejenigen, die uns unmittelbar bedrohen, mit nur geringen oder ganz ohne Kollateralschäden festnageln können.

Selbst einige unserer Freunde aus der Friedensbewegung zweifelten daran, ob es klug sei, die Aufmerksamkeit auf die Drohnen zu lenken. Müssen wir gegen jeden Fortschritt in der Waffentechnologie protestieren? Können wir nicht Methoden tolerieren, die unterschiedsloses Töten zu mindestens verringern? Ist die präzis geplante und ausgeführte Drohnenattacke nicht der Flächen-Bombardierung vorzuziehen? Oder der Invasion? Macht es für die Opfer in jedem Fall einen Unterschied, ob sich an Bord des Flugzeugs, das sie bombardiert, ein Pilot befindet oder nicht?

Die Tatsache, dass vier Jahre später, am Tag vor meiner Entlassung aus dem Gefängnis, der Präsident der Vereinigten Staaten den Einsatz von Drohnen vor dem Land und der Welt rechtfertigt, ist wahrhaft bemerkenswert. Es ist keine Diskussion, die er oder irgendjemand anderes in der Regierung, der Politik oder im Militär angeregt oder auf die die Medien sehnlichst gewartet hätten. Die Tatsache, dass das Thema überhaupt öffentlich diskutiert wird, verdanken wir allein dem bemerkenswerten Einsatz weniger Menschen hier in den USA und in Großbritannien, die in Solidarität mit vielen auf den Straßen Pakistans, Jemens und Afghanistans gegen dieses schmutzige Waffensystem protestiert haben. Gemeinschaften des Protests und Widerstands in Nevada, New York, Kalifornien, Missouri, Wisconsin, Iowa und England haben das Thema durch kreative Aktionen und juristische Strategien in lokale Foren, Gerichte und Medien gebracht und erfolgreich gefordert, dass das durch Drohnentötungen verursachte Leid wahrgenommen wird. Die Rede des Präsidenten selbst wurde nur durch die Störung unserer Freundin Medea Benjamin davor bewahrt, die schlau konstruierte aber leere Litanei aus Alibi, Halb-Wahrheit und Verschleierung zu werden, als die sie geplant war.

In seinem »Brief aus dem Gefängnis in Birmingham«[2] aus dem Jahr 1963 bemerkte Dr. Martin Luther King jr., eine Gesellschaft wie unsere sei oftmals »in dem unheilvollen Versuch stecken geblieben, im Monolog zu leben statt im Dialog« und erfordere »gewaltloses Handeln«, um »eine Spannung im Geist hervorzurufen, damit sich der Mensch aus der knechtischen Abhängigkeit von Mythen und Halbwahrheiten in das freie Reich schöpferischer Analyse und objektiver Bestimmung der Werte erheben« kann.

Genau wie bei der Frage der Rassentrennung vor 50 Jahren kann heute innerhalb des Diskussionsrahmens, der durch Höflichkeit und gute Manieren bestimmt oder durch Polizei und Gerichte sanktioniert wird, die objektive Bewertung von Drohnen-Kriegsführung schlicht und einfach nicht geleistet werden. Die gegenwärtige Debatte wird nur durch einige wenige möglich gemacht, die es so wie Medea wagen, sich ungefragt zu äußern oder die ihre Körper einsetzen, um das ordnungsgemäße Ausüben von Verbrechen in unserer Mitte zu verhindern. Vor der Rede des Präsidenten gab es in Umfragen die höchste Zustimmung zur Kriegsführung mit Drohnen, aber schon einen Monat später bemerkte der Drohnenpilot Colonel Bryan Davis von der Luftwaffen-Nationalgarde in Ohio einen Stimmungsumschwung. »In der amerikanischen Öffentlichkeit sind wir nicht populär. An jeder anderen Basis wurde protestiert«, beklagte er sich in einer Lokalzeitung. »Für uns ist das kein warmes Gefühl.«

Die Mär von der humanitären Kriegsführung durch Drohnen hatte in der öffentlichen Meinung in den Wochen vor der Rede des Präsidenten angefangen zu bröckeln und hat seither weiter an Reputation

---

2   Zit. nach: Die Zeit für schöpferischen Protest ist gekommen. Der Brief aus dem Gefängnis in Birmingham, in: Martin Luther King: Schöpferischer Widerstand. Reden, Aufsätze, Predigten, hrsg. von Heinrich W. Grosse, Gütersloh 1985.

verloren. Schon Monate bevor der Präsident behauptete, »indem wir unsere Aktion präzise auf jene richten, die uns töten wollen, und nicht auf die Menschen, unter denen sie sich verstecken wählen wir ein Vorgehen, das am unwahrscheinlichsten zum Verlust unschuldiger Leben führt«, hatte seine Administration frühere Behauptungen korrigiert, bei den Drohnen-Programmen in Jemen und Pakistan wären keine bekannten zivilen Opfer bekannt geworden – dann hieß es, es gebe einen Todesfall, schließlich gab man eine Todesrate im »einstelligen Bereich« zu. Fast jede Zählung ergab aber zivile Opfer in mindestens dreistelliger Höhe.

Nur wenige Wochen nachdem der Präsident vor der National Defense University gesprochen hatte, veröffentlichte eine Zeitschrift dieser Institution eine Studie, die seine Versicherung, dass »konventionelle Luftwaffen und Raketen weniger präzise als Drohnen sind und wesentlich mehr zivile Opfer und lokale Empörung erzeugen«, widerlegte. Drohnenangriffe in Afghanistan, befand die Studie, gibt es »in einer Größenordnung, die zivile Opfer bei jedem Einsatz wahrscheinlicher macht.«

Eine weitere Zusicherung seiner Rede, Amerika könne »nicht zuschlagen, wo immer wir wollen; unsere Aktionen sind durch Konsultationen mit Partnern und den Respekt vor der Souveränität der Staaten begrenzt«, wurde am 8. Juni widerlegt, als der US-Botschafter in Pakistan vom wütenden Premierminister des Landes bestellt wurde, weil ein US-Drohnenangriff neun Menschen getötet hatte. »Dem US-Chargé d'Affaires wurde mitgeteilt, dass die Regierung Pakistans die Drohnenangriffe, die eine Verletzung der Souveränität und territorialen Integrität Pakistans darstellen, scharf verurteilt«, so der pakistanische Außenminister. »Die Wichtigkeit wurde betont, die Drohnenangriffe unverzüglich zu beenden.«

»Wir agieren gegen Terroristen, die eine andauernde und unmittelbare Bedrohung des amerikanischen Volkes darstellen.« Früher bezog sich das Wort »unmittelbar« auf etwas, das jeden Augenblick geschehen kann, und der Gebrauch der allgemeingültigen Definition des Wortes könnte mit den Worten des Präsidenten die Garantie bedeuten, Drohnenangriffe würden nur ausgeführt, um »Terroristen«

aufzuhalten, die gerade im Begriff wären, Amerikanern unmittelbares Leid zuzufügen. Im September 2011 schlug John Brennan, der seit 2013 CIA-Direktor ist, vor, dass »ein flexibleres Verständnis von ›Unmittelbarkeit‹ angebracht sein kann, wenn man es mit terroristischen Gruppen zu tun hat«. Dieses flexiblere Verständnis von »Unmittelbarkeit« rechtfertigt die Tötung nicht nur von denen, die bei der Ausübung der Tat ertappt wurden, sondern zielt auch auf jene, die verdächtigt werden, irgendetwas geschrieben oder gesagt zu haben, was irgendjemanden dazu bringen könnte, irgendwann irgendetwas mit einem Angriff auf die USA zu tun zu haben. Eine Person, die von einem Drohnen-Überwachungsvideo aus 7.000 Meilen Entfernung erfasst wird, weil sie auf eine Art und Weise handelt, die jemandem ähnelt, der vielleicht eines Tages Gewalt ausüben könnte, kann jetzt als unmittelbare Bedrohung eliminiert werden.

In Hinsicht auf die Tötung Anwar Awlakis, eines US-Bürgers im Jemen, versicherte uns der Präsident: »Offiziell gesagt, ich glaube nicht, dass es in Übereinstimmung mit der Verfassung ist, wenn die Regierung irgendeinen US-Bürger ohne ordentliches Verfahren verfolgt und tötet – ob mit einer Drohne oder einem Gewehr.« Der generelle Gebrauch des Ausdrucks »ordentliches Verfahren« erzeugt die falsche Vorstellung, hier würde das Recht des Bürgers auf ein Gerichtsverfahren vor der Exekution zugesichert. »Dies ist schlicht nicht korrekt«, so Generalbundesanwalt Eric Holder. »›Ordentliches Verfahren‹ und ›Gerichtsverfahren‹ sind nicht dasselbe, besonders nicht, wenn es um die nationale Sicherheit geht. Die Verfassung garantiert ein ordentliches Verfahren, kein Gerichtsverfahren.« Von einem »ordentlichen Verfahren« kann nun gesprochen werden, wenn der Präsident aufgrund geheimer Beweismittel entscheidet, dass ein Bürger sterben soll.

Die Drohnentechnologie verändert unsere Sprache über eine Neudefinierung von Ausdrücken wie »Unmittelbarkeit« und »ordentliches Verfahren« hinaus. Indem wir eine interkontinentale Atomwaffe »Peacekeeper« genannt haben, sind wir schon über Orwellsche Euphemismen hinausgegangen. Diese neuen »hunter-killer«-Plattformen (Jäger-Mörder-Plattformen) tragen Namen wie »Predators«

(Raubtiere) oder »Reapers« (Sensenmänner) und werden wohl bald von »Avengers« (Rächern) und »Stalkers« (Pirscher) verdrängt werden. Die Botschaft, die sie überbringen, ist eine Rakete namens »Hellfire« (Höllenfeuer).

In Iowa, wo ich lebe, hat die in Des Moines stationierte Einheit der Nationalgarde ihre F-16-Jagdbomber durch ein Kontrollzentrum für Reaper-Drohnen ersetzt. Diese Veränderung wurde begleitet von der Umwandlung des Namens von »132nd Fighter Wing« (132. Kampf-Flügel) zu »132nd Attack Wing« (132. Angriffs-Flügel). Dieser Wandel ist mehr als symbolisch – ein »Kampf« hat per Definition zwei Seiten, und das Wort umfasst irgendeine Art von Gleichwertigkeit. Es gibt so etwas wie einen fairen Kampf (aber natürlich wurden die F-16-Bomber des 132. Flügels nur gegen wehrlose Zivilbevölkerung an Orten wie Irak und Panama eingesetzt), und ein Kampf hat normalerweise eine Art von Lösung. Ein »Angriff« jedoch ist eben nur das. Ein Angriff ist einseitig, etwas, das der Verfolger dem Opfer zufügt. Ein Kampf mag manchmal gerechtfertigt sein, ein Angriff nie. Es gibt keine Theorie des »gerechten Angriffs«. Das Aussortieren von unschuldigen und schuldigen Drohnenopfern ist sozusagen eine Zeitvergeudung. Alle sind gleichermaßen Opfer.

Vielleicht hat George Kennan dies in einem Strategiepapier, das er 1948 für das Außenministerium verfasste, kommen sehen. Um die unterschiedliche globale Verteilung des Reichtums nach dem Zweiten Weltkrieg zu bewahren (»Wir besitzen etwa 50 Prozent des Reichtums der Welt, aber nur 6,3 Prozent der Bevölkerung«) schlug er vor, »wir sollten aufhören, über vage und irreale Themen wie Menschenrechte, die Verbesserung des Lebensstandards und Demokratisierung zu sprechen. Der Tag ist nicht fern, an dem wir mit klaren Machtkonzepten operieren müssen. Je weniger wir dann von idealistischen Slogans behindert werden, desto besser.« Die Rede vor der National Defense University stellte eine Peinlichkeit an idealistischen Slogans dar, befasste sich aber auch mit kühlem Pragmatismus mit klaren Machtkonzepten.

»Mich und alle, die meiner Befehlskette angehören«, so der Präsident, »werden diese Todesopfer für den Rest unseres Lebens verfolgen.« Diese Worte klangen einige Tage später ehrlicher, als sie in den Fernsehnachrichten des Senders NBC von Brandon Bryant ausgesprochen wurden, ein Drohnen-Operateur der Luftwaffe, der gestand, von den 1.600 Todesfällen, an denen er beteiligt war, verfolgt zu werden. Bryant gestand, seine Aktionen bewirkten, dass er sich als »herzloser Soziopath« fühle, und er beschrieb eine seiner ersten Tötungen, als er in der Creech-Luftwaffenbasis in Nevada saß, während sein Team auf drei Männer feuerte, die eine Straße in Afghanistan entlang gingen. Dort war es Nacht, und er erinnerte sich, wie er das Thermalbild eines der Opfer auf seinem Computer-Bildschirm erblickte: »Ich beobachtete, wie dieser Typ verblutete, und, ich meine, Blut ist heiß.« Bryant beobachtete, wie der Mann starb und sein Bild verschwand, während der Körper die Temperatur des Erdbodens der Umgebung annahm. »Ich kann jedes kleine Pixel sehen, ich schließe einfach meine Augen.« Die Entfernung des Drohnenkriegers ist kein Schutz vor der moralischen Zerstörung des Krieges, und auch dies sind Opfer, in deren Namen wir ebenfalls protestieren.

Wir können nicht in die Herzen des Präsidenten und jener in seinem inneren Kreis blicken, aber es fällt nicht schwer, daran zu zweifeln, dass sie sich wirklich vom Tod der Menschen, die auf ihren Befehl hin von Drohnen getötet wurden, verfolgt fühlen. Wenn sie nicht von ihrem eigenen Gewissen verfolgt werden, fällt vielleicht uns die Verantwortung zu, sie zu verfolgen.

JOCHEN MARQUARDT

Neoliberale Politik in Deutschland

Seinen Ausgang nimmt der Neoliberalismus bereits in der Weltwirtschaftskrise der 1930er Jahre. Seither durchdringt er in unterschiedlichen Intensitäten und Ausprägungen die politischen Rahmenbedingungen in weiten Teilen der Welt. Dabei firmiert er in unterschiedlichen Facetten und hat zugleich auf ganz verschiedenen Feldern Fuß gefasst. Eine ausführliche Beschreibung kann an dieser Stelle nicht geleistet werden. Ein Verweis auf vielfältige Literatur sei gestattet. Unter anderem das Buch »Kritik des Neoliberalismus«[1] bietet für interessierte LeserInnen einen umfangreichen Einblick in Geschichte und Entwicklungen.

Erwähnenswert als ideologische Ideengeber sollen hier nur Friedrich August von Hayek als zentrale historische Figur und im zeitlich späteren Verlauf Milton Friedman genannt werden. In den vergangenen Jahrzehnten haben sich neoliberale wirtschafts- und gesellschaftspolitische Ausrichtungen immer stärker formiert, wodurch Entscheidungsrichtlinien geprägt wurden. Unter anderem in der deutschen Politik haben sie dazu geführt, einen ehemals wohlfahrtsstaatlichen Ansatz abzulösen und einer fast ausschließlichen Marktlogik unterzuordnen. Besonderen Schub erlangte die neoliberal geprägte Politik nach dem Zusammenbruch des so genannten Realsozialismus im östlichen Europa und der Wiedervereinigung zweier deutscher Staaten. International haben sich als politische Figuren wie Ronald Reagan und die ehemalige britische Premierministerin Margaret Thatcher in

---

1 Butterwegge/Lösch/Ptak: Kritik des Neoliberalismus, Wiesbaden 2007

besonders unrühmlicher Weise für die alternativlose Umsetzung des Neoliberalismus eingesetzt. Thatchers »TINA – There Is No Alternative« hat über viele Jahre eine bedeutende Rolle weit über Großbritannien hinaus eingenommen. In der Bundesrepublik trug Otto Graf Lambsdorff in einem eigenen Papier seine Impulse bereits im Jahr 1982 in die Debatte und diese fanden Eingang in die langjährige Kanzlerschaft von Helmut Kohl bis in das Jahr 1998. Die europäische Sozialdemokratie wurde in den Sog des Neoliberalismus eingebunden und beschrieb ihre Politikperspektiven unter anderem im »Schröder-Blair-Papier« aus dem Jahre 1997. Während der erste Versuch, dies in seiner reinen Form der wirtschaftspolitischen Ausrichtung der europäischen Sozialdemokratie in die deutsche SPD zu tragen, nicht funktionierte treffen wir die Grundausrichtungen einige Jahre später in der »Agenda 2010« aus dem März 2003 wieder und diesmal als grundlegenden Paradigmenwechsel vor allem in der Wirtschafts- und Arbeitsmarktpolitik der Bundesrepublik nach dem II. Weltkrieg.

Die seit 1998 regierende Koalition von SPD und den Grünen orientierte sich am Dreiklang von »Liberalisierung, Deregulierung und Privatisierung«, der aus dem »Washington Konsens« aus dem Jahr 1990 abgeleitet, die Zeit nach dem Zusammenbruch des »Realsozialismus« deutlich prägt. Der US-amerikanische Ökonom Milton Friedman formulierte bereits im Jahr 2000 im Spiegel: »Vielleicht können die Linken solch schwierige Reformen eher leisten, weil ihre Wähler trotzdem bei der Stange bleiben, schließlich kommt für sie keine andere Partei in Frage. Das ist bei den Konservativen anders. Die jetzigen Reformen entsprechen perfekt den Ideen der Regierung Kohl. Und dennoch musste erst Gerhard Schröder kommen, um sie durchzusetzen.«

Für die Entwicklung der Politik in Deutschland im Eingang des 21. Jahrhunderts wurde dann auch die Agenda 2010 im engen Zusammenhang mit den »Gesetzen für moderne Dienstleistungen am Arbeitsmarkt« (»Hartz I-IV«) richtungsgebend. Sie führte sowohl im eigenen Land als auch in der Ausrichtung der exportgeprägten Wirtschaftspolitik zu grundlegenden Veränderungen mit negativen Auswirkungen in vielen Politikfeldern.

Arbeit und Beschäftigung

In der deutschen Politik wurden die Rahmenbedingungen auf den Arbeitsmärkten und in den Beschäftigungsverhältnissen grundlegend verändert – der Begriff Reform erhielt vor allem in den Arbeitsmärkten eine vollständige andere Bedeutung.

In den Folgejahren wuchs ein Niedriglohnbereich, der in Deutschland mehr als jeden 5. Arbeitnehmer traf und sich an die negative Spitze in Europa brachte. Während 1995 noch 15 Prozent der Beschäftigten Niedriglöhne erhielten wuchs die Zahl bis 2010 auf über 23 Prozent an. Eine ähnlich negative Entwicklung setzte sich bei den Beschäftigungsverhältnissen durch. So sank die Anzahl der vollbeschäftigten Menschen ohne Leiharbeit in den Jahren 2000 bis 2010 um mehr als 2,5 Millionen. Während in der öffentlichen und medialen Darstellung ein deutsches Beschäftigungswunder erzählt wurde und die nominale Zahl der Erwerbstätigen stieg, blieb eine qualitative Bewertung der neu entstandenen Arbeitsplätze weitgehend aus. Beeindruckender Nachweis für die Entwicklungen bilden die kaum veränderte Anzahl der geleisteten Arbeitsstunden in den Berichtsjahren, die sich trotz Zahlenaufwuchses ohne Arbeitszeitverkürzungen kaum veränderten.

Zudem haben diese Reformen auf dem Arbeitsmarkt dazu geführt, dass der Druck auf Erwerbslose, jede Arbeit anzunehmen gleichermaßen wuchs wie der Druck auf viele Beschäftigte, für den Erhalt ihres Arbeitsplatzes Einbußen im Einkommen und in der Gestaltung der Arbeitsbedingungen hinzunehmen. Hartz IV etablierte sich von daher nicht nur als Druckelement auf betroffene Erwerbslose, sondern auch als eindrucksvolle Drohkulisse für Beschäftigte.

Lohn- und Gewinnentwicklung

Besondere Ausprägung fanden diese Prozesse in der Lohnentwicklung des ersten Jahrzehnts in diesem Jahrtausend. Die untere Hälfte der Einkommensbezieher verlor im realen bedarfsgewichteten Nettoeinkommen zwischen -5,5 bis -1,1 Prozent. Erst ab dem 6. Dezil ist eine leichte Zunahme zu sehen und vor allem an der Spitze der Einkommensbezieher – so beim reichsten Zehntel ist ein Zuwachs von 13,4 Prozent zu vermerken.

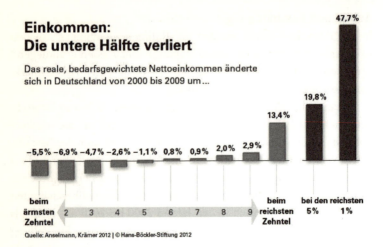

In diesem Zusammenhang ist auch auf die wachsende Armut in einem der reichsten Länder der Welt hinzuweisen. Trotz massiver Eingriffe der schwarz-gelben Regierung in den Text des 4. Armuts- und Reichtumsberichtes ist die Schräglage zunehmender Armut gegenüber wachsenden Reichtums nicht zu verdecken gewesen.

Nicht zuletzt der ausufernde Niedriglohnsektor hat sich dabei zu einem entscheidenden Problem herausgebildet. Immer mehr Menschen sind in diesen Bereich der Löhne gezwungen worden. Die deutschen Niedriglöhne haben in den vergangenen Jahren eine Spitzenposition in Europa eingenommen. Mehr als 20 Prozent der Beschäftigten bekommen Stundenlöhne, die unter dem statistischen Lohnmittel liegen, und ein großer Teil von ArbeitnehmerInnen ist darauf angewiesen, zusätzliche Einkommensanteile über den Bezug von Hartz IV zu beantragen.

An dieser Stelle ist auch noch die Frage aufzuwerfen, was mit den Lohneinbußen eines ganzen Jahrzehnts geschehen ist. Hier lohnt es, einen Blick auf die Entwicklung der Löhne und Gewinne in den Jahren 2000 bis 2013 zu werfen. Während die Löhne bis zum Jahr 2010 real gesunken und erst seit 2011 vorsichtig um ganze 5 Prozent angestiegen sind, ist die Situation auf der Seite der Gewinne der Unternehmens- und Vermögenseinkommen – trotz eines krisenbedingten Einbruchs in den Jahren 2007 bis 2009 – um satte 30 Prozent gestiegen. Wenn eine Lohnquote an der Gesamtverteilung aus dem Jahr 2000 mit 72,1 Prozent zu Grunde gelegt wird und diese im Jahr 2012 bei 68 Prozent bemessen wird, haben die Beschäftigten in diesem Zeitraum mehr als 1 Billion Euro als Verluste zur Kenntnis zu nehmen.

Um diesen Entwicklungen zu begegnen, ist die Einführung des gesetzlichen Mindestlohnes ohne Ausnahmen unumgänglich. Aber das reicht natürlich nicht. Von besonderer Bedeutung wird es sein, wieder in flächendeckende und alle Branchen und Betriebe einbeziehende Tarifstrukturen zurückzufinden. Dabei muss es darum gehen, in den Tarifverhandlungen wieder den vollständigen verteilungspolitischen Spielraum zurückzuerobern und gleichzeitig den Kampf um konsequente Arbeitszeitverkürzung bei vollem Lohn- und Personalausgleich zu führen. Nur darüber kann es gelingen, die Angebotsseite in den Arbeitsmärkten wieder zu stärken.

Staatsschulden – eine selbstauferlegte Einnahmeverweigerung und Staatsfinanzierungskrise
Parallel zu den Einbußen der Beschäftigten hat sich die Staatsschuldensumme in den vergangenen Jahren, vor allem nach der Deutschen Einheit, erheblich ausgeweitet. Weit über die Hälfte der aktuellen Summe zu Beginn des Jahres 2014 in den Jahren 1991 bis 2010 über die Einheit, die Steuersenkungspolitik der SPD-Grünen-Bundesregierung und die Rettung von Banken zustande gekommen. Schon der Begriff Schuldenkrise geht also am Problem vorbei. Ein klärender und treffender Begriff wäre Einnahmekrise des Staates. Wobei es sich um eine selbstgemachte Krise handelt. Denn sie fußt auf politischen Beschlüssen, die zum einen mitverantwortlich für den Ausbruch der Krisen im auslaufenden vergangenen Jahrzehnt waren und zudem auch noch diejenigen aus der Verantwortung genommen haben, die erstens krisenverursachend waren und zweitens auch noch den Reibach aus der Krise gezogen haben.

Es ist von Bedeutung, noch einmal auf die bereits angezeigten Entwicklungen bei den Gewinnen von Unternehmen und den Zuwächsen bei den Vermögenden hinzuweisen. In Zahlen ausgedrückt, hat sich das Geldvermögen in Deutschland zwischen 1990 und 2010 von 1,5 Billionen Euro auf fast 5 Billionen Euro mehr als verdreifacht und ist in den Jahren bis 2013 noch einmal um weitere 1.000 Milliarden Euro erheblich angewachsen. Das Gesamtvermögen in Deutschland, einschließlich Sachwerte, Immobilien und Gebrauchswerte liegt mittlerweile bei weit über 10 Billionen Euro, einer Zahl mit 14 Stellen.

Sind diese Summen bereits kaum noch vorstellbar, so wird die Dramatik noch einmal erhöht, wenn berücksichtigt wird, dass der Reichtum im Lande so verteilt ist, dass zwei Drittel den reichsten 10 Prozent gehören. Das reichste Prozent der Bevölkerung hält fast 36 Prozent aller Nettovermögen in den eigenen Händen.

Ein nicht unerheblicher Anteil dieser Vermögen findet seine Entsprechung in den veröffentlichten Staatsschulden. Das heißt, die Reichen im Lande wurden über immer mehr Liberalisierungen, Deregulierungen und Privatisierungen in die Lage versetzt, ihre Vermögen immer stärker auszuweiten und sich gleichermaßen in eine Situation zu bringen, dem Staat mit nicht gezahlten Steuern und somit angehäuften Vermögen Geld zur Verfügung zu stellen und aus der Bredouille zu helfen. Eine widersinnige Angelegenheit, die sich aus neoliberalen Glaubensbekenntnissen und deren politischen Reformen ableitet.

Steuerpolitik – auch ohne Hoeneß eine fatale Fehlausrichtung

Während zu Zeiten von Helmut Kohl noch ein Spitzensteuersatz von 53 Prozent galt, ist dieser seither um rund 10 Prozent abgesenkt worden. In Verbindung mit der seit 1997 eingestellten Veranlagung von Vermögenssteuern, der Senkung von Kapitalsteuern und weiteren Erleichterungen für Vermögen hat sich die Situation auf der staatlichen Einnahmeseite immer weiter verschlechtert. Dabei sind alle Bereiche betroffen: der Bund, die Länder und selbstverständlich die Kommunen und Gemeinden. Auf der untersten Ebene der föderalen Strukturen leiden u. a. Städte in Nordrhein-Westfalen in besonderer Weise. In einer aktuellen ver.di-Studie ist die Datenlage ausführlich dargestellt. Im Wissen um die Vergeblichkeit, die Schwierigkeiten aus eigener Kraft zu lösen, setzen die kommunalen Politiker alles daran, Beweise für das Gegenteil von Erkenntnissen zu erbringen. Im Ergebnis werden kommunale Angebote zusammengestrichen, Einschnitte in Kultur und bei so genannten freiwilligen Leistungen vorgenommen.

Erwähnenswert im Kontext der Debatte um neoliberale steuerpolitische Vorgehensweise ist zudem, dass einzig die 2007 erfolgte Erhöhung der Mehrwertsteuer über ein kurzes Zeitfenster zu einem Rückgang der Steuerausfälle führte. Bonmot am Rande: die Erhöhung der Mehrwertsteuer trifft natürlich in der Breite der Bevölkerung viel stärker als in der Spitze. Und auch die Entstehung des Mehrwertsteuer-Kompromisses in der großen Koalition zwischen 2005 und 2009 ist erwähnenswert. Da waren die SPD mit der Losung: »Keine Erhöhung der Mehrwertsteuer« und die CDU mit der Forderung »2 % mehr Mehrwertsteuer« in die Wahlkämpfe gezogen, um in der Regierungsbildung einen »Kompromiss« bei 3 Prozent Erhöhung auf den Regelsatz zu beschließen.

Weit mehr als ein Nebenschauplatz ist der Umgang mit so genannten Steuersündern. Die Selbstanzeige scheint eine der wenigen Möglichkeiten der Belangung dieser Kreise zu sein. Dabei werden immer mal wieder berühmte Figuren zu berüchtigten Hinterziehern, die in den Medien viel Platz finden, aber wenig Raum lassen, um die Debatte um die Einstellung von mehr Steuerfahndern zu führen.

Die 5 Konten der volkswirtschaftlichen Rechnung

Nicht nur eine deutlich verkehrte Verteilung zwischen Gewinnen der Unternehmen und Einkommen der Beschäftigten unterstreicht die Fehlentwicklungen der neoliberalen Ausrichtung auf die Situation der Beschäftigten. Auch ein Blick auf die 5 Konten der volkswirtschaftlichen Rechnung und deren Entwicklung macht klar, dass es zu deutlichen Verschiebungen gekommen ist. So wachsen privater Reichtum und Vermögen gleichermaßen exorbitant wie die so genannten Staatsschulden, allerdings in gegenteiliger Richtung. Während Unternehmen und der Finanzsektor positive Zahlen ausweisen, sind die Schulden des Staates und des Auslands in die Höhe geschnellt.

Die Erkenntnis, dass jeglichen Schulden immer auch die entsprechenden Vermögen gegenüberstehen, bildet sich in diesen Kontexten nachhaltig ab. Jahr für Jahr ergibt sich bei der Gegenüberstellung ein ausgeglichener Saldo. Die jeweiligen Zahlen bezeugen eine Entwicklung, die den privaten Reichtum steigert, die Wirtschaft aus der gesellschaftlichen Verantwortung entlässt und die Staatsfinanzierungskrise negativ befördert.

Verteilungs- und Gerechtigkeitsdreieck
Wenn es darum gehen soll, den Verwerfungen der neoliberalen Politik und deren Ergebnissen etwas entgegenzusetzen, ist es unumgänglich, vor allem auf drei Ebenen Widerstand zu leisten und politische Neuordnungen zu erkämpfen.

Zum einen muss es darum gehen mehr, direktere und verantwortungsbewusste Umwälzungen der demokratischen Entscheidungsfindungen in Wirtschaft und Gesellschaft durchzusetzen. Es geht um mehr Demokratie und mehr Mitbestimmung.

Im Weiteren geht es um »Um*fair*teilen« durch eine andere Steuerpolitik, durch die Wiedereinführung der Vermögenssteuer, eine Neukonstituierung der Erbschaftssteuer sowie durch Unternehmens- und Kapitalsteuern. Die Ausrichtungsperspektiven sind den Vorschlägen aus den Memoranden der Arbeitsgruppe für Alternative Wirtschaftspolitik und den vorhandenen gewerkschaftlichen Forderungen, u. a. den Vorschlägen aus dem Marshallplan des DGB für ein soziales und demokratisches Europa, zu entnehmen.

Drittens muss es um eine neue Verteilung von Arbeit durch Arbeitszeitverkürzung zu mehr kurzer Vollzeit und eine Neuordnung der Arbeit gehen, die Beiträge für gute und fair bezahlte Arbeit leistet.

Das sind Auseinandersetzungen, die es dringend anzugehen gilt. Durch mehr Aufklärung und Diskussion – vor allem aber durch die Stärkung von Gewerkschaften und deren Organisationskraft als aktive und veränderungsbereite Organisation.

Raoul Didier

Handlungsfähiger Staat oder mehr Steuergerechtigkeit? Beides!

Die eher zufällig zustande gekommene Aufdeckung von gut betuchten Steuerhinterziehern sowie die legale Verschiebung enormer Gewinne durch transnationale Konzerne zum Zwecke der Steuervermeidung haben deutlich wie nie vor Augen geführt, dass es mit der (Steuer-) Gerechtigkeit in diesem Land nicht weit her ist. Dieses Legitimationsproblem verschärft sich, wenn die arbeitenden Menschen, selbst in noch *relativ* einfach gelagerten Fällen des Lohnsteuerrechts, im Alltag auf eine immer schwerer zu durchschauende Rechtslage stoßen. Betrachten wir die Verwendung der Steuern, so ist – ebenfalls deutlich wie nie – zu sehen, dass das Gemeinwesen in Deutschland vor außerordentlichen Zukunftsaufgaben steht, deren Bewältigung keinen Aufschub duldet. Nach Jahrzehnten der Vernachlässigung von Investitionen in das Bildungssystem, das Gesundheitswesen, die Verkehrsinfrastruktur und die Energieversorgung muss hier dringend saniert, modernisiert und in weiten Teilen auch grundlegend umgestaltet werden. Eine Steuerpolitik, die gerecht sein will, muss daher mehr denn je beachten, wie die Steuerlast zwischen den Steuerpflichtigen angemessen zu verteilen ist und wie das Aufkommen andererseits deutlich erhöht werden kann.

Obgleich der Handlungsbedarf der öffentlichen Hand im Wesentlichen auf breite gesellschaftliche Akzeptanz trifft, reichen die Investitionen seit mehr als einem Jahrzehnt nicht einmal mehr aus, um den Verschleiß öffentlicher Infrastruktur wettzumachen. Auch die im Koalitionsvertrag der neuen Bundesregierung vereinbarten

Prämissen zur Haushalts- und Finanzpolitik werden die inzwischen chronisch gewordene Schwindsucht nicht heilen. Die Regierung hält strikt am Konsolidierungspfad der öffentlichen Haushalte fest, indem die Schulden- und Defizitregeln des Grundgesetzes, des Fiskalpaktes sowie nach dem verschärften europäischen Stabilitäts- und Wachstumspakt zwingend einzuhalten sind. Die Schuldenstandsquote soll von rund 80 Prozent (2013) auf unter 70 Prozent (bis Ende 2017) und binnen zehn Jahren auf unter 60 Prozent des Bruttoinlandsprodukts (BIP) zurückgeführt werden. Ab 2014 soll der Bundeshaushalt strukturell ausgeglichen sein und ab dem 2015 ohne Nettoneuverschuldung aufgestellt sein. Das Wachstum der Ausgaben soll das des BIP »möglichst nicht übersteigen«. Alle nicht als »prioritäre Maßnahmen« ausgewiesenen Vorhaben müssen innerhalb der jeweiligen Ressorts gegenfinanziert sein.[1] Diese Vorgaben machen die öffentlichen Haushalte fast vollständig von der Entwicklung des Bruttoinlandsproduktes abhängig, wenn Steuerrechtsänderungen zur Erzielung deutlicher Mehreinnahmen weiterhin zum Tabu erklärt werden.

Für ihre Prioritäten plant die Bundesregierung Mehrausgaben im Umfang von 23 Mrd. Euro. Mit 6 Mrd. Euro für die Unterstützung von Ländern und Kommunen bei der Finanzierung von Schulen, Kindergärten und Hochschulen, 5 Mrd. Euro für den Erhalt und Ausbau der Verkehrsinfrastruktur und 3 Mrd. Euro Ausgaben für die deutsche Forschungslandschaft, plant sie Investitionen in Bereiche, die ohne Zweifel als wichtige Zukunftsfelder bezeichnet werden können. In die richtige Richtung geht auch, dass weitere 3 Mrd. Euro den Kommunen für die Bewältigung von Aufgaben zur Verfügung gestellt werden sollen, die diesen durch Bundesgesetze übertragen wurden.[2] Gemessen an dem in Deutschland bestehenden Investitionsbedarf kann die Ausgabenplanung der Bundesregierung aber nicht überzeugen. Zwar gehen die Schätzungen für den in Deutschland erforderlichen Investitionsbedarf z. T. recht weit auseinander, aber wenn nur ein weite-

---

1 »Deutschlands Zukunft gestalten«, Koalitionsvertrag zwischen CDU, CSU und SPD, 18. Legislaturperiode

2 ebenda

rer Substanzverzehr vermieden werden soll, ergäbe sich hieraus ein weiterer Investitionsbedarf von mindestens 6 Mrd. Euro jährlich. Und trotz der stärkeren Beachtung des Konnexitätsprinzips im Umgang mit Städten und Gemeinden werden dadurch nicht die Lasten aus der Vergangenheit ausgeglichen. Weiterhin sind die Kommunen durch Kredite belastet, die sie aufnehmen mussten, um vom Bund zugewiesene Aufgaben zu erfüllen. Erschwerend tritt hinzu, dass selbst für die prioritären Maßnahmen im Bundeshaushalt bislang keine gesicherte Finanzierung zu erkennen ist. Zum überwiegenden Teil sollen Überschüsse in Höhe von 15 Mrd. Euro, die in der mittelfristigen Finanzplanung vom Sommer 2013 kalkuliert wurden, zur Deckung der Ausgaben herangezogen werden. Zieht man allerdings die Daten der Steuerschätzung von November 2013 heran, so muss der Bund mit um rund 5 Mrd. Euro geringeren Steuereinnahmen für den Zeitraum bis 2017 rechnen.[3] Somit wird überdeutlich: Um eine Erhöhung der Einnahmen für die öffentlichen Haushalte führt kein Weg herum; jedenfalls dann nicht, wenn die Schuldenbremse nicht als das alleinige Maß aller Dinge gelten soll, die Sozialstaatlichkeit und das Gebot zur Schaffung gleichwertiger Lebensverhältnisse nicht zu Fußnoten unserer Verfassung verkommen sollen.

Bei einer zunehmend ungleichen Verteilung von Einkommen und Vermögen ist evident, dass ein höheres Aufkommen mit einer anderen Lastenverteilung einhergehen muss. So sank der Anteil der Arbeitnehmereinkommen am gesamten Volkseinkommen von Mitte der 1980er Jahre bis 2012 um rund 10 auf 68 Prozent. Entsprechend stiegen die Gewinn- und Vermögenseinkommen.[4] Diese Entwicklung schlug sich in der Verteilung der Privatvermögen im Jahre 2012 unmittelbar nieder. »Gut ein Fünftel aller Erwachsenen verfügte über kein persönliches Vermögen – bei sieben Prozent waren die Verbindlichkeiten sogar höher als das Bruttovermögen. Das reichste Zehntel der

---

3   IMK Report 90, Wirtschaftspolitische Herausforderungen 2014 – Weichen für die Zukunft stellen, Düsseldorf 2014, S. 12 ff.

4   WSI Report 10/2013, Verteilungsbericht 2013 – Trendwende noch nicht erreicht, S. 10 f.

Bevölkerung ab 17 Jahren besaß ein Nettovermögen von *mindestens* (Hervorhebung durch d. Verf.) 217.000 Euro, beim reichsten Prozent waren es 817.000 Euro.«[5] Wobei die Autoren darauf hinweisen, dass der obere Rand der Vermögensverteilung unvollständig sei, da Superreiche nicht oder nur unzureichend von dieser Untersuchung erfasst sind.[6] Statt dem entgegenzuwirken, wurde dieser Trend über das Steuer- und Abgabensystem noch verstärkt. Die Lohnsteuer, die Umsatzsteuer und die Verbrauchssteuern auf Genussmittel, also typische Massensteuern, tragen bereits heute zu weit mehr als der Hälfte aller Steuereinnahmen bei. Die Unternehmenssteuern, die Erbschaftssteuer, die Kapitalertragssteuer und die Grundsteuer, als Steuern mit einem starken Bezug zu Vermögen und Gewinnen, addieren sich mittlerweile nur noch zu rund 17 Prozent des gesamten Steueraufkommens auf.[7] Bleibt das Steuerrecht weiterhin unangetastet, wird sich dieser Trend noch weiter verschärfen. Ausgehend vom Jahr 2010 ist damit zu rechnen, dass beispielsweise das gesamte Steueraufkommen bis zum Jahre 2018 um rund 38 Prozent steigen wird. Das Aufkommen aus der Lohnsteuer soll in dieser Zeit um fast 60 Prozent steigen, während der Erbschaftssteuer ein Wachstum von noch nicht einmal 10 Prozent vorhergesagt wird. Damit würde letztere noch nicht einmal annähernd mit der in diesem Zeitraum zu erwartenden Preissteigerung, geschweige denn mit dem zunehmend größeren Volumen von zu vererbenden Vermögen Schritt halten. Dabei beträgt bereits heute der Anteil des Aufkommens aus der Erbschaftssteuer weniger als ein und das der Lohnsteuer rund 25 Prozent an allen Steuereinnahmen. Zwar sind die Auffassungen darüber, was Leistung und Leistungsgerechtigkeit ausmacht, höchst unterschiedlich. Unstreitig dürfte aber sein, dass die Lohnsteuer als eine Abgabe auf ein Einkommen gelten kann, das weitgehend aus der eigenen Leistung herrührt, und dass ein Erbe mit der persönlichen Leistung bestenfalls nur wenig zu tun hat.

---

5   M. Grabka / C. Westermeier, Anhaltend hohe Vermögensungleichheit in Deutschland, in: DIW Wochenbericht 9/2014, S. 151-164

6   a. a. O.

7   Vgl. Ergebnis der 143. Sitzung des Arbeitskreises »Steuerschätzungen« vom 5. bis 7. November 2013 in Bremerhaven

Daher sollte die stetig wiederkehrende höchstrichterliche Kritik an der Ausgestaltung der Erbschaftssteuer endlich Anlass sein, ihre Umgehungsanfälligkeit zu beseitigen und z. B. auch eine Erhöhung der Spitzensteuersätze in Angriff zu nehmen. Ziel sollte sein, ein zweieinhalb- bis dreifach höheres Aufkommen zu erzielen, um im Verhältnis zum Bruttoinlandsprodukt auf ein z. B. mit Frankreich vergleichbares Niveau zu gelangen. Da die Erbschaftssteuer eine Ländersteuer ist, würde eine so ausgerichtete Reform auch unmittelbar den chronisch unterfinanzierten Länderhaushalten zu Gute kommen und dazu beitragen, den in ihrem Verantwortungsbereich besonders hohen Investitionsstau aufzulösen. Auch die seit 1997 ausgesetzte Vermögenssteuer steht nach dem Grundgesetz den Bundesländern zu. Sie dennoch nicht wieder zu erheben, ist eine unverantwortliche Farce. So könnte diese z. B. auch helfen, den politischen Sprengstoff in der Debatte um den Länderfinanzausgleich zu entschärfen. Der Anteil, den die Länder Hessen, Bayern und Baden-Württemberg aus der Vermögenssteuer erhalten könnten, entspräche ziemlich genau dem Teil, den diese heute in den Länderfinanzausgleich (im engeren Sinne) einzahlen.[8]

In dem Maße, wie es gelänge, den jahrzehntelangen Abbau sozialstaatlicher Leistungen umzukehren, sind auch Mehreinnahmen und Maßnahmen zur Entbürokratisierung des Lohnsteuerrechts denkbar. Das ungenügende Betreuungsangebot im Schul- und Vorschulbereich, ein Leistungsniveau der Sozialversicherungssysteme, das mit den tatsächlichen Herausforderungen nicht Schritt hält, und nicht zuletzt die Notwendigkeit zur beruflichen Weiterbildung zwingen die arbeitenden Menschen zunehmend dazu, die entsprechenden Angebote für teures Geld bei privaten Anbietern nachzufragen. Da die Befriedigung dieser Bedarfe zwingend zur Sicherung der Existenz erforderlich ist, ist der Gesetzgeber gezwungen, hierfür wenigstens eine steuerliche Absetzbarkeit zu ermöglichen, aber eben auch Einnahmeverluste hinzunehmen. Bis dahin sollte es aber vordringliches Ziel einer Neu-

---

8 Vgl. M. Blumtritt / A. Truger / K. Eicker-Wolf, Auswirkungen der (Wieder-) Einführung einer Vermögensteuer auf die hessischen Landesfinanzen, IMK-Studies 7/2007

ordnung des Einkommensteuerrechts sein, die offensichtliche Ungerechtigkeit der steil ansteigenden Steuerprogression für niedrige und mittlere Einkommen auch in dem Umfang zu verringern, wie es gelingt, den Spitzen- und den Reichensteuersatz zur Gegenfinanzierung anzuheben und zu verlagern. Hierzu gehört auch, die privilegierte Behandlung von Kapitaleinkünften durch eine pauschal abgeltende Besteuerung von 25 Prozent zu beseitigen und diese Einkünfte wieder dem persönlichen Einkommensteuersatz zu unterwerfen.

Nicht zu vergessen ist schließlich, dass die internationale Konkurrenz um die niedrigsten Unternehmenssteuern von Deutschland massiv mit angeheizt wurde. So wich in Deutschland 2011 die Belastung durch Unternehmenssteuern gegenüber Frankreich um rund 11, gegenüber den USA um ca. 33 und im Vergleich mit Japan sogar um fast 48 Prozent nach unten ab.[9] Die Bemessungsgrundlage und den Kreis der Steuerpflichtigen bei der Gewerbesteuer auszuweiten und den Körperschaftsteuersatz wieder anzuheben, sind hier die wichtigsten Forderungen.

Aber die besten Steuergesetze sind wirkungslos, wenn sie nicht durchgesetzt werden. Jahr für Jahr ermittelt die Finanzverwaltung einen Personalbedarf, hinter dem die tatsächlichen Zahlen weit zurückbleiben. Von diesem Defizit profitiert insbesondere, wer Gewinne und Vermögen auf intransparenten Wegen versteckt. Daher muss der Personalbestand unverzüglich an den ermittelten Bedarf nach oben angepasst werden.

Gewiss sind die genannten Maßnahmen nur ein grober Aufriss. Sie zeigen aber, dass ein Mehr an Einnahmen und Steuergerechtigkeit machbar sind.

---

9   M. von Wuntsch/St. Bach, Wertorientierte Steuerplanung und Unternehmensführung in der globalen Wirtschaft, München 2012, S. 12

CORNELIA HEINTZE

Anderes Staatsverständnis als Basis des skandinavischen Sozialmodells

Gleichermaßen von marktradikaler Seite wie auch von Teilen der Linken wird der skandinavische Wohlfahrtsstaat immer wieder für tot erklärt oder als im Sterben begriffen dargestellt. Frage also: Wird die Totenglocke zu Recht angestimmt? Gibt es noch ein spezifisch skandinavisches Wohlfahrtsmodell, das mit mehr Gleichheit und einem deutlich höheren Niveau an wohlfahrtsstaatlichen Leistungen einhergeht, als wir es in Deutschland vorfinden? Aus der Perspektive der Hochzeit skandinavischer Wohlfahrtsstaatlichkeit gesehen, gab es Einbrüche. Schweden, damit das Land, das gemeinhin als Paradebeispiel für den nordischen Wohlfahrtsstaat fungiert, hat sich am stärksten von egalitären Prinzipien verabschiedet und den Mechanismen von Markt und Wettbewerb Raum eingeräumt. Gleichwohl, so die hier vorgetragene Argumentation, blieb der Kern des Modells intakt.

Deutschland und Skandinavien im Vergleich zentraler Indikatoren
Deutschland und die nordischen Länder teilen die *Gemeinsamkeit ökonomischer Stärke als Exportnationen.* Dies zeigt sich an Indikatoren, die die internationale Wettbewerbsfähigkeit abbilden, angefangen bei der Stärke im Export bis zur Innovationskraft. Auf dem Innovationsindex der Europäischen Gemeinschaft 2014 rangieren Schweden und Dänemark auf den ersten beiden Plätzen, gefolgt von Deutschland und Finnland. Diese vier Länder werden von der EU-Kommission zu den Innovationsführern der europäischen Gemeinschaft gekürt (EU Commission 2014). Während Deutschland internationale Wettbewerbs-

fähigkeit jedoch kombiniert mit einem seit Jahren konstant hohen Niveau prekarisierter Beschäftigung und dem Rückzug des Staates aus aktiver Sozialstaatstätigkeit, blieb die Ausweitung prekärer Beschäftigung im skandinavischen Raum limitiert und der Staat zog sich hier auch nicht auf die Rolle eines bloßen Gewährleistungsstaates zurück. Dass die nordischen Länder bei zahlreichen Wohlfahrtsindikatoren weiterhin Spitzenplätze einnehmen, während Deutschland nur mittlere bis unterdurchschnittliche Positionen erreicht, erklärt sich nicht zuletzt daraus.

In der Übersichtstabelle sind einige wesentliche Indikatoren zusammengestellt. Besonders zurückgefallen ist Deutschland bei der *Qualität von Arbeitsplätzen*. Beim Job-Quality-Index behauptet Dänemark schon länger den Spitzenplatz. Auch die anderen nordischen Länder liegen im Spitzenfeld, während Deutschland mit einem Anteil guter Arbeitsplätze von weniger als 50 Prozent gegenüber mehr als 70 Prozent in Dänemark, Schweden und Norwegen unterdurchschnittlich abschneidet. Zugespitzt auf die Frage nach gerechter Entlohnung haben sich enorme Schieflagen herausgebildet. Es kommt einer Bankrotterklärung des konservativen Sozialmodells (sogenannte »soziale Marktwirtschaft«) gleich, wenn Millionen Erwerbstätige von ihrer Arbeit nicht auskömmlich leben können. Dies jedoch ist die Situation vieler Niedriglohnbezieher. Mehr als ein Fünftel geht in Deutschland einer niedrig entlohnten Beschäftigung nach, bei den Geringqualifizierten ist es mehr als jeder Zweite. Nur wenige europäische Länder haben einen noch größeren Niedriglohnsektor, wohingegen die nordischen Länder zusammen mit Frankreich und Belgien die *Gruppe mit kleinem Niedriglohnsektor* (weniger als 8 Prozent der Erwerbstätigen) stellen. Dies bei einer teilweise höheren Niedriglohnschwelle; 2010 z.B. lag sie in Dänemark bei 16,60 Euro/Std. gegenüber 10,2 Euro/Std. in Deutschland. Die Ausweitung des Niedriglohnsektors diene der Arbeitsmarktintegration gering Qualifizierter, lautet das Argument. Warum dann ist die Arbeitsmarktintegration von Menschen mit niedrigen formalen Bildungsabschlüssen in den nordischen Ländern nicht schlechter, sondern besser; die Arbeitslosenquote nicht höher, sondern geringer (2009 – 2012: Deutschland 14,2%; SKAN-DS: 12,5%)? Warum im Besonderen ist Niedriglohnbeschäftigung hierzulande die Regel, im Norden aber die Ausnahme? Nur 4,2 Prozent der gering Qualifizierten beziehen in Schweden einen Niedriglohn, in Deutschland liegt der Anteil mit 54,6 Prozent 26-mal so hoch.

Ungleichheit hat weltweit zugenommen und droht immer mehr Gesellschaften zu zerreißen. Ein aussagekräftiges Maß zur Abbildung von Ungleichheit bei Einkommen oder Vermögen ist der GINI. Der GINI erreicht den Wert Null, wenn jeder das gleiche Einkommen (Vermögen) bezieht (besitzt) und den Wert 100, wenn sich alles Einkommen (Vermögen) bei einer einzigen Person konzentriert. Ein Einkommens-GINI von unter 25 signalisiert eine geringe Ungleichheit. Aktuell (2012) erfüllen das Kriterium drei der fünf nordisch-skandinavischen Länder. Unter den zehn europäischen Ländern mit der geringsten Einkommensungleichheit finden sich, angeführt von Norwegen, 4 skandinavische Länder (NO, IS, SE, FI). Ausreißer nach oben ist Dänemark, im Durchschnitt der Skandinaviengruppe gleichwohl liegt der GINI heute nicht höher als Mitte der Nullerjahre (2005: 25,3; 2012: 25,1).

Zunehmende politische Brisanz erhält in einer alternden Gesellschaft die Frage, ob die *Alterssicherung* den Kriterien »armutsfest« und »lebensstandardsichernd« gerecht wird. Dänemark und Island erreichen das Ziel, indem sie die strukturelle Benachteiligung von Menschen mit in der Erwerbsphase geringen Einkommen so ausgleichen, dass die Rente dem Niveau des bisherigen Einkommens entspricht. Ganz anders Deutschland. Hier setzt sich die strukturelle Diskriminierung von Niedriglohnbeziehern im Rentenalter fort. Im auf die Äquivalenz von Einzahlungen und späteren Auszahlungen hin angelegten deutschen Rentenrecht wird unterstellt, dass die Lebenserwartung von der Klassenzugehörigkeit unabhängig ist. Tatsächlich jedoch sterben Männer (Frauen) der niedrigsten Einkommensgruppe statistisch fast 11 Jahre (8 Jahre) früher als obere Einkommensbezieher (Statistisches Bundesamt, Pressemitteilung vom 26.11.2013). Sie erhalten also nicht nur eine mickrige Rente, sondern diese zudem für eine weit kürzere Zeitspanne als versicherungsmathematisch kalkuliert. Hinter der Fassade formaler Gleichbehandlung setzt sich die Umverteilung von unten nach oben fort.

Die Rolle des Staates (der Kommunen) als Dienstleister und Arbeitgeber macht den Unterschied

Beim Ausbruch der aktuellen Krise stellten in Spanien, Portugal und Griechenland jeweils die Sozialisten die Regierung, um dann von den Konservativen abgelöst zu werden. Im Nachgang nun hat José Luis Rodríguez Zapatero, der damalige Ministerpräsident von Spanien, dem Scheitern seiner Regierung eine Art Generalabsolution erteilt (ders. 2013). Gegen die Märkte, so seine These, sei eine irgendwie linke Politik gar nicht möglich. Hier ist Widerspruch angesagt. Es gibt – dies genau belegen die skandinavischen Länder – Gestaltungsspielräume, die wirksam genutzt werden können. Dass Island nach dem Kollaps seines Bankensystems schneller als jedes andere Krisenland und auch mit vergleichsweise geringen sozialen Einschnitten aus der Krise herauskam, belegt die Möglichkeit alternativer Politik (Heintze 2013a). Eine Politik allerdings, die den Marktkräften wirksame Schranken setzt, lässt sich nicht aus dem Hut zaubern. Sie bedarf eines leistungsstarken Staates und auch starker Gewerkschaften. Ist der Staat als Rechtsstaat, Steuerstaat und Wohlfahrtsstaat schwach, ist in aller Regel auch das Vertrauen der Bürger in die staatlichen Institutionen gering. Sie erwarten wenig und verhalten sich entsprechend. Im Ergebnis dann kontrollieren die Marktkräfte die Politik und nicht umgekehrt.

Im Norden existieren starke staatliche Institutionen. Die Stärke des Staates als Steuerstaat zeigt sich an den vergleichsweise hohen Abgabenquoten (vgl. die Übersicht). Der Staat nimmt über Steuern und

---

Quellen zu nebenstehender Tabelle:
OECD 2013 (S. 143, Tabelle 4.10); Eurofound 2012 (S. 50ff., Tabelle 5); Eurostat; Datenbestände »Hauptsteueraggregate der volkswirtschaftlichen Gesamtrechnungen [gov_a_tax_ag]« mit Update vom 19.02.2014; Finanzielle Vermögensbilanz [nasa_f_bs] mit Update vom 13.02.2014; Gini-Koeffizient des verfügbaren Äquivalenzeinkommens (Quelle: SILC) [ilc_di12] mit Update vom 17.02.2014; geschlechtsspezifisches Verdienstgefälle, ohne Anpassungen in Prozent – NACE Rev. 2 (Methodik: Lohnstrukturerhebung) [earn_gr_gpgr2] mit Update vom 05.03.2014; Struktur der Steuern nach Wirtschaftsfunktion [gov_a_tax_str] mit Update vom 05.03.2013; Heintze 2013b (S. 246: Abbildung 7).

Tabelle 1:
Indikatoren zu Arbeit, Sozialausgleich und
Staatsfinanzen im deutsch-skandinavischen Vergleich

Indikatoren	DE	DK	FI	IS	NO	SE
I. Qualität von Arbeitsverhältnissen						
Anteil von Arbeitsplätzen mit guter Bezahlung und/oder guten Arbeitsbedingungen (2011)	49,1	78,5	64,9	k. A.	75,9	74,2
Anteil von Niedriglohnbeschäftigung (2010)	22,2	7,7	5,9	9,1	7,3	2,5
Geschlechtsspezifisches Verdienstgefälle 2012 (Industrie, Baugewerbe, Dienstleistungen)	21,1	14,4	19,1	18,1	14,9	15,3
II. Ungleichheit und soziale Absicherung						
Ungleichheit beim verfügbaren Einkommen (GINI) 2012	28,3	28,1	25,8	24,0	22,6	24,8
Rente von Geringverdienern: Nettolohnersatzrate bei bisherigem halben Durchschnittseinkommen (2012)	55,9	117,5	71,3	93,3	78,3	68,8
III. Staatsfinanzen und Kommunen als Arbeitgeber						
Einnahmen aus Steuern und Sozialbeiträgen (% des BIP): 2000–2012 im Durchschnitt	40,4	49,4	44,1	37,1	42,7	47,9
Kapitalbesteuerung 2001–2011 im DS (% des BIP)	5,8	7,6	7,3	k. A.	13,6	6,3
Nettofinanzvermögen von Gebietskörperschaften und Sozialversicherungen (% des BIP): 2012	-50,5	-7,5	55,4	-55,9	167,6	23,7
Kommunal Beschäftigte auf 1.000 Einwohner 2011	16,7	119,4	99,2	k. A.	107,4	107,6

Legende:
DE = Deutschland; DK = Dänemark; FI = Finnland; IS = Island; NO = Norwegen;
SE = Schweden; DS = Durchschnitt; BIP = Bruttoinlandsprodukt; k. A. = keine Angabe

Sozialbeiträge, abgesehen von Island[1], jeweils einige BIP-Prozentpunkte mehr ein.[2] Entgegen der neokonservativen und neoliberalen Erzählung von der »Nichtfinanzierbarkeit« eines besseren Leistungsniveaus in den verschiedenen gesellschaftlichen Bedarfsfeldern, verfügt der Steuerstaat über vielfältige Möglichkeiten der Sicherung auskömmlicher Einnahmen.

Für die Beurteilung der Solidität öffentlicher Finanzen ist das altkonservative Ideal vom »schuldenfreien« Haushalt dabei kein brauchbares Kriterium. Viel aussagekräftiger ist die *Vermögensbilanz*. Abgesehen erneut vom isländischen Sonderfall ist diese in Skandinavien um Längen besser als in Deutschland. Teilweise überragt dort das Vermögen des öffentlichen Sektors das Vermögen des privaten Sektors. In Deutschland hat sich umgekehrt ein gigantischer Investitionsstau angehäuft und als Ergebnis weitgreifender Privatisierungspolitik floss so viel an ehemals öffentlichen Vermögenswerten in den Privatsektor ab, dass kein staatliches Reinvermögen mehr existiert; die Finanzvermögensbilanz gar ist ähnlich negativ wie die von Island (siehe die Übersicht).

Gerne auch wird die Sozialleistungsquote (Sozialausgaben in % des BIP) bemüht, um starke von schwachen Sozialstaaten zu unterscheiden. Vernebelt wird dabei, dass der Verwendung der Mittel eine ähnlich große Bedeutung zukommt wie der Quotenhöhe selbst. In Deutschland werden erhebliche Summen verteilt, ohne wirksam auf die Mittelverwendung Einfluss zu nehmen. Dies ist im Norden anders. Öffentliche Mittel dienen hier nicht subsidiär, sondern vorrangig der Finanzierung eigener, meist kommunaler Einrichtungen. Die Unterschiede sind gewaltig. Auf 1.000 Einwohner kommen nicht graduell mehr, sondern vielfach so viele Beschäftigte bei öffentlichen Arbeitgebern wie in Deutschland. Allein die Kommunen beschäftigen relativ gesehen annähernd doppelt so viel Personal wie in Deutschland Ge-

---

1 Der Befund relativiert sich durch die Besonderheit, dass die Gewerkschaften in Island quasi-staatliche Funktionen wahrnehmen, die sie auf der Basis von Zwangsmitgliedschaften durch die Erhebung von Beiträgen bei Arbeitnehmern und Arbeitgebern finanzieren.

2 Ein BIP-Prozentpunkt entsprach 2012 in Deutschland 26,4 Mrd. Euro.

bietskörperschaften und Sozialversicherungen zusammen genommen (zur Bedeutung der Kommunen als Arbeitgeber vgl. die Übersicht). Die Größe des öffentlichen Sektors macht es freilich nicht alleine. Größe geht einher mit einer Steuerung öffentlicher Güter, die sich an Bedarf und Qualität orientiert. *Beispiel Pflege.* Bei der Pflege, Betreuung und Alltagsunterstützung älterer Menschen setzt man auf kommunale Infrastruktur und eine Vergemeinschaftung der Kosten (Heintze 2012; Heintze 2013b). Es dominiert professionelle Pflege gemäß dem individuellen Bedarf mit niedrigschwelligem Zugang und einer starken Gewichtung von Prävention. Private Anbieter, ebenso die Pflege durch Angehörige spielt eine nachrangige Rolle. Das deutsche System folgt einer konträren Philosophie. Statt auf qualitativ hochstehende, öffentlich finanzierte Dienste zielt es auf Leistungserbringung vorrangig durch Angehörige und ein hohes Niveau an Kostenprivatisierung. Erreicht wird dies über verschiedene Mechanismen. *Erstens* deckt die Pflegeversicherung nur einen Teil der Ausgaben und Kinder sind – anders als in Skandinavien – unterhaltspflichtig. *Zweitens* sorgt ein eng auf körperliche Defizite zugeschnittener Pflegebedürftigkeitsbegriff dafür, dass der Kreis der Leistungsberechtigten gering gehalten wird. *Drittens* erweist sich der vielfach beklagte »Pflegenotstand« als konstitutiv für das familienbasierte deutsche System. Die Bezahlung und die angewandten Personalschlüssel sind so schlecht, dass eine qualitativ gute Pflege und Betreuung meist gar nicht möglich ist. Die Abstimmung erfolgt mit Füßen. Obwohl Fachkräfte fehlen, wandern mehr examinierte Pflegefachkräfte ins europäische Ausland ab, als umgekehrt zuwandern. Lückenschluss erhofft sich die Politik durch billige Kräfte aus Schwellenländern, freiwillig Tätige und Ventilöffnungen in Richtung »grauen Pflegemarkt« In Skandinavien umgekehrt investiert der Staat vielfach so viel an öffentlichen Mitteln. Es sind Investitionen in Personal; die Personaldichte ist drei- bis viermal so hoch.

Fazit

Mit Einschränkungen im Detail gelingt es den nordischen Ländern weiterhin, eine gemischte Ökonomie aus dominant privatkapitalistischer, stark im globalen Wettbewerb stehender Marktökonomie und einem großen und leistungsfähigen öffentlichen Sektor, der demokratisch bestimmt Dienstleistungen des Gemeinbedarfs anbietet, aufrechtzuerhalten. Dies, und damit ein anderes Verständnis von Staatlichkeit, als es in Deutschland bis weit in gewerkschaftliche Kreise hinein üblich ist, begründet den Erfolg. Die skandinavischen Erfahrungen können uns dazu anregen, wieder mehr in Richtung eines Staates zu denken, der aktiv leistet statt nur gewährleistet.

Literatur

European Commission (2014): Innovation Union Scoreboard 2014: http://ec.europa.eu/enterprise/policies/innovation/files/ius/ius-2014_en.pdf

Eurofound (2012): Trends in Job Quality in Europa. A Report based on the fifth European Working Conditions Survey, Luxemburg.

Heintze, Cornelia (2012): Pflege, Betreuung und Alltagsunterstützung älterer Menschen im deutsch-skandinavischen Vergleich, Expertise im Auftrag der Friedrich-Ebert-Stiftung, Kurzfassung in: WISO-Diskurs »Auf der Highroad – der skandinavische Weg zu einem zeitgemäßen Pflegesystem«, Juli 2012, Bonn.

Heintze, Cornelia (2013a): Versuchter Neustart. Islands Alternative zur Mainstream-Krisenbewältigung, in: Berliner Debatte Initial, 24. Jg. (2013), H. 2: S. 77-90.

Heintze, Cornelia (2013b): Die Straße des Erfolgs: Rahmenbedingungen, Umfang und Finanzierung kommunaler Dienste im deutsch-skandinavischen Vergleich, Marburg

OECD (2013): Pensions at a Glance 2013, Paris

Zapatero, José Luis Rodríguez (2013): Il Dilema. 600 Dias de Vértigo (Das Dilemma. 600 Tage Schwindel), Madrid

Franz-Josef Möllenberg

»Gute Arbeit – sichere Rente – soziales Europa«[1]

Die Realität der heutigen Arbeitswelt ist durch nur auf den ersten Blick Erfolgszahlen wie Beschäftigungshöchststand gekennzeichnet. Prekäre Beschäftigungsformen wie befristete Arbeitsverhältnisse, Nichtübernahme nach der Ausbildung, »Generation Praktikum«, verniedlichend so genannte »Minijobs« (in Höhe von 400 bzw. 450 Euro), Leiharbeit und Werkverträge haben in einer nie gekannten Weise in einem schleichenden Prozess das in früheren Jahrzehnten prägende »Normalarbeitsverhältnis« ausgehöhlt.

Arm trotz Arbeit?!

Die Tarifautonomie, die für die sogenannte soziale Marktwirtschaft prägend war (und noch ist), ist in Gefahr, denn mittlerweile ist fast jede dritte Arbeitnehmerin, jeder dritte Arbeitnehmer nicht mehr durch die Schutzwirkung und die Sicherheit eines Tarifvertrages positiv betroffen.

Diese schleichende Entwicklung ist auf den »Einfallsreichtum« von Arbeitgebern einerseits (Arbeitgeberverbände ohne Tarifbindung, Schwächung von Arbeitgeberverbänden, Zunahme – wenn überhaupt – von Haustarifverträgen, Wirkungslosigkeit und Blockade von

---

1 Franz-Josef Möllenberg, der Vorsitzende der Gewerkschaft Nahrung-Genuss-Gaststätten (NGG), hat seinen Beitrag in freier Rede gehalten. Dies ist ein gekürzter Beitrag.

Allgemeinverbindlichkeitserklärungen, Ausgliederung von Unternehmensteilen in »neue« Branchen) und andererseits der Schwächung der gewerkschaftlichen Durchsetzungsfähigkeit in alten und neuen Branchen zurückzuführen.

Ein Beispiel aus dem Hotel- und Gastgewerbe

Von 18 Tarifgebieten im Bundesgebiet waren zwölf (!) vor einigen Jahren praktisch ohne aktualisierte Tarifgebiete. Klein- und Kleinststrukturen verhindern und erschweren bei einer durchschnittlichen Beschäftigungszahl von weniger als vier sozialversicherungspflichtigen Beschäftigten pro Betrieb betriebliche und gewerkschaftliche Strukturen. Das war zum Beispiel für die Gewerkschaft NGG der Grund für die Forderung nach einem gesetzlichen Mindestlohn (auf der Basis des Gesetzes von 1952 (das im Übrigen wegen einer funktionierenden Tarifautonomie und einer praktizierten Grundüberzeugung von Arbeitgeberverbänden und DGB-Gewerkschaften nie zur Anwendung gekommen ist).

Im Gastgewerbe ist die Beschäftigung fast im Verhältnis von 1:1 sozialversicherungspflichtig (960.000 Frauen und Männer) und »geringfügig« (940.000).

Während wir vernünftige Regeln (wie bei jeder Sportart, im Verkehr oder in der BRAGO, der Bundesrechtsanwaltsgebührenordnung) fordern, erheben der DeHoGa (Deutscher Hotel- und Gaststättenverband) u. a. Forderungen nach Abschaffung des Jugendarbeitsschutzgesetzes (JArbSchG) oder vereinfachten Zuzug von Nicht-EU-Bürgern, um noch billigere Arbeitskräfte zu bekommen.

Auch dieses Beispiel trifft auf andere Wirtschaftsbereiche wie Handel, Pflege, Logistik, personen- und industriebezogene Dienstleistungen zu.

Zur »guten Arbeit« gehört nicht nur die Bezahlung, der Urlaubsanspruch, das Urlaubs- und Weihnachtsgeld, die Arbeitszeitregelung oder andere Regelungen aus den Manteltarifverträgen, sondern auch Ansprüche auf tarifliche Altersversorgung. Darüber hinaus sind Kennzeichen von »guter Arbeit« z. B. Gesundheitsschutz im Sinne von Prävention, Arbeitssicherheit und Bildung und Weiterbildung.

Nachhaltigkeit im wahrsten Sinne des Wortes setzt voraus, dass Arbeitnehmerinnen und Arbeitnehmer geachtet werden. Arbeit ist nicht nur ein Kostenfaktor. Die Würde (auch) des (arbeitenden) Menschen ist unantastbar!

Das Phänomen der Leiharbeit mit rund 750.000 betroffenen Menschen ist schon erschreckend hoch. Hier kann es nur eine Antwort geben: Gleicher Lohn für gleiche Arbeit. Equal pay and equal treatment! Gleiche Bezahlung und gleiche Behandlung.

Die Schreckenszahlen aus der Leiharbeit werden noch übertroffen durch das Umsichgreifen von Werkverträgen. Genaue Zahlen gibt es leider für Deutschland nicht (erschreckend: jedes geschlachtete Tier wird erfasst), aber eine aktuelle Umfrage bei Betriebsräten in der Ernährungswirtschaft und im Gastgewerbe macht deutlich, dass Leiharbeit schon längst durch mindestens doppelt so hohe Zahlen von Werkvertragsarbeitnehmern »übertroffen« wird. Ein trauriger »Rekord« oder um es zuzuspitzen: ein neues »Krebsgeschwür« für unsere Gesellschaft.

Das Beispiel Fleisch

An Schlachthöfen in Deutschland haben die Verhältnisse erschreckende Ausmaße angenommen: Der Branchenführer beschäftigt in seinem Stammbetrieb ca. 800 eigene Arbeitnehmerinnen und Arbeitnehmer und fast 4.000 Werkvertragsarbeitnehmer. Ohne Tarifverträge »selbstverständlich« und zu Stundenlöhnen, die nicht bei 8,50 Euro liegen. In der Regel rumänische Kolleginnen und Kollegen, nachdem die polnischen Kolleginnen und Kollegen nach Einführung übrigens eines gesetzlichen Mindestlohns im Vereinigten Königreich 1999 zur britischen Insel weitergezogen sind.

In dieser Branche beklagen wir teilweise mafiöse Strukturen. Erst in diesen Tagen haben wir im Saarland 35 halbverhungerte und -verdurstende rumänische Kolleginnen und Kollegen aus menschenunwürdigen Unterkünften mit Hilfe von Diakonie und Stadt herausgeholt. Sie wurden mit falschen Versprechungen über einen »Unternehmer« oder sollte ich nicht doch besser Menschenhändler sagen nach Deutschland gelockt und ausgebeutet.

Aber der Fall im Saarland ist nur ein Beispiel. In Schlachthöfen, Geflügelschlachtereien und einigen fleischverarbeitenden Betrieben herrschen katastrophale Zustände. Es darf nicht nur um »artgerechte Tierhaltung« sondern es muss um menschenwürdige Arbeit und Arbeitsbedingungen gehen.

Die bundesdeutsche und die europäische Politik sind von uns informiert. Insbesondere beim EU-Kommissar für Beschäftigung, Soziales und Integration, László Andor, sowie im Bundesministerium für Arbeit und Soziales ist die bekannt. Auch Frau Merkel und der Bundespräsident sind über den Missbrauch von Werkverträgen informiert worden. Muss erst mehr passieren, um hier politisch zu handeln?[2]

Die deutsche Fleischwirtschaft hat es in den letzten zehn Jahren geschafft, z. B. den Selbstversorgungsgrad bei Schweinefleisch von ca. 80 % (es musste also eingeführt werden) um sage und schreibe 50 % auf fast 120 % zu erhöhen. Wir exportieren also.

Das geschieht zu Lasten der Kolleginnen und Kollegen in Dänemark, den Niederlanden, Belgien und beispielsweise Frankreich, deren Arbeitsplätze vernichtet worden sind. *Der Spiegel* titelte vor geraumer Zeit zu Recht: »Billiglohnland Deutschland«.

In unserem Land selbst müssen Verbraucherinnen und Verbraucher ihre Einkaufsmacht nutzen und nicht nur nach dem billigsten Produkt Ausschau halten sondern Kriterien wie Qualität des Produktes und der Arbeit zugrunde legen.

---

2   Zu Entwicklungen nach der Präsentation dieses Beitrages: a) Nach der Veranstaltung vom 10. April 2013 sind im Sommer 2013 im Oldenburger Land zwei rumänische Werkvertragsarbeitnehmer, die bei der Meyer Werft in Papenburg tätig waren, bei einem Wohnungsbrand ums Leben gekommen. b) Im Januar 2014 ist aufgrund von Aktivitäten und mit Unterstützung zum Beispiel des NRW-Landesarbeitsministers Guntram Schneider, des niedersächsischen Ministerpräsidenten Weil, der Ex-Bundesministerin Ursula von der Leyen, von Bundesministerin Nahles und des Koalitionsvertrages der Großen Koalition von CDU-SPD-CSU bzgl. Mindestlohn ein Tarifvertrag zwischen der Gewerkschaft NGG und der Arbeitgebervereinigung Nahrung und Genuss (ANG) für die Fleischwirtschaft in Deutschland abgeschlossen worden. Die Bundesregierung hat die Anwendung des Entsendegesetzes beschlossen.

Soziales Europa

Europa hat nur dann eine Chance ein soziales Europa für die Menschen zu sein, wenn wir Frieden sichern und insbesondere auch fairen Wettbewerb in dem der Mensch im Mittelpunkt steht praktizieren und Europa nicht nur für die (notwendige) gemeinsame Währung und die Kapitalmärkte (sprich Bankenrettung) nutzen.

Die europäische Idee, der Traum von Frieden, sozialer Gerechtigkeit und Wohlstand kann verwirklicht werden, wenn wir gemeinsam für unsere Ziele eintreten. Besser statt billiger gilt auch in Europa.

Mit unseren Schwestergewerkschaften in Europa kämpfen wir gegen die Austeritätspolitik, gegen das Kaputtsparen ganzer Volkswirtschaften, gegen prekäre Beschäftigung. Investitionen und Wachstum sind notwendig. Ein soziales Europa der Menschen ist unsere Zukunft. Rechtstendenzen und rechtsextremistischen Aktivitäten müssen gestoppt werden.

Sichere Rente

Die Generationen Alt gegen Jung dürfen nicht gegeneinander ausgespielt werden. Die Rente mit 67 ist nicht alternativlos und keine finanzielle Überforderung der Jüngeren.

Der DGB hat ein durchgerechnetes Modell. Das Rentenalter kann bei 65 Jahren bleiben, angesichts der Belastungen im Job muss auch der Ausstieg nach 45 Versicherungsjahren kommen. Darüber hinaus sind die Gewerkschaften auch zu innovativen tariflichen Lösungen bereit. Es darf nicht um Ideologie gehen, sondern um praktische Regelungen im Sinne der Menschen.

Wer 45 Jahre im Gastgewerbe, in der Backstube, als Pflegerin oder Feuerwehrmann gearbeitet hat, wer in Schichtarbeit in Produktionsprozessen bei Hitze, Lärm, Nässe oder Kälte malocht hat, der oder die schafft es nicht bis 67.

Deshalb ist es unser aller Auftrag, die Gewerkschaften zu stärken und mit den Arbeitgebern und der Politik vernünftige Regelungen für die Arbeitswelt und unsere Gesellschaft zu entwickeln. Ideen in der Tarifpolitik und z. B. in der Sozialgesetzgebung haben wir genug, um diese dann mit den Betriebsräten, Personalräten, JAVen, Schwerbehindertenvertrauensleuten und gewerkschaftlichen Vertrauensleuten umzusetzen.

Einige Beispiele über schädliche ausbeuterische Missstände habe ich benannt, aber auch Lösungen aufgezeigt: z. B. Mindestlohn von anfangs 8,50 Euro, Stärkung der Tarifautonomie, Verbesserung der Allgemeinverbindlichkeitserklärungen von Tarifverträgen (AVE), Erweiterung der Mitbestimmungsrechte der Betriebsräte bei Werkverträgen und in der Sozialgesetzgebung: Weg mit den verniedlichend sogenannten »Minijobs« – Sozialversicherungspflicht von der ersten Stunde an: da tickt eine gesellschaftspolitische Zeitbombe, denn die in erster Linie betroffenen Frauen werden in 10, 15 oder 20 Jahren bei Erreichen des Alters in der Grundsicherung landen, deshalb Stärkung unserer gesetzlichen Rente mit einem rechenbaren Alter trotz demografischer Entwicklung von 65 Jahren.

Vielen Dank für die Einladung in meine Heimatstadt Hagen und Danke für die gewerkschaftliche Arbeit, die hier erfolgreich geleistet wird. Dank auch an die VHS Hagen für die Zusammenarbeit mit dem DGB.

GERD BOSBACH

Lügen mit Zahlen[1]

»Glaub nicht einer Statistik, die du nicht selber gefälscht hast«, ist wohl der erste Gedanke, der den meisten bei diesem Thema durch den Kopf schießt. Doch Dinge scheinen in unserer Welt erst dann real zu werden, wenn sie in Zahlen angegeben werden. Die Menschen sind eher geneigt, einer unehrlich exakten Zahl zu glauben als einer ehrlichen Schätzung. Beispiel: Für die Aussage, dass im Jahr 2050 jeder Dritte in Deutschland 65 und älter sein wird, erntet man skeptische Blicke, während man der Aussage, dass 2050 32,5 % Senioren sein werden, wird dies andächtig geglaubt. Dabei kann niemand wissen, wie viele junge und ältere Leute es in 40 Jahren geben wird, auch wenn immer wieder ohne Erfolg versucht wird, solche Prognosen zu erstellen. An Zahlen glauben viele Menschen, als ob sie eine Religion wären. Der Philosoph und Aufklärer Voltaire resignierte schon im 18. Jahrhundert: »Je häufiger eine Dummheit wiederholt wird, desto mehr bekommt sie den Anschein von Klugheit«. Dass Dummheit sich auch ins Gewand von Parametern, Tabellen und Grafiken kleiden kann, war damals zwar noch nicht üblich, Voltaires Fazit lässt sich aber durchaus in die heutige Zeit übertragen.

Doch es soll hier nicht darum gehen, Statistiken als Teufelszeug zu deklassieren. Zahlen und Grafiken werden benötigt, um vernünfti-

---

1 Vgl. auch Gerd Bosbach/Jens Jürgen Korff: Lügen mit Zahlen. Wie wir mit Statistiken manipuliert werden, 4. Auflage, München 2011. – Für den vorliegenden Text wurden Auszüge ausgesucht, zusammengestellt und geringfügig angepasst von Anne Sandner.

ge Entscheidungen treffen zu können. Sie sind ein nützliches Instrument, um wichtige Teile der Wirklichkeit zu beschreiben. Zwingend notwendig ist dabei nur, dass vor der Entscheidung die Daten und Fakten in Ruhe geprüft wurden. Wichtige Prüfungsmaßnahmen bzw. -kriterien sind: ähnliche Datenlagen besorgen und vergleichen, die Details der Daten erfragen und prüfen, ob die Sachlage überhaupt so ermittelt werden kann, Grafiken auf optische Effekte prüfen, nicht zwingend der offensichtlichen Argumentation folgen, quer denken und vor allem auch mal nachrechnen.

Als praktisches Beispiel für eine solche Prüfung werden die »ins Unermessliche steigenden« Kosten unseres Gesundheitswesens näher betrachtet.[2] Alle Jahre wieder liefern die Medien Horrorszenarien in diesem Bereich. Im Januar 2008 fragt zum Beispiel das ARD-Magazin »plusminus«, wohl eher rhetorisch: »Wird Krankenversicherung unbezahlbar?« Der *Kölner Stadtanzeiger* wusste es 2007 schon genauer: »Experten: Gesundheit ist bald unbezahlbar«. Neu ist die Geschichte nicht. Schon 1975 titelte das Nachrichtenmagazin *Der Spiegel*: »Krankheitskosten: Die Bombe tickt«. Die gute Nachricht: In Wirklichkeit explodiert da überhaupt nichts. Merkwürdigerweise wollen viele Politiker und Journalisten das gar nicht hören. Aus verschiedenen Gründen hängen sie an dem Drama einer Kostenexplosion, und wenn die Lunte partout nicht brennen will, dann wird eben so lange manipuliert, bis es zumindest brenzlig aussieht. Doch festzustellen ist, dass sich die Kosten des Gesundheitswesens im Verhältnis zu anderen Kosten seit vielen Jahren moderat entwickeln. Das wirkliche Finanzierungsproblem der Krankenkassen liegt woanders – doch dazu später.

1975 malte der damalige Landesminister und CDU-Stratege Heiner Geißler an einem Katastrophengemälde: »50 Milliarden Mark kostete der westdeutsche Medizinbetrieb 1974. Rund 60 Milliarden werden es 1975 sein. Gemessen am Umsatz zählt der Gesundheitsbetrieb zu den größten Unternehmensbranchen. Ende 1978 wird sich der Gesundheitsetat der 100 Milliarden-Grenze nähern. Für das

---

2   S. 181 ff., Stand der Daten bei Bucherstellung Frühjahr 2010.

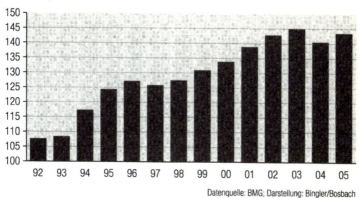

So präsentierte Deutsche Bank Research 2006 die angebliche Kostenexplosion im Gesundheitswesen.

Abb. 1

Jahr 2000 wurde prophezeit, das die Westdeutschen das ganze Jahr hindurch für den Gesundheitsdienst arbeiten würden.« Mit dieser Prognose lag man drastisch daneben, mit einfachen Trendfortschreibungen lassen sich keine seriösen Vorhersagen treffen. Das hinderte aber die »Deutsche Bank Research« nicht daran, im April 2006 erneut eine angeblich dramatische Entwicklung der Gesundheitsausgaben der gesetzlichen Krankenversicherung an die Wand zu malen, wozu man oben stehendes Balkendiagramm (Abb. 1) verwendete (nachgezeichnet).

Das Erklärungsmuster zu den Problemen der Gesundheitsfinanzierung bleibt immer gleich: Die Kostenexplosion, heißt es, mache die Gesundheit (der großen Mehrheit der Bevölkerung) langfristig fast unbezahlbar. Der Grafiktrick mit der beschnittenen y-Achse untermauert die alternativlose Erkenntnis. Wenn man jedoch die Balken nach unten vervollständigt, fällt die beschriebene Explosion ein gutes Stück leiser aus (Abb. 2):

Kostspielige GKV
Gesamtausgaben in Mrd. Euro

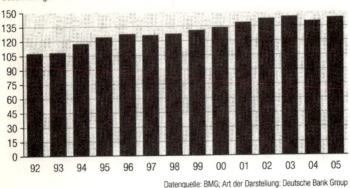

Datenquelle: BMG; Art der Darstellung: Deutsche Bank Group

Die gleichen Werte mit vollständiger y-Achse dargestellt

Abb. 2

Auffällig ist hier allerdings, dass die Balken von 1992 und 1993 etwa gleich hoch sind, während der Balken von 1994 ungewöhnlich stark nach oben springt. Hierin spiegelt sich die Wirkung des Gesundheitsstrukturgesetzes von 1992, das die Ausgaben im Folgejahr stagnieren ließ, dessen Wirkung aber bereits nach zwei Jahren wieder verpufft war.

Tatsache ist, dass fast alle Ausgaben mit der Zeit anwachsen; das statistische Bundesamt gibt diese allgemeine Preissteigerung jährlich als Inflationsrate bekannt. Es gibt keinen Grund, diese Preissteigerung den Kranken anzulasten, nur weil wir gerade von Gesundheitskosten sprechen. Deshalb muss man hier nicht die nominalen Zahlen betrachten (das heißt in Preisen, die die allgemeine Preissteigerung beinhalten), sondern reale Zahlen (nach Abzug der Preissteigerung), also nur den Teil der Steigerung, der über die Inflationsrate hinausgeht. Dann sehen die Balken aus wie umseitig dargestellt (Abb. 3).

Falls dieser Anstieg der Vorstellung einer dramatischen Kostenexplosion trotzdem noch entspricht, muss nur die Grafik der privaten

Gesamtausgaben der GKV in Mrd. Euro
in Preisen von 2005

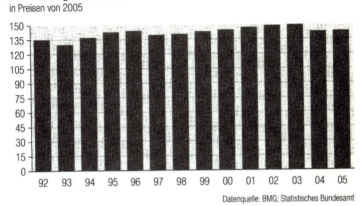

Datenquelle: BMG; Statistisches Bundesamt

Die Entwicklung in realen Zahlen (nach Abzug der Inflationsrate)

Abb. 3

Konsumausgaben im gleichen Zeitraum, inflationsbereinigt in Preisen von 2005 im Vergleich dazu betrachtet werden (Abb. 4):

Private Konsumausgaben in Mrd. Euro
in Preisen von 2005

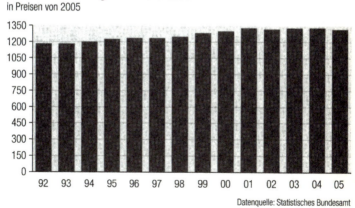

Datenquelle: Statistisches Bundesamt

Zum Vergleich die Steigerung der privaten Konsumausgaben

Abb. 4

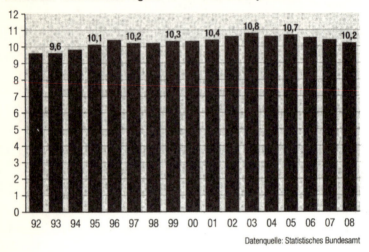

Abb. 5

Auch in den 1990er Jahren gab es keine bisher unbekannte Explosion des privaten Konsums, vielmehr sind diese ähnlichen Entwicklungen einer gemeinsamen Hintergrundvariable geschuldet.

In den betrachteten 13 Jahren sind die Menschen in Deutschland im Durchschnitt real um 18 % reicher geworden, wenn man das Bruttoinlandsprodukt (BIP) dafür als Maßstab heranzieht. Und wenn 18 % mehr Reichtum vorhanden ist, dann kann man doch auch 18 % mehr für das Gut Gesundheit ausgeben, oder?[3] Sogar eine überproportionale Steigerung bei den Gesundheitsausgaben wäre angemessen, da bei steigendem Wohlstand im Verhältnis immer weniger für die materielle Grundversorgung mit Wohnung, Kleidung und Essen gebraucht wird, also ein steigender Anteil für Dinge wie Bildung, Urlaub, Kultur und Gesundheit ausgegeben werden könnte.

Deshalb nun der Blick auf den Anteil der Gesundheitsausgaben

---

3   Geld ist also da. Das Problem ist die Verteilung und nicht die steigenden Kosten.

am Bruttoinlandsprodukt. Um dabei etwas aktueller zu sein, sind die Zahlen bis 2008 aufgeführt (Abb. 5).[4]

Dabei ist eine moderate Steigerung des Aufwandes für unsere Gesundheit bis 2003 zu erkennen, in den Jahren darauf stagnierte der Anteil der Gesundheitsausgaben auf einem niedrigeren Niveau. Damit löst sich das Geschwätz der Kostenexplosion im Gesundheitswesen in Schall und Rauch auf.

Auch den zuständigen Politikern im Gesundheitswesen sind diese Fakten durchaus bekannt und Horst Seehofer (CSU) und Ulla Schmidt (SPD) haben diese als Gesundheitsminister jeweils auch öffentlich gemacht. Auch die Organisation für wirtschaftliche Zusammenarbeit und Entwicklung (OECD) bescheinigten der deutschen Bevölkerungen eine durchschnittliche Steigerung der Pro-Kopf-Ausgaben im Gesundheitswesen in der Zeit von 1995 bis 2005 von jährlich nur 1,8 % während in den 29 Vergleichsländern diese um real 4 % gestiegen sind.

Damit sind die Finanzierungsprobleme der Krankenkasse angesichts dieser moderaten Entwicklung nicht auf die Ausgabenseite zurückzuführen, auch wenn diese, wie in vielen anderen Bereichen auch, stets im Fokus der Öffentlichkeit stehen. Es gilt, sich der anderen Seite, der der Einnahmen, zuzuwenden, denn ist das Konto im Minus, hat man entweder zu viel Geld ausgegeben oder zu wenig Geld eingenommen.

Die Grafik (Abb. 6) verdeutlicht, dass ab 1992 die Kurve der Einnahmen der Krankenkassen je Mitglied hinter der Entwicklung der anderen beiden Kurven zurückbleibt. Die Leistungsausgaben dagegen sind nicht stärker gestiegen als das BIP: Die wahren Finanzierungsprobleme liegen also auf der Einnahmenseite, und die Ursachen lassen sich kurz andeuten: Löhne und Gehälter der sozialversicherungspflichtig Beschäftigten sind seit 1995 schwächer gestiegen als das BIP und in manchen Jahren sind sie sogar geschrumpft. Dementspre-

---

4   Nach Bucherstellung hat die Finanzkrise zu einem zwischenzeitlichen Anstieg des Anteils auf gut 11 % geführt. Das war aber Folge des Einbruchs des BIP um über 5 % und ist seitdem wieder rückläufig.

Einnahmen und Ausgaben der gesetzlichen Krankenkassen

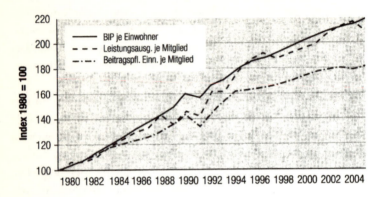

So entwickelten sich das BIP, die Ausgaben und die Einnahmen der gesetzlichen Krankenkassen in Deutschland, jeweils pro Einwohner beziehungsweise Mitglied.[8] Quelle: Solidarität und Qualität stärken; ver.di Positionen.

Abb. 6

chend schwach sind die Beiträge der Versicherten gestiegen. Es gibt immer mehr prekär Beschäftigte, Selbstständige mit Hungereinkommen, Arbeitslose und Hartz-IV-Empfänger, die nichts oder fast gar nichts in die Krankenkasse einzahlen können. Auf der anderen Seite des Spektrums wandern Gutverdiener in die privaten Krankenkassen ab und gehen den gesetzlichen Krankenversicherungen als gute Beitragszahler verloren. Hier wären also ganz andere Lösungen gefragt als Praxisgebühren, Zuzahlungen, Arzneimittelbudgets oder Gehaltskürzungen für Krankenschwestern bzw. die Versicherungsverweigerung für Hebammen. Lösungen könnten politische Vorschläge sein, wie die Bürgerversicherung, Mindestlöhne, Anhebung oder besser Aufhebung der Beitragsbemessungsgrenze.

Gesundheitskosten und demografische Entwicklung

Es erscheint logisch, dass, wenn es immer mehr ältere Menschen gibt, dies zwangsläufig zu Mehrausgaben im Gesundheitswesen führt. Um diesen Komplex zu entlarven, muss man sich mit der trickreichen

Vermischung von dynamischen und statischen Denken beschäftigen. Empirische Sozialwissenschaftlicher nennen dies: »unzulässige Verbindung von Ergebnissen aus Längs- und Querschnittanalysen«. Diese Vermischung ist äußerst tückisch, da leicht eingängig, so dass selbst viele Wissenschaftler darauf hereinfallen. Und die fehlerhafte Logik läuft so:

»Kaum jemand mag bezweifeln, dass die Alterung der Gesellschaft im Gesundheitsbereich extrem kostentreibend sei, vielleicht sogar unbezahlbar, denn Ältere verursachen im Schnitt höhere Gesundheitsausgaben und mit dem Alter steigt auch die Gefahr der Pflegebedürftigkeit. Die Anzahl der Pflegebedürftigen entspricht etwa der Hälfte der über 85-Jährigen. Da sich nach Modellrechnungen des Statistischen Bundesamtes der Anteil dieser »Hochbetagten« bis 2050 vervierfachen wird, müssen wir also mit einer Vervierfachung der Kosten rechnen.«

Dazu wird dann oft noch das Bild von der abnehmenden Zahl von jungen Arbeitskräften, gekoppelt mit einem drohenden Mangel an Pflegekräften gemalt. Die Pflege-Katastrophe klingt logisch und erscheint unausweichlich. Methodisch ist diese Argumentation aber völlig falsch: Zu der Vervierfachung des Anteils der Hochbetagten kommen die Statistiker unter der Annahme, dass sich die Lebenserwartung bis 2050 um ca. 7 Jahre erhöht. An dieser Stelle ihrer Rechnung denken sie dynamisch, sie vollziehen eine Veränderung nach. Die Altersgrenze jedoch, mit der sie die Gruppe der Hochbetagten definieren, lassen sie konstant bei 85 stehen. An dieser Stelle denken sie plötzlich statisch! Wenn das so stimmen würde, würde das bedeuten, dass die Deutschen im Jahr 2050 alle 7 Jahre, die wir an Lebenszeit hinzugewonnen haben, in Krankheit und Pflegebedürftigkeit verbringen werden. Das widerspricht nicht nur der historischen Erfahrung, es ist auch schlicht unlogisch, denn warum sollte man 7 Jahre älter werden, wenn die Gesundheit keine Fortschritte macht? Die Älteren von heute wissen, dass sie mit 60 in der Regel rüstiger sind, als ihre Großeltern im selben Alter gewesen sind. Mediziner schätzen, dass ein heute 60-Jähriger im Schnitt die physische Konstitution eines 50-Jährigen aus der Zeit vor 30 Jahren hat. Auch die

Statistiker des Max-Planck-Institutes für demografische Forschung in Rostock stellten fest: »Steigende Lebenserwartung geht mit besserer Gesundheit einher.«

Es gibt leider keine Möglichkeit, Prognosen über die künftige Lebenserwartung sicher zu berechnen; Kriege, Krankheiten, Umweltkatastrophen, Medikamentenentwicklung, etc. machen hier regelmäßig einen Strich durch alle Berechnungen. Deshalb sollen mögliche Szenarien dabei helfen, sich einer realistischen Aussage zu nähern: Werden also alle 7 gewonnenen Jahre in Pflege verbracht, ist die Angst vor der Vervierfachung der Kosten berechtigt. Würde diese Zeit wenigstens zur Hälfte davon in leidlicher Gesundheit verlebt, würde sich die Anzahl der Pflegebedürftigen nur noch verdoppeln. Sind die 7 gewonnenen Jahre alle gesunde Jahre, bliebe der Anteil der Pflegebedürftigen sogar konstant. Die letzte Annahme ist gar nicht so unwahrscheinlich, da der medizinisch-technische Fortschritt Krankheiten auch zurückdrängen kann. Gesundheitswissenschaftler diskutieren sogar die These, dass die Anzahl der Krankheitsjahre im Leben der Menschen tendenziell sinken wird (Kompressionstheorie) und begründen sie oft mit Daten aus der sozial besseren Schicht, die den zu erwartenden Fortschritt für die breite Mehrheit gewissermaßen vorwegnimmt.

Eine weitere unzulässige Vermengung von Längs- und Querschnittsuntersuchungen findet man auch in der These, dass es bei einer Alterung der Gesellschaft zu einer Kostenexplosion im Gesundheitswesen kommen müsse, weil Ältere im Schnitt höhere Gesundheitsausgaben verursachen. Hier wird das altersbedingte Ausgabenprofil von heute statistisch genommen und auf 2050 übertragen, während der Anteil der Älteren an der Bevölkerung dynamisch betrachtet wird. Das ist sicher falsch, denn die oben angedeuteten Verbesserungen im Gesundheitswesen werden nach der historischen Erfahrung dazu führen, dass der altersbedingte Anstieg der Krankheitskosten erst später im Leben beginnen wird als heute. Außerdem haben Gesundheitsfachleute festgestellt, dass die höheren Kosten meist erst in den letzten beiden Jahren vor dem Tod der Patienten anfallen. Da aber, salopp gesagt, jeder Mensch nur einmal stirbt, ändert die höhere Lebenserwartung an diesen Größenverhältnissen nichts. Ganz im Gegenteil sind die Kosten bei Patienten, die in relativ jungem Alter lebensbedrohlich erkranken, deutlich höher als bei den älteren Sterbenden!

Um bei Prognosen Fehlschlüsse zu vermeiden, gilt es zu prüfen, ob heutige Zustände auf die Zukunft übertragen werden können, obwohl Änderungen (fast) sicher zu erwarten sind. Obendrein ist es gar nicht so einfach, dynamisch, also in der Dimension einer zeitbedingten Veränderung, zu denken!

Abschließend der Appell, Aussagen und scheinbare Fakten immer kritisch zu hinterfragen, um einer Fehleinschätzung vorzubeugen, aber Statistiken sind kein Teufelszeug und schon gar nicht der Grund, sondern nur das Mittel für falsche Interpretationen. Und: »Dummheit ohne Zahlen ist auch nicht besser als Dummheit mit Zahlen«.[5]

---

5 Für Statistikfans und solche, die es werden wollen, gibt es in dem Buch »Lügen mit Zahlen« praktische Tipps (Checkliste) und Übungen, um selber Täuschungen zu entlarven. Vgl. auch www.luegen-mit-zahlen.de.

SIMON FUNCKE

Regenerativ, dezentral und bürgerbestimmt?

Die zukünftige Stromversorgung[1]

Debatten rund um die Stromversorgung haben in Deutschland in den vergangenen Jahren hohe politische, mediale und gesellschaftliche Aufmerksamkeit erhalten. Großen Einfluss hatten dabei sowohl externe Faktoren wie die Reaktorhavarie in Fukushima als auch nationale Entwicklungen wie die Kostenfrage des Ausbaus von regenerativen Kraftwerken. Es scheint dabei zwischen allen im Bundestag vertretenen politischen Parteien und auch bei großen Teilen der Bevölkerung eine Einigkeit zu bestehen, dass ein zukünftiges Stromversorgungssystem weitgehend auf regenerativen Energien basieren wird. Umstrittener sind die Fragen, in welchem Zeitraum die einzelnen Schritte hin zu einem regenerativen Gesamtsystem erfolgen sollen und anhand welcher Vision – soll eine zentrale oder dezentrale Ausrichtung erfolgen; sollen soziale Gerechtigkeit und Naturverträglichkeit stärker als bisher berücksichtigt werden – die Energiewende umgesetzt soll.

Dezentralität im Stromversorgungssystem
Seit 1990 war eine stetige Zunahme des regenerativen Anteils am Stromverbrauch von 3,4 auf 23,6 Prozent im Jahr 2012 zu konstatie-

---

1   Aus Gründen der besseren Lesbarkeit schließt in dem vorliegenden Beitrag die männliche Form die weibliche Form mit ein.

ren.[2] Ausgelöst wurde diese Entwicklung vor allem durch die Einspeisegesetze, die eine über einen bestimmten Zeitraum festgelegte Vergütung des regenerativ erzeugten Stroms garantieren. Die zugebauten Anlagen in diesem Zeitraum sind vor allem neue Windkraft-, Photovoltaik- sowie Biogas- und Biomasseanlagen. Die Dezentralität bzw. Zentralität eines Stromversorgungssystems lässt sich auf verschiedenen Dimensionen untersuchen: Erzeugung, geografische Verteilung der Erzeugungsanlagen, Flexibilitätsoptionen, Systemsteuerung und Eigentumsstrukturen (vgl. Funcke und Bauknecht 2013).

Regenerativ betriebenen Anlagen wird aufgrund ihrer im Vergleich zu konventionellen Kraftwerken geringeren Leistung von vielen Akteuren eine gewisse Dezentralität unterstellt. Wenn man dezentrale Erzeugung als geografische Nähe zu Stromverbrauchern versteht, sollte im engeren Sinne nicht unbedingt von Dezentralität, sondern eher von einer insgesamt kleinskaligeren Erzeugung die Rede sein, da eine räumliche Steuerung des Zubaus durch die entsprechenden Gesetze kaum stattfindet. Somit erfolgt der Ausbau anhand von unterschiedlich stark vorhandenen natürlichen Potenzialen, was in den letzten Jahren dazu geführt hat, dass Photovoltaikanlagen zu großen Teilen in Süddeutschland und Windenergieanlagen vermehrt in Norddeutschland installiert wurden.

In gesellschaftlich-politischen Debatten wird Dezentralität oft einzig in Bezug auf Erzeugungsanlagen diskutiert. Die Frage nach neuen bzw. erweiterten Flexibilitätsoptionen (Netz- und Stromspeicherausbau, Verbrauchs- und Erzeugungssteuerung) rückt mit zunehmenden Anteilen von Wind- und Photovoltaikanlagen, die wetter- bzw. tageslichtabhängig Strom generieren, in den Vordergrund. Durch die intelligente Vernetzung verschiedener Optionen könnte ein Smart Grid entwickelt werden. Je nachdem welche Optionen zum Einsatz kommen und in welcher Größenordnung bzw. auf welcher geografischen Ebene sie eingesetzt werden (z. B. viele kleine dezentral verteilte Batteriespeicher in Kombi-

---

2   Diesem Abschnitt liegt die folgende Veröffentlichung zugrunde: Bauknecht, Dierk / Funcke, Simon (2013): Dezentralisierung oder Zentralisierung der Stromversorgung: Was ist darunter zu verstehen? In: Energiewirtschaftliche Tagesfragen 63 (8), S. 14-17.

nation mit Aufdach-Photovoltaikanlagen im Vergleich zu einem zentralen Pumpspeicherkraftwerk), kann auch auf dieser Ebene zwischen einer dezentralen und einer zentralen Ausrichtung unterschieden werden.

Die Steuerung des Einsatzes von Kraftwerken und Speichern wird in Deutschland durch die vier Übertragungsnetzbetreiber geleistet und über zentrale Märkte koordiniert. In einem zukünftigen System mit mehr kleinskaliger Erzeugung kann es sinnvoll sein, diese Aspekte zumindest teilweise zu dezentralisieren. Der Einsatz von virtuellen Kraftwerken, also die gekoppelte Steuerung verschiedener regenerativer Erzeugungsanlagen und Speicher, sind ein Beispiel hierfür.

Auf der gesellschaftlich-ökonomischen Ebene war in den letzten Jahren eine einsetzende Verschiebung der Eigentumsstrukturen im Stromversorgungssystem zu beobachten. Über den garantierten Einspeisetarif für regenerative Erzeugungsanlagen wurden Investitionen in den Stromsektor auch für weniger finanzstarke Investoren interessant. Zahlen für das Jahr 2012 belegen, dass 60 Prozent der bis dahin durch Einspeisegesetze in Deutschland geförderten Leistung durch kleinere Unternehmer wie Landwirte oder Planer sowie Bürger finanziert wurden – es lässt sich hier also eine stärkere Dezentralisierung der Eigentumsstruktur feststellen. Zwar beschränkt sich das finanzielle Bürgerengagement bisher weitestgehend auf Investitionen im Erzeugungsbereich, die Entwicklung hin zu verstärktem Einsatz von regenerativen Energien lässt sich jedoch eindeutig als von Bürgern sowie Kleinunternehmern getrieben erklären.

Kommunale Perspektiven der Energiewende[3]
Die konkrete Umsetzung der Energiewende, also der Bau der Stromerzeugungsanlagen und -leitungen, geschieht auf der regionalen und

---

3 Diesem Abschnitt liegt die folgende Veröffentlichung zugrunde: Ruppert-Winkel, Chantal / Hauber, Jürgen / Aretz, Astrid / Funcke, Simon / Kress, Michael / Noz, Sophia / Salecki, Steven / Schlager, Patric / Stablo, Järmo (2013): Die Energiewende gemeinsam vor Ort gestalten. Ein Wegweiser für eine sozial gerechte und naturverträgliche Selbstversorgung aus Erneuerbaren Energien – Schwerpunkt Bioenergie. ZEE Working Paper 06 – 2013, Freiburg. Online als PDF verfügbar unter: www.ee-regionen.de, zuletzt geprüft am 23.04.2014.

kommunalen Ebene – in den Landkreisen, Städten und Gemeinden. Auf dieser Ebene stehen daher oft andere Aspekte im Vordergrund als in den nationalen Debatten. Von vielen Akteuren werden positive Aspekte aufgezeigt: ökonomische Wachstums- bzw. Wertschöpfungspotenziale, die Möglichkeit lokal zu einer umweltfreundlicheren Energieversorgung beizutragen oder auch gemeinsam mit anderen Bürgern in Gemeinschaftsanlagen zu investieren. Potenziell negative Aspekte wie ein verstärkter Maisanbau in Monokultur für die Biogasgewinnung oder mangelnde Akzeptanz für regenerative Anlagen oder Stromleitungen, die das Landschaftsbild verändern, sind hier ebenfalls zu nennen. Deutschlandweit gibt es eine Vielzahl von Kommunen und Regionen, die sich das politische Ziel einer vollständigen Versorgung durch regenerative Energien gesetzt haben.[4]

Wenn die lokale Energiewende nicht nur unter technischen und ökonomischen Gesichtspunkten umgesetzt werden soll, sondern auch der Anspruch besteht diese Systemtransformation sozial gerecht und naturverträglich zu gestalten, bieten sich Ansatzpunkte für lokale Entscheidungsträger, Genossenschaften, engagierte Bürger sowie Unternehmer in fünf Handlungsfeldern (vgl. Ruppert-Winkel et al. 2013):

1. Akteure vor Ort
Die Umstellung auf ein regeneratives Stromversorgungssystem hängt wesentlich von den Menschen vor Ort ab. Pioniere und andere Schlüsselakteure spielen hierbei eine zentrale Rolle, da sie andere begeistern oder Impulse setzen sowie technische oder soziale Innovationen einbringen können. Auch Bürger können als Investoren und Planer zum Ausbau regenerativer Energien beitragen, Energie effizienter einsetzen und durch nachhaltigere Lebensweise Energie einsparen.

---

4   Die Karte unter folgender Adresse gibt eine Übersicht über Kommunen und Regionen in Deutschland, die eine Selbstversorgung durch regenerative Energien verfolgen: http://100ee.deenet.org/fileadmin/redaktion/100ee/PDFs/pdf_2013/100ee-Karte_Liste_November_2013.pdf, zuletzt geprüft am 23.04.2014.

2. Kommunale Wertschöpfung

Die Nutzung regenerativer Energien kann vor Ort zusätzliche Wertschöpfung generieren (vgl. Funcke 2012)[5]. Nettogewinne der in diesem Sektor tätigen Unternehmen, die Nettoeinkommen der dort Beschäftigten und die Steuereinnahmen der Kommunen tragen dazu bei. Da es Verlierer (z. B. Unternehmen, die in der konventionellen Energieerzeugung tätig sind) und Gewinner (beispielsweise Betreiber von regenerativen Anlagen) gibt, kann ein transparenter Umgang mit der Thematik und die Schaffung von Beteiligungsmöglichkeiten möglichst großer Bevölkerungsgruppen sinnvoll sein, um Konflikte zu lösen oder diesen vorzubeugen.

3. Raumgestaltung

Gerade in ländlichen Gebieten kann durch eine aktive Raumgestaltung eine sozial gerechte und naturverträgliche Energiewende unterstützt werden. Beispielsweise sollte bei der energetischen Nutzung von Biomasse vor Ort untersucht werden, inwieweit eine Beschränkung der Anlagenzahl notwendig ist, um die Flächen- und Nutzungskonkurrenz gegenüber anderen Zwecken (z. B. Nahrungsmittelproduktion oder Umweltschutz) einzudämmen. Die Entwicklung von Nutzungskonzepten für land- und forstwirtschaftliche Flächen sowie für Rest- und Abfallbiomasse kann dabei unterstützend wirken. Die Planung kompakter Siedlungsstrukturen und kurzer Wege, beispielsweise zwischen Wohnung, Arbeitsplatz und Einkaufsmöglichkeiten, kann dazu beitragen, Energie einzusparen.

4. Energieumwandlung

Die Nutzung von regenerativen Energien bietet im Vergleich zu fossilen und nuklearen Energiequellen in der Regel Umweltvorteile. Für Wasser- und Windkraft sowie Photovoltaik liegt der energetische Amor-

---

5 Funcke, Simon (2012): Municipal Added Value through Solar Power Systems in the City of Freiburg. In: Sustainability 4 (5), S. 819-839. – Die kommunale Wertschöpfung durch regenerative Energien kann annäherungsweise anhand eines online verfügbaren Wertschöpfungsrechners kalkuliert werden, vgl. www.kommunal-erneuerbar.de, zuletzt geprüft am 23.04.2014.

tisationszeitraum unter den in Deutschland herrschenden natürlichen Voraussetzungen zwischen drei Monaten und drei Jahren. Für Biomasse, als am flexibelsten einsetzbare regenerative Energiequelle, liegt der Fall etwas anders. Flächen- und Nutzungskonkurrenzen können hier stärker zum Tragen kommen und die Treibhausgasemissionen über die gesamte Nutzungskette sind nicht immer eindeutig zu identifizieren.

5. *Stromnetze*

Stromnetzoptimierung, -verstärkung bzw. -ausbau sind neben anderen Flexibilitätsoptionen eine Möglichkeit mit zunehmenden Mengen fluktuierender Erzeugung umzugehen. Während Kommunen die Möglichkeit besitzen Verteilnetze unter eigener Regie zu betreiben, können sie für den Übertragungsnetzausbau, so sie davon betroffen sind, eine moderierende Rolle zwischen Bevölkerung und den Übertragungsnetzbetreibern einnehmen.

Vernetzungsstelle

Zu den o. a. Punkten wird von Ruppert-Winkel et al. (2013) auf übergeordnete Aufgaben für eine regional erfolgreiche Energiewende hingewiesen, beispielsweise auf Moderierungs- oder Koordinierungsaufgaben. Eine Vernetzungsstelle auf kommunaler oder regionaler Ebene könnte diese Rolle einnehmen. Abhängig von den Gegebenheiten vor Ort kann zu den Aufgaben einer solchen Stelle die Vernetzung von Akteuren, die Informationsbereitstellung, Kommunikation und Mediation sowie die Durchführung von konkreten Maßnahmen gehören. Sie könnte bei der Kommune oder einer bestehenden Energieagentur, einer Wirtschaftsförderungsgesellschaft oder auch einer privaten Stelle, beispielsweise einer Energiegenossenschaft, angesiedelt werden (Stablo/Ruppert-Winkel 2013)[6]. Als

---

6   Ein Beispiel dafür ist das Agenda 21-Büro des Landkreises Steinfurt, vgl. Stablo, J./Ruppert-Winkel, C. (2013): Rolle und Ausgestaltung einer Vernetzungs- und Prozessmanagementstelle zur Stabilisierung einer nachhaltigen regionalen Energiewende. Präsentation auf der Tagung »Neue Governance-Formen für eine nachhaltige Gesellschaftstransformation« in Berlin. 14.10.2013. Als PDF verfügbar unter www.ee-regionen.de, zuletzt geprüft am 23.04.2014.

möglichst unabhängige Stelle kann sie eine zentrale Rolle bei der Umsetzung einer sozial gerechten und naturverträglichen Energiewende spielen.

Fazit

Ein Stromversorgungssystem basierend auf regenerativen Energien ist in Deutschland politisch gewollt und wird von großen Teilen der Bevölkerung unterstützt; einzelne Aspekte sind jedoch stark umstritten. Ob das zukünftige System stärker auf zentrale oder dezentrale Ansätze ausgerichtet wird, hängt sowohl von technologischen Entwicklungen als auch der vorherrschenden Vision in den politischen Prozessen ab. Für die gesellschaftlich-politische Diskussion darüber erscheint es insofern essentiell alle Dimensionen des technisch-ökonomischen Systems sichtbar zu machen. Die bisherigen Entwicklungen und die politische Interessens- und Einflusslage zwischen den seit Jahrzehnten etablierten Akteuren im System (insbesondere die Energieversorger sowie die entsprechenden Verbände) und den neu hinzugekommenen Akteuren (insbesondere Unternehmen und Verbände aus dem Bereich der regenerativen Energien sowie kommunale Entscheidungsträger und Bürger, die lokal die Energiewende vorantreiben) deuten momentan darauf hin, dass das Stromversorgungssystem insgesamt kleinskaliger und teilweise dezentraler wird, es letzten Endes aber auf eine Kombination von zentralen und dezentralen Lösungen hinauslaufen wird.

Eine solch grundlegende Transformation des Stromversorgungssystems bietet die Chance, dieses sozial gerechter und naturverträglicher zu gestalten. In der Regel sind es engagierte Bürger und andere Schlüsselakteure, die Initiativen auf lokaler bzw. regionaler Ebene anstoßen und die Energiewende damit umsetzen. Eine Vernetzungsstelle vor Ort kann dabei Steuerungsaufgaben übernehmen, also eine vernetzende, informierende und moderierende Rolle einnehmen sowie übergeordnete Zielsetzungen im Sozial- und Umweltbereich im Blick behalten.

Der nächste Schritt für lokale Initiativen könnte die Annahme einer stärker systemischen Sichtweise sein. So könnten beispielsweise zukünftige Schwerpunkte nicht mehr nur auf der Stromerzeugung liegen, sondern auch Flexibilitätsoptionen berücksichtigt und die intelligente Vernetzung der einzelnen Systemkomponenten vor Ort vorangetrieben werden. Zusätzlich wird dadurch die Grundlage gelegt kommunale Aktivitäten stärker mit den Anforderungen des Gesamtsystems abzugleichen. Erste Pilotprojekte, beispielsweise im Rahmen des E-Energy[7] Programms, zeigen dafür Möglichkeiten auf.

---

7 Weitere Information zu E-Energy können unter folgender Adresse abgerufen werden: www.e-energy.de

LENA PAETSCH

Frauen in der extremen Rechten

I.

> »Beate Zschäpe, die gefährliche Mitläuferin. [...] Mit Böhnhardt
> und Mundlos hat sie eine Dreierbeziehung [...].«[1]

Beate Zschäpe ist die derzeit wohl bekannteste Frau aus dem neonazistischen Spektrum. Seit Mitte der 1990er Jahre ist sie in der Szene aktiv und derzeit angeklagt wegen Mittäterinnenschaft an zehn Morden, Sprengstoffanschlägen, Brandstiftung und nicht zuletzt der Gründung einer terroristischen Vereinigung, des so genannten Nationalsozialistischen Untergrunds (kurz: NSU). Sie war unter anderem in der Kameradschaft Jena aktiv und beteiligte sich an Aktionen des Thüringer Heimatschutzes, dabei wurde sie bis 1998 mehrfach bewaffnet von der Polizei aufgegriffen und war auch an tätlichen Angriffen auf politische Gegner_innen beteiligt. Trotzdem: vorbestraft ist sie nicht, die Vermutung liegt nahe, dass damals mehr noch als heute Frauen nicht als aktive, überzeugte Neonazis gesehen wurden. Nachdem ihre Wohnung im Zuge der Ermittlungen um mehrere Bombenattrappen mehrfach durchsucht wurde, flüchtet Beate Zschäpe mit ihren »Kameraden« Mundlos und Böhnhardt 1998 in den Untergrund. Obwohl der bald danach gegründete NSU in der Zeit von 2000 bis 2006 rassistische Morde, ein Nagelbombenattentat

---

1 M. Kiewel / M. Kurtz / C. Lemuth / O. Löhr u. a.: Aussteiger berichtet: Der kranke Hass der Nazi-Killer. In: www.bild.de [14.11.2011], zuletzt abgerufen: 25.03.2014.

in Köln und mehrere Banküberfälle begangen haben soll, bleibt das Trio bis 2011 unentdeckt.[2]

Die Öffentlichkeit sucht nach Erklärungen und findet sie in ihren eigenen Stereotypen: Neonazis werden allzu oft als männlich gesehen und Frauen bleiben mit Blick auf die Szene unsichtbar. Obwohl Wissenschaftler_innen bereits seit fast über 20 Jahren auf die Rolle von Frauen in der extremen Rechten hinweisen, steht dem jedoch das öffentliche Bild entgegen, welches fast ebenso lange rechtsextreme Frauen konsequent unterschätzt und verharmlost: So werden neonazistische Frauen häufig als »Mitläuferinnen« oder »schmückendes Anhängsel« dargestellt.[3] »Das schwache Geschlecht« könne unmöglich in gleichem Maße menschenfeindliche Ideologien vertreten wie Männer, schon gar nicht gegenüber Andersdenkenden oder Andersaussehenden gewalttätig sein. Auch nach der Selbstenttarnung der Zwickauer Nazi-Zelle, konnte und wollte kaum einer glauben, dass Beate Zschäpe mehr gewesen sein könnte, als das »Betthäschen« der beiden Uwes. Gerade im Zuge der Aufarbeitung der Morde an elf Menschen durch den NSU, wurde die Rolle von rechten Frauen wieder Teil der öffentlichen Diskussion. In der Presse wurde viel über die Rolle von Beate Zschäpe geschrieben, aber wie auch das einleitende Zitat zeigt: Häufig steht hier nicht die politische Frau im Vordergrund der Berichterstattung. Der Fokus der Berichterstattung liegt weiterhin auf ihrem Liebesleben, ihrer Rolle im Haushalt und anderen vermeint-

---

2   Eine Zusammenfassung der politischen ›Karriere‹ in der neonazistischen Szene Zschäpes bietet folgender Artikel an: Ulrich Overdick: Wahrnehmungsdefizite im Umgang mit rechtsextremen Frauen am Beispiel Beate Zschäpe. In: www.netz-gegen-nazis.de [05.02.2014] . zuletzt abgerufen: 25.03.2014.

3   Zu den Begriffen ›extreme Rechte‹ und ›Neonazismus‹: In diesem Aufsatz wird der Begriff ›extreme Rechte‹ als Sammelbezeichnung genutzt, um politische Bewegungen, Organisationen, Gruppen, Kameradschaften etc. am äußeren rechten Rand des politischen Spektrums benennen zu können, die sich jenseits ihrer unterschiedlichen Strategien, Aktionsformen, etc. dennoch aber in ihren völkisch-nationalistischen, antisemitischen, rassistischen, autoritären Einstellungen und der Ablehnung der Gleichheit aller Menschen übereinstimmen (vgl. Decker/Weißmann/Kiess/Brähler 2010). Neonazismus ist somit Teil der extremen Rechten, zusätzlich beziehen sich neonazistische Personenzusammenschlüsse positiv auf das NS-System.

lichen weiblichen Aufgabengebieten.⁴ Ihre Teilhabe an der Planung und die absolute Unterstützung der menschenverachtenden Taten des Trios werden damit immer wieder verharmlost und ausgeblendet. Dabei bleibt oft auch außen vor, dass sich Zschäpe selbst seit weit über einem Jahrzehnt in der rechten Szene verortet.

II.

> »[…] und macht den Neonazi an sich zum Mann.«⁵

Die oben genannten Klischees halten sich in der öffentlichen Wahrnehmung trotz – wie bereits erwähnt – gegenteiliger und weitaus differenzierterer Forschungslage. Lange wurde und – und wird teilweise noch immer – die extreme Rechte als männlich dominierte Szene gesehen, in der Frauen nur als Randgruppe, meist als Begleiterinnen, Freundinnen oder Ehefrauen eines Neonazis, wahrgenommen werden. Auch die Ergebnisse des Untersuchungsausschusses zu den Morden des NSU und die kritische Beobachtung der Berichterstattung zum NSU-Prozess zeigen auf, dass immer noch ein großes Defizit in Bezug auf die Wahrnehmung von Frauen in der extremen Rechten seitens der ermittelnden Behörden, der Justiz, aber auch der Politik und der Öffentlichkeit besteht, so dass Aufklärungsarbeit an dieser Stelle weiterhin eine Notwendigkeit bleibt.⁶

Trotz anders lautender Studien, wird in der Öffentlichkeit und zum Teil auch von staatlichen Behörden davon ausgegangen, dass Frauen weniger für extrem rechtes Gedankengut anfällig seien als Männer. Schließlich, so lässt sich hier ableiten, seien Frauen fried-

---

4   Vergleiche: Alice Lanzke: Vom »bösen Girlie« zur »Drahtzieherin«: Berichterstattung über Beate Zschäpe. In: www.netz-gegen-nazis.de [20.11.2013], zuletzt abgerufen: 21.03.2014.

5   Eike Sanders/Ulli Jentsch: AN und Gender. In: Jan Schedler/Alexander Häusler (Hrsg.): Autonome Nationalisten. Neonazismus in Bewegung, Wiesbaden 2011. S. 135.

6   Vgl. dazu auch: »Und warum ist das Interessanteste an einer Rechtsterroristin immer noch ihr Liebesleben?«, Offener Brief des Forschungsnetzwerkes Frauen und Rechtsextremismus (15.11.2011), online unter: www.frauen-und-rechtsextremismus.de.

fertiger als Männer. In Studien, die in den letzten Jahren u. a. von der Friedrich-Ebert-Stiftung durchgeführt wurden, zeigt sich, dass die befragten Frauen und Männer in ihrer Zustimmung für rechtsextremistische Einstellungsmuster nicht weit voneinander abweichen.[7] Allerdings befürworten Frauen zu einem wesentlich kleineren Anteil Gewalt als Mittel zur Durchsetzung von politischen Zielen. Dies spiegelt sich auch in den Statistiken wieder: Nur etwa 5 bis 7 % der Straftaten aus dem extrem rechten Spektrum werden von Frauen verübt. An dieser Stelle lässt sich allerdings einwenden, inwieweit diese Statistiken aussagekräftig sind, da die Vermutung naheliegt, dass Frauen als Täterinnen häufig bei der Fahndung ausgeschlossen werden. Je größer die Organisationsdichte, desto geringer ist der Anteil von Frauen in der extremen Rechten. Zwar beträgt der Frauenanteil der Wählerschaft rechtsextremer Parteien rund 33 %, in festen oder losen Zusammenschlüssen, wie Parteien oder Kameradschaften, gehen Wissenschaftler_innen allerdings von einer Beteiligung von nur rund 10 bis 33 % aus. Seit den 2000er Jahren lässt sich eine Ausdifferenzierung der extrem rechten Szene beobachten. Neben der rassistischen Skinhead-Kultur und der völkisch geprägten Heimatbewegung mit langen Röcken und Zöpfen, erweiterte sich die Erlebniswelt der Neonazis immer weiter. Mit dieser Öffnung und teilweise auch Übernahme anderer Jugendkulturen (wie etwa der Autonomen Nationalisten oder etwa der ›Identitären Bewegung‹) eröffneten sich auch für Frauen neue Handlungs- und Rollenangebote. Dennoch gilt die Rettung des »biologischen Bestand[s] des deutschen Volkes« auch heute noch als Hauptaufgabe für Frauen.[8] Heute wollen die Frauen und Mädchen viel stärker als früher auch in der Öffentlichkeit politisch sichtbar »für Volk und Vaterland« handeln und als Teil der »Kämpfenden Front«

---

7   Renate Bitzan hat 2009 eine Beteiligungspyramide entwickelt, die die Beteiligung von Frauen in der extremen Rechten veranschaulicht. Diese kann man online unter www.frauen-und-rechtsextremismus.de beziehen.

8   Besonders deutlich lässt sich dies an der Debatte um den Ausschluss einer ehemaligen Porno-Darstellerin aus der NPD und die eventuelle Aufnahme in der noch relativ jungen Partei ›Die Rechte‹ ablesen. Hier zeigen sich sehr offen rassistische und sexistische Ideologie der im Internet Diskutierenden.

wahrgenommen werden und nicht mehr nur bloß »Freundin eines Neonazis« sein, wie Frauen und Mädchen aus der Kameradschaftsszene selbst erklären. Die Frauen und Mädchen fordern für sich politische Handlungsräume in der »Bewegung« ein, auch wenn diese häufig zu Diskussionen und Auseinandersetzungen führen. Dennoch: In den Parteien und Kameradschaften bestehen für Frauen verschiedene Handlungsoptionen: aus dem Hintergrund heraus die Kameraden unterstützen oder in der Öffentlichkeit selbst auftreten – beides ist möglich. Dennoch gilt innerhalb der extremen Rechten, sowohl in den Parteien als auch im neonazistischen Kameradschaftsumfeld und der ›Autonomen Nationalisten‹ weiterhin die Familie als wichtigste Keimzelle des ›deutschen Volkes‹. Es mag zwar mehr Handlungsoptionen für Frauen geben, dennoch bleibt ein »durchweg konservative[s], völkische[s] und Männer privilegierende[s] Geschlechterrollenmodell«[9] der extremen Rechten weiterhin bestehen.

III.

> »Ich war nicht nur ein Anhängsel meines Freundes, sondern auch dann, wenn er keine Zeit oder Lust hatte, eine Kämpferin für Deutschland.«[10]

Mit dem einleitenden Zitat warb die ›Mädelschar Deutschland‹ (kurz: MSD) bereits im Jahr 2000 um ähnlich denkende junge Frauen für ihre neonazistische Frauengruppe. Gegründet 1999 von der Hamburgerin Inge Nottelmann wurde die MSD als Beispiel für eine neue Form der weiblichen politischen Beteiligung angeführt. Aber schon lange vor der Ausdifferenzierung der neonazistischen Szene Ende der 1990er Jahre gab es viele extrem rechte Frauen, die halfen, die rechte Szene

---

9   Eike Sanders / Ulli Jentsch: AN und Gender. In: Autonome Nationalisten. Neonazismus in Bewegung. Jan Schedler / Alexander Häusler (Hrsg.), Wiesbaden 2011. S. 151.

10 Zitat der ›Mädelschar Deutschland‹ (kurz: MSD), die 2000 von der Hamburgerin und Neonazistin Inge Nottelmann gegründet wurde und auf um aktive, unabhängige Frauen warb. Hier zitiert nach: Andreas Speit: Nie mehr nur Freundin eines Nazis sein. In: www.taz.de [18.05.2001], zuletzt abgerufen: 25. März 2014.

aufzubauen und zu unterstützen – viele halfen schon nach der bedingungslosen Kapitulation Deutschlands 1945 NS-Verbrecher_innen bei der Flucht, betrieben Grabstättenpflege oder bauten Netzwerke, wie etwa die verbotene Wiking-Jugend, auf. Auch der 1979 eingetragenen und erst 2011 verbotenen ›Hilfsorganisation für nationale politische Gefangene e.V.‹ (kurz: HNG) standen meist Frauen vor. Die Organisation gab vielen Frauen die Möglichkeit, sich um inhaftierte Kameraden zu kümmern, indem sie Briefe schrieben oder diese besuchten und sie somit weiterhin an die Szene binden konnten.

Neben parteipolitischen Organisationen[11] sind Frauen in der Kameradschaftsszene und in Gruppen der ›Autonomen Nationalisten‹ anzutreffen – Beate Zschäpe ist dafür nur ein Beispiel, andere sind einige der geladenen Zeuginnen im NSU-Prozess. An den Unterstützer_innen des NSU, wie beispielsweise Mandy S., lässt sich auch ablesen, welche Aufgaben Frauen in neonazistischen Kreisen übernehmen. Sie sind häufig für interne Angelegenheiten zuständig: Neben öffentlich wahrnehmbaren Auftritten, wie etwa als Demonstrationsteilnehmerin oder Flyer verteilend in der Innenstadt, sind Frauen für Kameradschaften oder andere neonazistische Gruppierungen von maßgeblicher Bedeutung. Sie stellen den sozialen Kitt der Gemeinschaft dar, bieten ihren Kameraden emotionale Unterstützung und gestalten das Leben innerhalb der Gruppe aktiv mit, etwa durch das Kochen von Mahlzeiten für den geselligen Abend oder aber knüpfen und pflegen soziale Kontakte zu anderen Neonazi-Gruppen. Es ist also zutreffend, dass Frauen viele reproduzierende und traditionell weibliche Aufgaben innerhalb einer neonazistischen Gruppe übernehmen. Aber sie unterstützen dabei auch bei Straftaten, etwa wie im Fall von Mandy S. durch das Verleihen einer Krankenversicherungskarte. Sie ermöglichen durch ihre Unterstützung Handlungsspielräume, indem sie den Männern »den Rücken freihalten«. Sie ermöglichen durch ihre

---

11 Hier ist vor allen Dingen der Ring Nationaler Frauen (kurz: RNF) zu nennen, die Frauenorganisation in der NPD. 2006 wurde der RNF gegründet und ist seitdem eine bundesweite Organisation, wobei der Schwerpunkt auf Nord- und Ostdeutschland liegt.

Unterstützung Handlungsspielräume.¹² Dabei darf allerdings nicht vergessen werden, welche Bedeutung eben diese bedingungslose Unterstützung hat und welche Wirkung diese nach innen hat. Neben ihrer Funktion für den inneren Zusammenhalt treten neonazistische Frauen auch in der Öffentlichkeit auf: Häufig wird dabei das bestehende Stereotyp der friedfertigen Frau genutzt. Dies wurde auch im NSU-Prozess deutlich. Anders als Männer werden Frauen oft erst gar nicht als Neonazis wahrgenommen, vor allen Dingen dann, wenn sie nicht so aussehen, sprich nicht unbedingt szenetypische Kleidung tragen. Daher können sie Aufgaben übernehmen, bei denen es wichtig ist, eben nicht als Neonazi erkennbar zu sein: als Fotografinnen oder Anti-Antifa-Aktivistinnen, als Teilnehmerinnen bei Vorträgen des politischen Gegners, als Mieterinnen von Räumen für Veranstaltungen und Konzerte, als Ordnerinnen auf Demonstrationen oder aber als Demo-Sanis; dabei halten sie wie im Fall von Beate Zschäpe die bürgerliche Tarnung aufrecht. Aber auch bei tätlichen Übergriffen nehmen Frauen teil, entweder agieren sie als Anheizerinnen oder beteiligen sich direkt an gewalttätigen Auseinandersetzungen. Frauen, die in der Öffentlichkeit auftreten, dienen als positive Bezugsperson für andere Frauen, und erleichtern Frauen, die Interesse an der Szene haben, den Einstieg.

Zusammenfassend lässt sich sagen, dass das Frauenbild und die Tätigkeiten von Frauen in der extremen Rechten so vielfältig sind wie die extreme Rechte selbst. Die Betätigungsfelder und Rollen von neonazistischen Frauen reichen von den (ideologisch noch nicht gefestigten) Mitläuferinnen über die Polit-Aktivistinnen und ›Straßenkämpferinnen‹ bis hin zu den Kaderfrauen in Parteien und im ideologischen Umfeld (Medien, Musik, Rechtsberatung, Sanitätsdienst etc.).¹³ Problematisch ist dabei, dass Frauen in der Öffentlichkeit häufig als Mitläuferinnen und Anhängsel betrachtet werden und selten als eigenstän-

---

12 Zur weiteren Lektüre empfiehlt sich hier: Sanders, Eike: Frauen und Männer im Untergrund. Geschlechterverhältnisse im NSU und in seinem Umfeld. In: Monitor 55 (Mai 2013). S. 1-3.

13 Zur weiteren Lektüre empfiehlt sich hier: Rena Kenzo: Auf Augenhöhe. Organisationen von und für rechte Frauen. In: Lotta 28 (Herbst 2007), S. 17-18.

dige, politisch-aktive und vor allem handelnde Neonazistinnen. Dies führt dazu, dass sie oft nicht erkannt werden und sie völlig frei an gesellschaftlichen oder beispielsweise lokalpolitischen Debatten teilhaben können und somit den öffentlich Diskurs mitbestimmen. Es führt dazu, dass sie sich in Elternbeiräten oder anderen Initiativen engagieren, oft subtiler ihre Meinung äußern, weniger abschreckend auftreten und somit weniger angreifbar sind als ihre männlichen Kameraden, bei denen es leichter fällt, sie wieder auszuschließen.

Dabei ist es schon lange an der Zeit, dass Geschlechterstereotype auch in Bezug auf neonazistische Frauen überdacht und reflektiert werden. Nur wenn neonazistische Frauen ernst genommen werden, kann Bildungs- und Aufklärungsarbeit funktionieren.

STEFFEN LEHNDORFF

Ein »Triumph gescheiterter Ideen«

Das deutsche Geschäftsmodell in der europäischen Krise[1]

Seit einiger Zeit wird gemeldet, bei der Eurokrise gebe es Licht am Ende des Tunnels. Doch der Blick in die sogenannten Peripherie-Länder zeigt, dass der Tunnel eher länger wird. Auch wenn es teilweise wieder (eher geringes) wirtschaftliches Wachstum gibt – die seit Jahren andauernde tiefe Depression hat vor allem in einigen südeuropäischen Ländern bereits unvorstellbare soziale Verwüstungen und Flurschäden angerichtet.

Wesentlich zu dieser Entwicklung beigetragen hat die Krisenpolitik der EU-Kommission, die seit 2010 nicht zuletzt auf Betreiben der deutschen Bundesregierungen (unterschiedlicher Couleur) betrieben wird. Die »deutschen Interessen«, mit denen dies gerechtfertigt wird, sind jedoch nicht die Interessen der Mehrheit der deutschen Bevölkerung.

Die Fiskaldiktatur

Seit dem offenen Ausbruch der Finanzkrise im Jahre 2008 lässt sich mit dem Satz »Der Markt regelt alles am besten« nur noch auf Umwegen Politik begründen. Der wichtigste dieser Umwege hat einen Namen: »Staatsverschuldung«.

---

1 Der Beitrag beruht auf Aufsätzen aus dem von mir herausgegebenen Buch »Ein Triumph gescheiterter Ideen: Die Fortsetzung. Zehn Länderstudien zur spaltenden Integration Europas« (Hamburg 2012). Deshalb verzichte ich hier auf weitere Literaturhinweise.

Die Regierenden haben den Abbau der Staatsschulden durch die Kürzung von Staatsausgaben zum Dreh- und Angelpunkt der Krisenbekämpfung erklärt. Doch die Staatsschulden sind ja in *Folge* der Krise in die Höhe geschossen: zum einen durch die Konjunkturprogramme und die steigenden Sozialausgaben, zum anderen – und dies in erheblich größerem Umfang – durch die Maßnahmen im Zusammenhang mit der Bankenrettung. Wenn aber die Folge zur *Ursache* erklärt wird, erklärt man das Opfer zum Täter.

Die Interpretation der Wirtschafts- und Finanzkrise und der Krise der Eurozone als »Staatsschuldenkrise« ist heute der entscheidende Rettungsanker des Neoliberalismus in Europa. So gelingt das, was der US-amerikanische Ökonom Paul Krugman mit Blick auf die USA einmal als »den seltsamen Triumph gescheiterter Ideen« bezeichnet hat: »Die Fundamentalisten des freien Marktes haben sich in allem geirrt – doch sie dominieren die politische Szene gründlicher als jemals zuvor.« In der EU ist der deutlichste Ausdruck dieses Triumphs die Errichtung einer Art Fiskaldiktatur, die mit der Notwendigkeit legitimiert wird, »das Vertrauen der Märkte wieder zu gewinnen«.

In der neuen Wirtschaftssteuerung der EU spielt die Bekämpfung von Haushaltsdefiziten und Staatsschulden der Mitgliedsländer eine Schlüsselrolle. Länder, die Finanzhilfen für die Bewältigung akuter Haushaltskrisen bekommen, werden auf Kürzungsprogramme regelrecht verpflichtet. Einige dieser Länder (wie Griechenland) stehen dabei unter der Kuratel der »Troika« aus EU-Kommission, EZB und Internationalem Währungsfonds.

Diese »Konsolidierungsprogramme« werden mit so genannten »Strukturreformen« verknüpft, bei denen zwar kein direkter Bezug zu den Staatsschulden erkennbar ist, deren Inangriffnahme jedoch zur Bedingung für Kredite aus den Rettungsfonds gemacht wird. Ihr erklärter Zweck ist die Verbesserung der internationalen Wettbewerbsfähigkeit und damit ebenfalls die Stärkung des »Vertrauens der Märkte«. So enthalten die seit dem Sommer 2010 beschlossenen »Reformprogramme« in Spanien neben diversen Kürzungen im Staatshaushalt und im Sozialsystem, einschließlich der Übernahme des deutschen Exportschlagers »Rente mit 67«, solche Maßnahmen wie die Lockerung des Kündigungsschutzes durch Ausschaltung der Konsultation mit dem Betriebsrat, den Vorrang von Firmen-Tarifverträgen vor Flächentarifverträgen, die Aufgabe der Allgemeinverbindlicherklärung von Tarifverträgen sowie das Einfrieren des gesetzlichen Mindestlohns in der Privatwirtschaft. In Griechenland wurde sogar der Mindestlohn in der Privatwirtschaft um 22 % gesenkt.

Dieser Kurs hinterlässt langfristig nachwirkende Flurschäden auf den Arbeitsmärkten, im Sozialgefüge und in den Interessenvertretungsstrukturen. Und in dem Maße, wie die Volkswirtschaften kurz- bis mittelfristig noch tiefer in die Krise getrieben werden, nehmen die Staatsschulden im Verhältnis zum BIP trotz abnehmenden Haushaltsdefizits sogar weiter zu und nicht ab. Sicher dürfte nur eines sein: Der Bumerang, der auch aus Berlin auf diese Länder geworfen wurde, wird über kurz oder lang vielen Arbeitnehmer/innen in Deutschland auf die Füße fallen.

Kein Zweifel: In den betroffenen Ländern – und nicht nur dort – liegt vieles ganz erheblich im Argen. Doch »Strukturreformen zur Erhöhung der Wettbewerbsfähigkeit« wie die soeben genannten haben nicht das Geringste mit dem tatsächlich vorhandenen Reformbedarf zu tun. Das kann man schon daran erkennen, dass es in jedem dieser Länder ganz spezifische Fehlentwicklungen waren, die der Krise den Boden bereiteten. Die Länderkapitel in dem eingangs erwähnten Buch geben darüber Aufschluss: Das völlig auf das Anziehen von ausländischen Direktinvestitionen und Schattenbanken fokussierte Modell Irlands; der – ebenso wie in Irland – mit hoher privater Verschuldung einhergehende und zudem die Umwelt zerstörende Immobilienboom in Spanien; eine extrem schwache Steuerbasis in Griechenland bei gleichzeitiger Abwesenheit irgendeines wirtschaftlichen Entwicklungskonzepts; und in Italien eine »wachstumsbehindernde Vetternwirtschaft, Korruption und bürokratische Ineffizienz« zusammen mit dem Fehlen jeglicher Industriepolitik und einer ausgeprägt starken Kombination von »Steuervermeidung, Steuerflucht und Steuersenkungen«.

Aber was häufig übersehen wird: Die andere Seite derselben Medaille waren die Fehlentwicklungen im deutschen Wirtschafts- und Sozialmodell.

Das deutsche Geschäftsmodell

Die deutsche Wirtschaft ist die größte Europas, aber sie ist über die Maßen vom Export abhängig. Diese Schlagseite wird zwar seit einiger Zeit kritisiert (sogar – wenn auch sehr vorsichtig und ohne Konsequenzen – von der EU-Kommission), doch ist nicht immer klar, was da genau kritisiert wird. Die Exporterfolge der deutschen Industrie haben ihre stärksten Fundamente in der hohen Spezialisierung und Produktqualität, der Serviceorientierung der Unternehmen und der Flexibilität und Qualifikation der Beschäftigten. Es würde sicher niemandem dienen, diese weltweit anerkannten Stärken außer Kraft zu setzen. Nach einer Phase des Leistungsbilanzdefizits in den 1990er Jahren, das mit der Umorientierung der westdeutschen Industrie auf die Befriedigung der ostdeutschen Konsumentennachfrage bei zugleich weitgehender Stilllegung der ostdeutschen Industrie zusammenhing, wurde das Exportmodell in den 2000ern reaktiviert. Innerhalb der neu geschaffenen Eurozone wurde es jedoch zu einem großen Problem, weil die produktbezogenen Stärken jetzt erstmals in diesem Ausmaß durch eine Senkung der Lohnstückkosten im Verhältnis zu den übrigen EU-Ländern ergänzt wurden. Von 2000 bis 2010 gingen die durchschnittlichen Reallöhne pro Kopf in Deutschland um 4 % zurück, während die Arbeitsproduktivität ungefähr im EU-Durchschnitt anstieg.

Diese von neoliberalen Ökonomen als »Lohnmäßigung« gerühmte Besonderheit, dass in einer wirtschaftlichen Wachstumsphase die durchschnittlichen Löhne sanken, war wesentlich auf die Ausbreitung des Niedriglohnsektors zurückzuführen. Dahinter stecken v. a. die in den zurückliegenden zehn bis 15 Jahren durchgesetzten Strukturbrüche auf dem deutschen Arbeitsmarkt: Wenige Jahre nach der Einführung der gemeinsamen Währung wurde er mit Hilfe der »Agenda 2010« umgekrempelt. Verschiedenste »Arbeitsmarktreformen« öffneten die Schleusen zu einem Boom von Leiharbeit und Minijobs. Die sog. Hartz-Gesetze zwangen die Arbeitssuchenden, Jobs auch zu sehr schlechten Bedingungen anzunehmen. Das Tarifvertragssystem, das ohnehin bereits seit den 1990er Jahren durch abnehmende Mitgliederzahlen von Arbeitgeberverbänden und Gewerkschaften geschwächt war, verlor durch politischen Druck zusätzlich an Einfluss auf die Entwicklung der tatsächlichen Einkommen. Große Bedeutung hatten auch wirtschaftliche Umstrukturierungen wie Outsourcing und Standortkonkurrenz in der Industrie sowie vor allem die Privatisierungen zuvor öffentlicher Dienstleistungen, durch die große Bereiche mit einstmals geschützten Beschäftigungsverhältnissen in einen Sog der Entstandardisierung und Lohnkonkurrenz gerieten. All dies zog die durchschnittlichen Löhne nach unten. Gleichzeitig wurden durch Steuerreformen hohe Einkommen und Gewinne erheblich entlastet.

Dadurch passierten zwei Dinge gleichzeitig: Ein Teil der Exportwirtschaft konnte die preisliche Wettbewerbsfähigkeit enorm steigern und damit Konkurrenten aus anderen Ländern vom Markt verdrängen. Das bekannteste Beispiel hierfür ist die fleischverarbeitende Industrie. Andere Branchen dagegen wie der Fahrzeug-, Maschinen- und Anlagenbau konkurrieren nicht primär über den Preis. Dort entstand ein relativer Preisvorteil dadurch, dass die Exportpreise anderer Länder im Euroraum stiegen. Lohnstückkostenvorteile, die nicht als sinkende Preise weitergegeben werden, erhöhen aber die Gewinne.

Während in den zurückliegenden Jahrzehnten der Wechselkurs-Anpassungsmechanismus bei derartigen Entwicklungen einen gelegentlichen Ausgleich zugunsten schwächerer Volkswirtschaften ermöglicht hatte, waren nun mit der Währungsunion immerhin zwei Fünftel des deutschen Außenhandels von dieser Last befreit. Das deutsche Geschäftsmodell konnte jetzt in einer erweiterten D-Mark-Zone so aufblühen, wie es seit den Verträgen über die Europäische Währungsunion in den 90er Jahren angestrebt war. Beeindruckendster Ausdruck dieses fragwürdigen Erfolgs war der dramatische Anstieg der Leistungsbilanzüberschüsse wenige Jahre nach der Einführung des Euro. Diese Fehlentwicklung hatte wiederum zwei weitere Folgen, die der Krise den Boden bereiteten und die immer noch nicht aus der Welt geschafft sind.

Die erste Folge war die Stagnation des deutschen Binnenmarkts. Damit reduzierten sich die Exportmöglichkeiten anderer Länder in die größte europäische Volkswirtschaft. Das binnenwirtschaftliche Ungleichgewicht in Deutschland wurde zur wichtigsten Quelle der außenwirtschaftlichen Ungleichgewichte, die auch weiterhin wie ein Bleigewicht an der Eurozone hängen. Die Kritik, Deutschland exportiere zu viel, verstellt deshalb eher den Blick auf die eigentlich entscheidende andere Seite derselben Medaille: Deutschland *importiert zu wenig.*

Die zweite Folge des neuen deutschen Modells hing mit der massiven Umverteilung zugunsten von Gewinnen und Kapitaleinkommen zusammen: Für das in Deutschland nicht profitabel investierbare Geldkapital mussten Einsatzfelder im Ausland gesucht werden. Und sie wurden auch gefunden: In der boomenden Finanzmarktblase spielten deutsche Gewinne und Vermögenseinkommen eine wichtige Rolle. Zahlreiche Deregulierungen des Finanzsektors seit Ende der 1990er Jahre hatten die Türen dafür weit geöffnet. Deutsche Banken und andere Anleger gehörten zu den größten ausländischen Kreditgebern sowohl der Immobilienblase in den USA als auch der schuldenbasierten Booms in Ländern wie Griechenland, Irland oder Spanien.

Es war also eine Symbiose nicht nachhaltiger Wachstumsmodelle, die Europa und die Währungsunion in die Krise geführt haben.

Ausblick

Eine Gesundung der Eurozone erfordert radikale Kurskorrekturen bei allen Hauptbeteiligten. Neue sozial-ökologische Entwicklungsmodelle werden nicht nur in Südeuropa gebraucht, sondern auch in Deutschland. Der deutsche Arbeitsmarkt muss neu reguliert werden, damit die soziale Ungleichheit zurückgedrängt wird. Die Politik muss die deutsche Wirtschaft sowohl zwingen als auch anregen, zum Motor der Energie- und Ressourcen-Wende zu werden. Die deutsche Gesellschaft braucht große öffentliche Investitionen vor allem im kommunalen Bereich, und sie braucht einen Boom sozialer Dienstleistungen – von KiTas und Schulen bis zur Altenpflege. Das ist unabdingbar für die Gleichstellung der Geschlechter und die Bewältigung des demografischen Wandels, aber es geht nicht ohne große Steuerreformen, mit denen vor allem Kapitaleinkommen und Vermögen gesellschaftlich nutzbar gemacht werden.

Dies wäre gut für Deutschland, aber auch für unsere Partnerländer in der Eurozone – so wie die Schäden, die durch verfehlte »Reformen« in Deutschland angerichtet wurden, den Nachbarländern zum Schaden gereicht haben.

Jürgen Grässlin

Millionen? Ja, Millionen Opfer deutscher Gewehrexporte

Persönliche Vorbemerkung: Drei Jahrzehnte der Recherche
Seit nunmehr drei Jahrzehnten recherchiere ich harte Fakten zum Themenbereich Waffenhandel. Beim RüstungsInformationsBüro (RIB e.V.) werten wir hierzu die nationale wie internationale militärische Fachpresse aus. Zudem treffe ich mich mit Beschäftigten der Unternehmen oder diskutiere mit Repräsentanten der Rüstungsindustrie, des Militärs und der Politik.

Im Mittelpunkt meiner Recherchen stehen die entscheidenden Fragen: Wer erforscht, entwickelt und produziert Kriegswaffen, Rüstungsgüter, wie z. B. Militärfahrzeuge, oder zivil wie militärisch nutzbare Dual-Use-Güter? Wer genehmigt aus welchem Grund Waffentransfers an kriegführende und menschenrechtsverletzende Staaten, selbst an Diktaturen? Auf welchen Wegen werden deutsche Waffen legal wie illegal in diese Länder transferiert? Und: Was passiert, wenn »Kleinwaffen«, wie Pistolen, Maschinenpistolen, Sturm- oder Maschinengewehre, in den Krisen- und Kriegsgebieten ankommen?

Von Anfang an hatte ich die Betroffenen des Einsatzes aus Deutschland gelieferter oder in deutscher Lizenz nachgebauter Kriegswaffen – allen voran des europaweit führenden Pistolen- und Gewehrfabrikanten Heckler & Koch (H&K) – im Blick. Bei zahlreichen Recherchereisen nach Südafrika, Kenia, Somalia und in die Türkei standen und stehen seit Ende der Neunzigerjahre die Opfer der deutschen Rüstungsproduktions- und -exportpolitik im Fokus meiner Recherchen.

In den besagten Staaten traf bzw. treffe ich Menschen, die – je nach gesammelter Erfahrung und erlittenem Schicksal – mehr oder minder präzise beschreiben können, mit welchen Waffen ihnen oder anderen Leid angetan worden ist. Bei diesen Zusammenkünften habe ich mit mehr als 220 Opfern des Einsatzes aus Deutschland gelieferter oder in deutscher Lizenz im Ausland nachgebauter G3-Gewehre des in Oberndorf am Neckar ansässigen Kleinwaffenproduzenten Heckler & Koch intensiv Gespräche geführt. Ausnahmslos alle von mir interviewten bzw. exemplarisch erstmals in dem Buch »*Versteck dich, wenn sie schießen*« biografierten Menschen sind angesichts der erlebten Kriegsgeschehnisse traumatisiert.[1]

Für manche der Betroffenen – allen voran für Zivilistinnen und Zivilisten – ist es nicht leicht, unterschiedliche Gewehrtypen verschiedener Hersteller aus den klassischen Produktions- und Lieferländern wie Russland, Deutschland, USA, Italien, Belgien oder Israel voneinander zu unterscheiden. Zumal deren Einsatz schlimmste Erlebnisse in Erinnerung ruft: von der Verletzung seiner selbst oder dem Tod von Freunden, Bekannten oder nahen Angehörigen. Bei meinen Befragungen, die zur Verifizierung vielfach an verschiedenen Tagen mit vergleichbaren Fragestellungen erfolgten, führte ich die Gesprächspartner notgedrungen in Situationen, in denen sie einen »Flashback« erlebten. Vor ihrem inneren Auge laufen genau die Ereignisse erneut ab.

Meist anders ist die Ausgangslage bei denjenigen, die als Kombattanten selbst von Schusswaffen Gebrauch machten und die Waffen- und Bautypen dementsprechend detailliert beschreiben können. Allerdings zeigte sich, dass auch die Täter häufig schwerste Traumatisierungen erlitten haben und medizinische Betreuung bräuchten, die die Opfer wie die Täter jedoch nur in den allerseltensten Fällen erhalten.

Sind diese höchst emotionsgeladenen Befragungen legitim? Aus Sicht der Befragten allemal, wie sie nachdrücklich betonen. Erfah-

---

1 Jürgen Grässlin: Versteck dich, wenn sie schießen. Die wahre Geschichte von Samiira, Hayrettin und einem deutschen Gewehr, München 2003; in der Volltextversion herunterladbar auf www.juergengraesslin.com

rungsgemäß sind sie froh, dass sie in ihrer Notlage ernst genommen werden. Immer wieder wurde und werde ich von ihnen gebeten, über die schrecklichen Geschehnisse eben in dem Land zu berichten, deren Waffenproduzenten und Regierung sie für die Gewehrlieferungen verantwortlich machen. Den Opfern einer völlig enthemmten und vornehmlich profitorientierten Rüstungsexportpolitik eine Stimme zu geben, habe ich mir zur Lebensaufgabe gemacht.

Gewehre – die Massenvernichtungswaffen des 20. und 21. Jahrhunderts

Im Frühjahr 2010 publizierte das in Genf ansässige United Nations Development Programme (UNDP, Entwicklungsprogramm der Vereinten Nationen) eine aufschlussreiche Studie. Diese besagt, dass rund um den Globus jeden Tag durchschnittlich etwa 2.000 Menschen ihr Leben durch gewaltsam ausgetragene Konflikte oder kriminelle Handlungen verlieren – die weit überwiegende Anzahl durch den Einsatz so genannter »Klein- und Leichtwaffen«.[2] »Leichte Waffen« umfassen Granatwerfer, Panzerabwehrkanonen und Mörser.

Anders als vielfach angenommen, sterben die allermeisten der in Kriegen und Bürgerkriegen Getöteten eben nicht durch den Einsatz von Großwaffensystemen. Fünf von hundert Menschen werden durch Beschuss mit Bomben, Granaten und anderen Geschossen aus Kampfpanzern, Militärhelikoptern, Kampfflugzeugen oder Kriegsschiffen getötet. Schätzungen des Internationalen Komitees des Roten Kreuzes zufolge werden durchschnittlich 95 von 100 Getöteten Opfer des Einsatzes von Klein- und Leichtwaffen.

Die wahren Massenvernichtungswaffen des 20. und 21. Jahrhunderts sind Handgranaten, Landminen und Mörser, Faustfeuerwaffen, wie Pistolen und Revolver, und allen voran Sturm-, Scharfschützen- und Maschinengewehre. Eine Waffengattung fällt dabei besonders negativ ins Gewicht: 63 Prozent – zwei von drei Menschen, die in kriegerischen Auseinandersetzungen ihr Leben verlieren – sterben durch Kugeln aus Gewehrläufen. An den Opfer-

---

2 Stuttgarter Zeitung vom 12. Mai 2010

zahlen gemessen sind Gewehre damit die effizientesten aller Kriegswaffen.[3]

Schwierig gestaltet sich die Berechnung der Anzahl der sich weltweit im Umlauf befindlichen Kleinwaffen. Verschiedenen Schätzungen folgend waren 2009 weltweit bis zu 900 Millionen Kleinwaffen im Umlauf.[4] Aktuellere Untersuchungen gehen sogar von einem noch viel höheren Volumen aus.

Neben den rund 100 Millionen Kalaschnikow-Gewehren – unangefochten die Nummer 1 auf dem Kleinwaffen-Weltmarkt – befinden sich etwa 15 bis 20 Millionen G3-Schnellfeuergewehre der Heckler & Koch-»Waffenfamilie« (so die H&K-interne Bezeichnung) im Umlauf. Damit rangiert das in Deutschland entwickelte G3-Gewehr auf Platz 2 im Ranking der global verbreiteten Gewehre.[5] Auf den Plätzen folgen die Uzi der Israel Weapons Industries Ltd. (IWI), die M16 der Colt Defence LLC aus Hartford in den USA und die F-Gewehre der belgischen FN Herstal SA. Üblicherweise werden diese Gewehrtypen in Lizenzstätten in Europa, Asien oder Amerika nachgebaut.

Auf den Spuren des G3-Gewehrs in Türkisch-Kurdistan und Somalia

Bei meinen Rechercherreisen konzentriere ich mich auf den Einsatz von Gewehren und Maschinenpistolen der Heckler & Koch GmbH, dem europaweit führenden Gewehr- und Pistolenfabrikanten und -exporteur. Das Problem: Auf den Schlachtfeldern und Exekutions-

---

3   Vgl. Jürgen Grässlin: Versteck dich, wenn sie schießen, a. a. O., S. 353 f. Anm.: Die Berechnungen basieren auf 41 Konfliktgebieten in den Neunzigerjahren. Modernste Waffensysteme wie Drohnenkriege sind dabei noch nicht erfasst.

4   Grässlin, Jürgen: Schwarzbuch Waffenhandel. Wie Deutschland am Krieg verdient, München 2013, S. 410 f.: »Fünf oder sechs Patronen sind ein paar Schuhe«. Interview mit dem Friedensforscher Michael Ashkenazi vom Bonn International Center for Conversion (BICC), evangelisch.de vom 10. November 2009; »Kontrolle von Kleinwaffen und leichten Waffen«, siehe www.auswaertiges-amt.de

5   »The AK-47: the world's favourite killing machine«, Control Arms Briefing Note vom 26. Juni 2006. Die Gesamtzahl der Kalaschnikow-Gewehre wird weltweit auf 70 bis 120 Millionen geschätzt.

plätzen in aller Welt befinden sich in den seltensten Fällen Waffen aus einem einzigen Lieferland und eines Bautyps im Einsatz. Vielmehr stehen sich in der Regel verfeindete Kombattanten gegenüber, die – durch legale Direktexporte, vielfach legale und illegale Weiterexporte von Lizenznehmern oder durch Beutewaffen – beiderseits der Front über exakt dieselben Waffentypen verfügen. Wie also lässt sich beweisen, dass gerade das G3 oder die MP5, entwickelt von Heckler & Koch, die physische bzw. psychische Verletzung bewirkt hat?

Die Antwort kann nicht am Schreibtisch ermittelt werden. Sie kann nur von Betroffenen und Zeugen des Einsatzes besagter Kleinwaffen vor Ort gegeben werden. Unterstützt von Flüchtlings-, Friedens- und humanitären Hilfsorganisationen machte ich mich in Ländern auf die Suche, in denen aus Deutschland gelieferte oder in Lizenz gefertigte Kriegswaffen im Einsatz waren und sind. Wiederholt reiste ich nach Somaliland in Nordsomalia und nach Türkisch-Kurdistan im Südosten der Türkei.

Tatort Somaliland. Ein exemplarischer Fall ist der von Abdirahman Dahir Mohamed. Erstmals getroffen habe ich ihn vor gut zehn Jahren in einer Krankenstation des Somaliländischen Roten Halbmondes in Hargeisa. Als ich, wie so oft, mehrere Fotografien verschiedener Gewehrtypen in der Runde verletzter und kriegsversehrter Menschen in die Höhe hielt, schrie er bei der Ablichtung eines G3 laut auf. »Tschi three! Tschi three! This is the Tschi three!«, rief er lautstark, wild gestikulierend auf den Stumpf seines Beines zeigend.

Im Laufe dieser ersten Kontaktaufnahme und mehrerer Folgetreffen lernte ich seinen Lebensweg kennen und sein Schlüsselerlebnis. Im nordsomalischen Bürgerkrieg Ende der Achtziger und Anfang der Neunzigerjahre überfielen die Truppen des Diktators Siad Barre den Norden des Landes. Die in Somaliland lebenden Menschen sind friedliebend, sie wollten sich unabhängig erklären vom Bürgerkriegsland Somalia. Zur Strafe schickte Siad Barre Militäreinheiten, die mit ihren Kalaschnikow- und G3-Gewehren zahlreiche Massaker an der Zivilbevölkerung verübten. Seither reiht sich Massengrab an Massengrab. Genaue Opferzahlen sind nicht bekannt. Eines aber ist klar belegbar: die Herkunft der Schnellfeuergewehre. In Somaliland bin ich auf G3 der pakistanischen, iranischen und saudischen Lizenzfabrikation und aus Oberndorf gestoßen.

Abdirahman zählte zu den Soldaten, die mit einer Kalaschnikow ausgerüstet Widerstand leisteten. Ein Angreifer schoss ihm mit einer Kugel ins rechte Bein. Der Knochen zersplitterte G3-typisch in unzählige Teile. Der Siad-Barre-Soldat wurde von Abdirahmans Mitstreitern erschossen. Als Abdirahman wieder erwachte, hatten sie ihm besagtes Bein auf Kniehöhe mit einer Machete abgehackt und zugenäht. Die Tatwaffe lag neben ihm.

Das Gewehr, mit dem die Angreifer aus Mogadisshu Abdirahmans Bein abgeschossen haben, stammt – wie wir heute wissen – unstrittig aus der Oberndorfer Fabrikation. Auf dem Dreieck über dem Magazin ist die Gewehrnummer »G3-A3 6514250« eingeprägt, darunter das Geweih des Beschussamtes Ulm.[6] Damit ist bewiesen, dass der heutige Teehausbesitzer und vielfache Familienvater Abdirahman Dahir Mohamed zeitlebens durch eine Kugel aus dem Lauf einer Oberndorfer Waffe verstümmelt wurde. Das Leid dieses einen Menschen aber nimmt kein Ende: Abdirahman hat Knochenfraß. In unregelmäßigen Abständen muss ihm ein weiteres Stück des mittlerweile kaum mehr existenten Oberschenkelknochens abgesägt werden.

Für viele Beobachter erstaunlich ist die Tatsache, dass die Angreifer aus Mogadischu besiegt werden konnten und in Somaliland Frieden einkehrte. Abdirahmans Botschaft ist so einfach wie nachvollziehbar: »Das G3 soll auf der ganzen Welt ausgelöscht werden«, fordert er nachdrücklich, »so wie alle Waffen.« Weil er nie wieder arbeiten kann, will er »Ausgleichszahlungen und Blutgeld von Deutschland«. Eine Forderung, die unerfüllt bleiben wird – wie die unendlich vieler seiner Leidensgenossen. Auch ein Grund dafür, dass er nicht weiß, wie er das Geld für die Medikamente aufbringen soll: Antibiotika und viele andere mehr.

Szenenwechsel – Tatort Türkei. Ein vergleichsweise klareres Bild ergibt sich bei der Analyse des von 1984 bis 1999 währenden Bürgerkriegs zwischen türkischen Sicherheitskräften (Militär-, Polizei- und Geheimdiensteinheiten) mit PKK-Kämpfern und Zivilisten im Süd-

---

6 Jürgen Grässlin: Versteck dich, wenn sie schießen, a. a. O., S. 145 ff.

osten der Türkei. Meine zum Informantenschutz notwendigerweise undercover geführten Interviews mit türkischen Soldaten ergaben eine eindeutige Vorgangsbeschreibung: Zwischen 80 und 90 Prozent der getöteten Kurdinnen und Kurden, so die gering voneinander abweichenden Aussagen meinerseits befragter Offiziere, wurden mit Schnellfeuergewehren des Typs G3 erschossen.

Damit steht zweifelsfrei fest, dass die Hauptvernichtungswaffe seitens der staatlichen Militäreinheiten das von H&K entwickelte G3 war. Das Schnellfeuergewehr wurde nach der Lizenzvergabe 1967 von Makina ve Kimya Endüstrisi Kurumu (MKEK) bei Ankara nachgebaut. Mittlerweile sind die G3-Gewehre durch neue HK33-Gewehre ersetzt, die gleichsam in Lizenz gefertigt werden.

Bei Aktionen von Polizisten gegen Kurden wurden im Häuserkampf H&K-Maschinenpistolen vom Typ MP5 eingesetzt, die seit Vergabe der Nachbaurechte 1983 bei MKEK hergestellt wird.

Die – wie alle Publikationen partizipierender und damit interessengesteuerter Kriegsparteien – mit Vorsicht zu betrachtende »Siegesbilanz« des türkischen Staates propagiert folgende Opferzahlen: Bis Dezember 1998 sollen laut Aussage des damaligen Staatspräsidenten Süleyman Demirel »mehr als 40.107 ›Terroristen‹ unschädlich gemacht« worden sein. Zudem seien 5238 »Zivilisten« ums Leben gekommen. Von den rund 9000 Kurdendörfern im Südosten der Türkei wurden 3500 dem Erdboden gleichgemacht.

Die Türkei und Somalia sind zwei augenscheinliche Beispiele von vielen, anhand derer sich der Fluch der Kleinwaffen offenbart. Beide Länderbeispiele stehen pars pro toto für das Töten mit deutschen Waffen rund um den Globus. Zugleich führen sie eine der zentralen Darstellungen der Rüstungsindustrie ad absurdum.

So kursiert nicht nur in Oberndorf die Schutzbehauptung, eine Waffe sei neutral. Schließlich könne man auch mit einer Gabel Menschen töten. So absurd die Vorstellung im Einzelfall erscheint, so schlüssig ist das Gegenargument: Schlichtweg unmöglich ist, mehr als 35.000 Kurdinnen und Kurden zu »ergabeln«. Ein Gewehr dient eben nicht als Museumsstück, sondern im Kriegseinsatz per »Dauerfeuer« zur massenhaften Ermorden von Menschen.

Illegale G36-Gewehrexporte –
unsere Strafanzeigen gegen Heckler & Koch

Die Techniker in Oberndorf haben längst dafür gesorgt, dass die Nachfolgegeneration des G3 und der MP5 den Weltmarkt erobern. In den vergangenen Jahren erfolgten erste Exporte einer völlig neuen Generation von H&K-Waffen. Zu ihnen zählen die Maschinenpistolen MP7 und UMP, die Sturmgewehre G36, HK416 und HK417, das Maschinengewehr MG4 u. v. a. m.

Als aus militärischer Sicht besonders effizient könnte sich die neue »Wunderwaffe« XM25 entpuppen. Die von ATK in den USA und H&K in Deutschland entwickelte Granatmaschine kann um die Ecke schießen. Nach ersten Einsatztests an Kriegsgegnern in Afghanistan zeigten sich Soldaten der US-Streitkräfte angesichts der verkürzten Gefechtsdauer bei erhöhter Trefferquote äußerst erfreut. Auf der nichtoffiziellen Firmenwebsite www.hkpro.com jubilieren H&K-Fanatiker: »Die XM25 ist die tödlichste Handfeuerwaffe im Arsenal der Army.«[7]

Noch ist das XM25 nicht eingeführt, noch liegt der Schwerpunkt bei der neuen Tötungsmaschine G36 – einem vergleichsweise leichten, handlichen und präzise treffenden Sturmgewehr. Mit dem G36 schießen inzwischen Sicherheitskräfte in etwa 30 Staaten. Dessen Kadenz liegt mit theoretisch bis zu 750 Schuss pro Minute, höher noch als die Schussfrequenz des G3. Krieger in aller Welt loben die Robustheit, Treffgenauigkeit und Durchschlagskraft des G36.

Richtig Geldverdienen aber lässt sich seitens des G36-Lizenzgebers Heckler & Koch vor allem mit der Erteilung der Nachbaurechte, dem Aufbau ganzer Waffenfabriken inklusive der Ausbildung und der Schulung der Lizenznehmer.[8] Bereits 1998 genehmigte die von Helmut Kohl und Klaus Kinkel geführte Bundesregierung die Errichtung einer ersten G36-Lizenzfabrik in Spanien. Zehn Jahre danach erteilte die von Angela Merkel und Frank-Walter Steinmeier geführte

---

7 »Die »Siegesbilanz« des Bürgerkriegs in der Türkei (1984–1999)«, vgl. Jürgen Grässlin: Versteck dich, wenn sie schießen, a. a. O., S. 282

8 Schwarzbuch Waffenhandel, a. a. O., S. 507 ff

große Koalition eine zweite Genehmigung »für die Ausfuhr von Technologieunterlagen und Herstellungsausrüstung nach Saudi-Arabien zur Fertigung bestimmter Bestandteile des automatischen Gewehres G36«.[9]

Für H&K erwies sich die G36-Lizenz an die Machthaber in Riad als äußerst lukrative Geldquelle. Rund 250 Millionen Euro – in etwa der Jahresumsatz des mittelständischen Unternehmens – sollen in die Konzernkasse gespült worden sein. Die Prognose ist wenig gewagt: In den folgenden Jahrzehnten wird sich dieser Transfer von Herstellungsmaschinen und Blaupausen als der tödlichste aller Rüstungsdeals erweisen. Wie bei den illegalen Weiterlieferungen von G3-Gewehren wird die saudische Herstellerfirma MIC auch G36-Sturmgewehre an andere Staaten ausführen.[10] Wie beim G3 wird MIC unterzeichnete Endverbleibserklärungen missachten und erneut kriegführende Staaten auf dem afrikanischen Kontinent beliefern. Wie beim G3 wird die verantwortliche Bundesregierung den Rechtsbruch ignorieren und nicht einmal die Rücknahme der Lizenz fordern, geschweige denn durchsetzen.

Und noch ein Weg fördert die weltweite Verbreitung der G36-Gewehre. Nachweislich aus der Produktion des Oberndorfer Stammwerks stammende Sturmgewehre tauchten in den vergangenen Jahren widerrechtlich in den Kriegsländern Georgien und Libyen sowie in Unruheprovinzen Mexikos auf.

Über letztere erteilte mir ein direkt in den Fall involvierter Mitarbeiter umfassend Auskunft. Als ihm die Illegalität des Waffengeschäfts bewusst wurde, verließ er Heckler & Koch umgehend. Darauf-

---

9   Im Gegensatz zu allen anderen Heckler & Koch-Kleinwaffenlizenzen (MP5, HK33, G36 etc.), die sich allesamt im Besitz des Unternehmens befinden, gehört die des G3-Gewehrs der Bundesrepublik Deutschland. Dieser Umstand erklärt sich mit der Tatsache, dass das G3 eine Auftragsentwicklung des Bundes in Zeiten der Gründung und Bewaffnung der Bundeswehr Mitte der Fünfzigerjahre war. Der Bund finanzierte die Entwicklung des Schnellfeuergewehrs vergab zwischen 1961 und 1981 alle 15 G3-Lizenzen und kassierte dementsprechend die Lizenzeinnahme.

10 Schreiben von Jochen Homann, Staatssekretär im Bundesministerium für Wirtschaft und Technologie, an Jan van Aken, MdB Die Linke, vom 22.08.2011

hin stellte ich über meinen Rechtsanwalt Holger Rothbauer im April 2010 Strafanzeige gegen das Unternehmen – wegen des Verdachts illegaler G36-Gewehrlieferungen in die mexikanischen Unruheprovinzen Chiapas, Chihuahua, Jalisco und Guerrero. Die Staatsanwaltschaft Stuttgart führte zwei Hausdurchsuchungen durch und sicherte umfassendes Beweismaterial. Zudem stellten wir im Namen der Kampagne »Aktion Aufschrei – Stoppt den Waffenhandel!« Strafanzeige wegen des Verdachts widerrechtlicher G36-Lieferungen an das diktatorische Regime Muammar al-Gaddafi in Libyen.

Seither ermitteln die Stuttgarter Staatsanwaltschaft, das Landeskriminalamt Baden-Württemberg und das Zollkriminalamt in Köln. Zumindest im Fall des nachweislich illegalen G36-Mexiko-Deals kann Anfang 2014 mit einer Anklageerhebung gegen Verantwortliche von H&K – darunter Führungskräfte – gerechnet werden.

Die Heckler & Koch-Todesuhr tickt – Kunduz Tag für Tag

Wer als Kriegsreporter oder -fotograf das Unterfangen wagt, Opferzahlen bei Schusswechseln, Massenexekutionen oder gar Schlachten zahlenmäßig oder visuell erfassen zu wollen, setzt sein Leben aufs Spiel. Die aktuell veröffentlichte »Rangliste der Pressfreiheit« 2013 platziert Birma auf Rang 151, gefolgt von Mexiko (153), der Türkei (154), Ägypten (158), Pakistan (159), Saudi-Arabien (163), Sudan (170), Iran (174) und Somalia (175) – um eine Auswahl der schlimmsten Länder mit einem immens hohen Anteil an H&K-Waffen zu nennen. Die Anzahl der rund um den Globus angegriffenen bzw. bedrohten Journalisten erhöhte sich von 1959 (2011) auf 1993 (2012), die der getöteten im gleichen Zeitraum von 66 auf 89.[11]

Wie umfassend entsprechende Recherchen sind, belegt unter anderem die Studie »Body Count« der Ärzteorganisation IPPNW. Sie versuchte nach einem Jahrzehnt des »Kriegs gegen den Terror« die Zahl der Getöteten bei Militärs und in der Zivilbevölkerung im Irak, Afghanistan und Pakistan zu ermitteln. Pakistan befindet sich seit 2006 im Krieg. Laut einer Anzeige des Informationsministeriums

---

11   Schwarzbuch Waffenhandel, a. a. O., S. 486 ff.

in Islamabad ergebe sich eine Gesamtzahl von 24.467 Todesopfern im Land: 2795 Soldaten und 21.672 Zivilisten. Letzten Endes bleiben Opferangaben wie diese Schätzungen. Zum Vergleich: Der ehemalige pakistanische Premierminister Gilani sprach im Herbst 2011 von einer Gesamtzahl von rund 40.000 Getöteten, unter ihnen 5000 Soldaten und 35.000 Zivilisten.[12]

Trotz nicht immer verifizierbarer Faktenlage habe ich mir die Frage gestellt: Wie viele Menschen nach der Firmengründung von Heckler & Koch im Jahr 1949 und der Wiederaufnahme der Waffenproduktion Mitte der Fünfzigerjahre durch den Einsatz von H&K-Waffen ums Leben gekommen? Die Antwort ergibt sich aus einem Konglomerat eindeutiger Tatsachen und ernstzunehmender Schätzungen. Im Zweifelsfall habe ich Mittelwerte zugrunde gelegt.

Bei kriegerischen Auseinandersetzungen seit 1961 sollen etwa 30 Millionen Menschen ums Leben gekommen sein – 63 Prozent durch Gewehr- und 10 Prozent durch Pistolen- und Revolverkugeln.

Bei der firmenbezogenen Beantwortung der Frage helfen Aussagen bestens informierter Mitarbeiter der Oberndorfer Waffenschmiede weiter, die ich im Rahmen der Recherchen für das *Schwarzbuch Waffenhandel* in den vergangenen zwei Jahren getroffen habe. Übereinstimmend äußerten sie, dass der Weltmarktanteil der Oberndorfer Kleinwaffenschmiede je nach Waffengattung zwischen zehn und zwölf Prozent liege. Meine konservativen Berechnungen der Zahl der Menschen, die bis zum heutigen Tag durch den Einsatz von H&K-Waffen ums Leben gekommen sind, basieren dementsprechend auf einem Weltmarktanteil von durchschnittlich 11 Prozent.

Sie berücksichtigen die legalen H&K-Gewehrtransfers in offiziell 88 Staaten (de facto sind es weitaus mehr Länder, in denen mit H&K-Waffen geschossen wird) sowie die beachtliche Zahl nachweisbarer Lizenzvergaben, die den weltweiten Nachbau von H&K-Waffen in mindestens 17 Lizenzstätten zur Folge hatte bzw. hat.[13] Hinzu kommen

---

12   Fotos für die Pressefreiheit, Reporter ohne Grenzen, Berlin 2013, S. 10f.

13   IPPNW (Hrsg.): Body Count: Opferzahlen nach 10 Jahren »Krieg gegen den Terror«. Irak Afghanistan Pakistan, Berlin 2012, S. 72

Hunderttausende von Waffen, die seitens der Lizenznehmer – widerrechtlich unter Bruch der Endverbleibserklärungen – unkontrolliert und ungestraft an andere Länder weiterexportiert werden. Angesichts der mindestens 15 Millionen in Umlauf befindlichen H&K-Schnellfeuergewehre ist das G3 die Nummer zwei auf dem Globus. Eingesetzt von Soldaten und Kindersoldaten, Guerilla- und Militäreinheiten sowie Terroristen.

All diese Determinanten einbezogen, zeigt sich folgendes Ergebnis: Bis heute sind mindestens 2.079.000 Menschen durch Kugeln aus dem Lauf von H&K-Waffen getötet worden, weitaus mehr verkrüppelt und verstümmelt, nahezu alle traumatisiert. Angesichts dieser Opferzahlen ist Heckler & Koch das tödlichste Unternehmen in Europa.

Mit anderen Worten: Für die vergangenen gut fünfzig Jahre ergibt dies eine durchschnittliche Tötungsquote von 114 Opfern durch den Einsatz von Heckler & Koch-Waffen – wohlgemerkt pro Tag. Diese Zahl entspricht ziemlich genau der des Massakers von Kunduz im Norden Afghanistans. In der Nacht des 4. Septembers 2009 starben bei einem von Bundeswehroberst Klein angeforderten US-Luftangriff genau so viele Menschen, unter ihnen Kinder und Jugendliche.

Nach dem Kunduz-Massaker wurde ein Untersuchungsausschuss des Deutschen Bundestags eingerichtet. Dagegen bleiben die durchschnittlich 114-H&K-Toten, die die H&K-Todesuhr Tag für Tag bemisst, weithin unbeachtet. Der Grund liegt auf der Hand: Das Thema ist mehr als unangenehm, Opferschicksale wie Opferzahlen schaden dem Image von waffenproduzierenden und -exportierenden Unternehmen und der die Rüstungsexporte und Lizenzvergaben genehmigenden Bundesregierung.

Bislang war es leicht, die Opferproblematik totzuschweigen. Denn die wenigsten Menschen sterben in Europa, die allermeisten auf Schlachtfeldern Afrikas, Lateinamerikas oder Asiens. Sie werden von Kugeln getroffen, fernab der hiesigen Medienberichterstattung und damit unserer Wahrnehmung. Genau dies will die Kampagne »Aktion Aufschrei – Stoppt den Waffenhandel!« ändern – sie gibt den Opfern Stimme, den Tätern Name und Gesicht.

Mit meinem Werk *Schwarzbuch Waffenhandel. Wie Deutschland am Krieg verdient* füge ich der beschriebenen Opferperspektive eine zweite, nicht minder bedeutende hinzu: die der Täterprofile. Wer mehr über die maßgeblich verantwortlichen Täter in der Politik und in der Rüstungsindustrie erfahren möchte, findet darin zwei Täterrankings, die die Zahl der getöteten und verstümmelten Menschen als eines der maßgeblichen Kriterien mit einbezieht. Auf dem unrühmlichen Platz 1 rangiert der H&K-Hauptgesellschafter Andreas Heeschen.[14]

»Aktion Aufschrei – Stoppt den Waffenhandel!« entwickelt sich weiter. Unterstützt von der Aufschrei-Kampagne organisierte die IPPNW im Mai und Juni 2013 in Villingen nahe Oberndorf den internationalen Kongress »Zielscheibe Mensch«. Im Rahmen der Kampagne »Aiming for Prevention« präsentierte der kenianische Arzt Dr. Walter Odhiambo bedrückende Einzelschicksale von Menschen, die Opfer des Einsatzes von Kleinwaffen wurden. Zu den Täterwaffen gehört auch das G3-Gewehr.[15]

Die IPPNW publiziert mit Walter Odhiambo »One Bullet Stories«, die das Schicksal der Menschen aufzeigen. Sie sind Ziel des Kleinwaffeneinsatzes – Kalaschnikows, G3 u. a. – geworden. Für die Zukunft wurde vereinbart, die One Bullet Stories nicht erst im Empfängerland beginnen zu lassen, sondern dort, wo die Waffen ihren Ausgang nehmen – gerade auch in Oberndorf am Neckar.[16]

---

14 Jürgen Grässlin: Versteck dich, wenn sie schießen, a. a. O., »Übersicht der Lizenzvergaben von H&K-Waffen«, vgl. S. 393

15 Schwarzbuch Waffenhandel, a. a. O., Einzelprofile S. 30 ff. und Täterrankings S. 571 ff.

16 Siehe Filmaufnahme zur Rede von Dr. Walter Odhiambo auf www.zielscheibe-mensch.org/dokumentation.html

NORBERT REUTER

Zukunft ohne Wachstum?

> »Wer glaubt, in einem physikalisch begrenzten System für immer
> wachsen zu können, ist entweder ein Idiot, oder ein Ökonom.«
> (Kenneth Boulding, 1966)

Lange Zeit galt wirtschaftliches Wachstum, gemessen an der Wertsteigerung des Bruttoinlandsprodukts (BIP), als universeller Ausweis und Grundbedingung für »Fortschritt« und steigenden Wohlstand für alle. Im »Gesetz zur Förderung der Stabilität und des Wachstums der Wirtschaft« aus von 1967 wurde der deutsche Staat sogar auf die Sicherstellung eines »angemessenen und stetigen Wirtschaftswachstums« verpflichtet. Hinsichtlich der Höhe der zu erreichenden stetigen Wachstumsraten hat es allerdings Veränderungen gegeben: Ende der 1970er Jahre hatte der damalige Wirtschaftsminister Lambsdorff die zur Stabilität des Systems notwendige Marke des jährlichen Wachstums noch mit mindestens vier Prozent angegeben. Zwanzig Jahre später findet sich in der Lissabon-Strategie des Europäischen Rats eine Zielvorgabe für das jährliche Wachstum von drei Prozent. Inzwischen ist die Politik angesichts der Realität anhaltend niedriger Wachstumsraten noch bescheidener geworden und beurteilt bereits eine Wachstumsprognose von 1,8 Prozent für 2014 nach einem Wachstum von 0,4 Prozent im Vorjahr als »solide konjunkturelle Grunddynamik« (Jahreswirtschaftsbericht 2014, S. 7). Das tatsächliche Wachstum lag in den letzten 20 Jahren bei durchschnittlich gerade einmal 1,3 Prozent pro Jahr.

Zweifel am Wachstum

Bereits seit Anfang der 1970er Jahre hatten umfangreiche Studien zunächst die Möglichkeiten und dann den Sinn dauerhaften Wachstums umfassend infrage gestellt. Dennis Meadows und sein Team (Meadows u. a. 1972) hatten mit der Veröffentlichung eines Berichts an den Club of Rome (»Grenzen des Wachstums«) das Problem der Ressourcen- und damit Wachstumsbegrenztheit ins öffentliche Bewusstsein gebracht. Da Wachstum und Wohlstand noch als eng gekoppelt galten, schienen vor allem Ressourcengrenzen gleichzeitig die Wohlstandsgrenzen zu markieren.

Ein weiterer, 1992 erschienener Bericht an den Club of Rome (Meadows u. a. 1992) trug dann dazu bei, dass mehr und mehr die enormen negativen Begleiterscheinungen des bisherigen Wachstums deutlich wurden. Globale Phänomene wie Luftverschmutzung, Erderwärmung oder Anstieg des Meeresspiegels machten deutlich, dass wirtschaftliches Wachstum sich keineswegs nur positiv auf den Wohlstand und die Lebensqualität auswirkt, sondern gleichzeitig auch massive Wohlstandseinbußen mit sich bringt. Zunehmend rückte die Frage ins öffentliche Bewusstsein, inwieweit nach wie vor als positiv angesehene Effekte des Wachstums – neue, bessere und mehr Güter – durch parallel auftretende negative Effekte – Umweltverschmutzung, Verschlechterung der Arbeits- und Lebensbedingungen, Ökonomisierung aller Lebensbereiche etc. – kompensiert oder sogar überkompensiert werden.

Diese Zweifel am wirtschaftlichen Wachstum wurden durch eine Kritik an der Art der üblichen Messung, aber auch durch die Frage nach dem grundsätzlichen Sinn von Wachstum verstärkt. So werden bei der Messung durch die Kennziffer Bruttoinlandsprodukt (BIP) viele unzweifelhaft notwendige wirtschaftliche Aktivitäten gar nicht erfasst. Dazu gehören etwa alle Arbeiten, die unentgeltlich in privaten Haushalten oder in Organisationen wie politischen Parteien, Gewerkschaften, Kirchen, Wohlfahrtsverbänden und Vereinen (sogenannten »Organisationen ohne Erwerbszweck«) geleistet werden. Gleiches gilt für Tätigkeiten, die zwar bezahlt, aber nicht erfasst werden (»Schwarzarbeit«). Werden wirtschaftliche Aktivitäten erfasst, steigern sie allerdings gleichermaßen das BIP – auch die bloße Beseitigung von Umweltschäden und der Folgen von Katastrophen, Kriegen, Unfällen.

Wie weit sich Wachstum und Wohlstand entkoppeln können, wird in jüngerer Zeit durch die Glücksforschung thematisiert. Sie konnte nachweisen, dass ab einem gewissen BIP- und damit Einkommensniveau im Durchschnitt keine Steigerung des individuellen Wohlbefindens mehr feststellbar ist (u. a. Ruckriegel 2012/2013). Wohlstandssteigerungen hängen damit zunehmend nicht mehr von der Höhe des BIP, sondern vor allem von der Verteilung der Einkommen ab. Diese wird aber vom der Messziffer BIP in keiner Weise erfasst oder widergespiegelt.

Trotz dieser umfassenden Problematisierung von Messung, Aussagekraft und Sinn von wirtschaftlichem Wachstum gelten periodisch ausgewiesene Wachstumsziffern nach wie vor als Leistungs- *und* Wohlstandsmaßstab. Sie werden regelmäßig von der Politik und den Medien als Topthema gehandelt. Es gilt immer noch die Devise »Je höher, desto besser«, ohne dass die ambivalenten Auswirkungen auf den Wohlstand systematisch in den Blick genommen werden.

Positionen zum Wachstum
Gleichwohl wächst in der Gesellschaft die Kritik an der vorherrschenden Wachstumsorientierung. Inzwischen gibt es in vielen Ländern eine »Postwachstumsbewegung«, die mit Veröffentlichungen (vgl. etwa Seidl/Zahrnt 2010), Tagungen und Kongressen auf sich aufmerksam macht.[1] In den gegenwärtigen Debatten über Sinn und Unsinn, Notwendigkeit und Grenzen des wirtschaftlichen Wachstums lassen sich drei Hauptströmungen skizzieren: eine wachstumsoptimistische, eine wachstumspessimistische und eine wachstumsrealistische Perspektive.

a) Die wachstumsoptimistische Perspektive
Vertreter der wachstumsoptimistischen Perspektive (vgl. v. a. Paqué 2010) setzen Wachstum mit Entwicklung gleich und verstehen Wachstum im Wesentlichen als notwendige Folge des technischen Fort-

---

1 »One Bullet Stories«, vgl. www.ippnw.org

schritts. Dieser führe notwendigerweise zu einem kontinuierlichen Wachstum des BIP. Die Existenz von Wachstumsgrenzen wird grundsätzlich bestritten, Ressourcen- und Umweltproblematik seien durch technischen Fortschritt lösbar. Bei knappen Ressourcen würden entsprechende Preissignale ausgelöst, die ausreichende Effizienzsteigerungen und Innovationen nach sich zögen.

Der feststellbare dekadenübergreifende Rückgang der Wachstumsraten wird mit verschiedenen vorübergehenden Sonderfaktoren (abgeschlossener Wiederaufbau nach dem Zweiten Weltkrieg, Deutsche Einheit), oder mit einer zu starken (sozial-)staatlichen Einflussnahme erklärt. Eine forcierte Wachstumspolitik durch eine »Entfesselung der Marktkräfte« mittels Deregulierung, Entstaatlichung und Liberalisierung sei mehr denn je notwendig, um über eine Rückkehr auf den Wachstumspfad heutige wirtschaftliche und gesellschaftliche Probleme zu lösen und so Wohlstand und Lebensqualität weiter zu steigern.

b) Die wachstumspessimistische Perspektive
Die wachstumspessimistische Sichtweise geht von bestehenden Grenzen des Wachstums aus. In einer begrenzten Welt könne es kein unbegrenztes Wachstum geben, zumal konstante Wachstumsraten mit einer exponentiellen, also einer laufend steigenden Zunahme des BIP verbunden seien. Wirtschaftswachstum zerstöre damit aufgrund steigenden Ressourcenverbrauchs und zunehmender Umweltverschmutzung notwendigerweise die Lebensgrundlagen der Menschheit. Da Wachstum und Wohlstand sich zudem zunehmend entkopple, Wachstum sogar zunehmend zu weniger Wohlstand führe, wird eine Rücknahme von Produktion und Konsum, eine neue Kultur des Genug (Suffizienz) gefordert. Vertreter dieser Position kommen zu dem Schluss, dass lediglich eine starke Mäßigung oder gar ein gänzlicher Verzicht auf Wachstum Grundlage einer zukunftsfähigen Gesellschaft sein kann (Jackson 2011, Paech 2012).

Bestehen bis hierhin eine Reihe von Überschneidungen zu der im Anschluss dargelegten »wachstumsrealistischen« Perspektive, kommt ein sozial-rückschrittlicher Zug dann hinein, wenn aus diagnostizierten Grenzen des Wachstums der Schluss gezogen wird, dass man sich in Zukunft vieles vor allem an sozialen Leistungen wird nicht mehr leisten können (vgl. z. B. Miegel 2010). Insofern müsse die Politik mit klaren Einspar-und Kürzungsvorgaben auf die Entwicklung reagieren. Statt wirkungsloser Wachstumspolitik sei eine ambitionierte Kürzungspolitik insbesondere bei den sozialen Sicherungssystemen das Gebot der Stunde. Hinsichtlich der politischen Konsequenzen ist man so wieder nah bei der wachstumsoptimistischen Sichtweise.

c) Die wachstumsrealistische Perspektive

Die wachstumsrealistische Perspektive (vgl. u. a. Zinn 1980; Reuter 1998; Reuter 2000), betont, dass in allen entwickelten Ländern ein dekadenübergreifender Trend abnehmender Wachstumsraten zu beobachten ist. In Anknüpfung an den bedeutenden englischen Ökonomen John Maynard Keynes wird dieser Trend als ein Charakteristikum entwickelter Gesellschaften verstanden. Gleichzeitig bedeuten sinkende Wachstumsraten gerade nicht, dass – zumal bei sinkender Bevölkerung – in Zukunft weniger zu verteilen sei. Das Gegenteil sei demgegenüber der Fall. Als Grundproblem wird herausgestellt, dass die zwar sinkenden, aber immer noch positiven wirtschaftlichen Zuwächse der letzten Dekaden fast vollständig an der Mehrheit der Bevölkerung vorbei gegangen sind. Nur eine kleine Gruppe von Beziehern von Unternehmens- und Vermögenseinkommen habe profitiert. Verteilungsprobleme stehen daher hier im Vordergrund.

Gleichzeitig wird der Zusammenhang von Wachstum und Wohlstand stark hinterfragt. Andere Dimensionen des Wohlstands, die sogar im Widerspruch zum BIP-Wachstum stehen, werden thematisiert. Hierzu gehören Aspekte wie die Qualität der Erwerbsarbeit, die Bedeutung von Arbeit im nicht marktvermittelten Sektor (»solidarische Ökonomie«), die Länge von Arbeitszeit und Freizeit aber auch Fragen nach der Konsumentensouveränität und der Quantität und Qualität der Produkte. Statt unqualifizierter Wachstumsförderung steht die gezielte politische Gestaltung einer qualifizierten, ebenso nachhaltigen wie sozialen gesellschaftlichen Entwicklung im Vordergrund. Wachstum wird als Ergebnis oder Nebenfolge, nicht als Ziel, einer gewünschten Entwicklung verstanden.

Wachstumsoptimismus bestimmt nach wie vor die Politik

Trotz aller Debatten um Grenzen und Sinn des Wachstums ist die als wachstumsoptimistisch gekennzeichnete Position nach wie vor tonangebend. Aspekte der beiden anderen Perspektiven erlangen lediglich fallweise und dann äußerst selektiv Bedeutung, etwa hinsichtlich der Notwendigkeit staatlicher Einsparungen oder zu ziehender Konsequenzen aus zurückgehenden Wachstumsraten. Bislang ist es – selbst in der erwähnten Enquete-Kommission – nicht gelungen, eine Debatte über die inhaltliche Bestimmung von Wohlstand zu führen, geschweige denn Dimensionen von Wohlstand jenseits des BIP bzw. bei weiter sinkenden Wachstumsraten aufzuzeigen. Sofern überhaupt über wirtschafts- und sozialpolitische Konsequenzen auch zukünftig niedriger oder sogar weiter sinkender Wachstumsraten diskutiert wird, geschieht das in der Regel entweder mit dem Ziel, die Gesellschaft auf Verzicht – Kürzungen bei der Rente, Abbau des Sozialstaats, öffentliche Ausgabenkürzungen – einzustellen, oder eine neoliberale Politik zu propagieren, die über Privatisierung, Liberalisierung, Deregulierung wieder zu höheren Wachstumsraten führen würde. Forderungen nach verteilungspolitischen Konsequenzen sucht man im Kontext von Wachstumsdebatten nach wie vor vergebens.

Entwicklung statt Wachstum

Die Anerkennung dekadenübergreifend sinkender Wachstumsraten bei gleichzeitig zunehmenden Umwelt- und Verteilungsproblemen erfordert eine Fokussierung auf (qualitative) Entwicklung statt (quantitatives) Wachstum. Die bloße Steigerung des BIP darf kein Ziel der Wirtschaftspolitik mehr sein. Insofern wäre das eingangs erwähnte »Stabilitäts- und Wachstumsgesetz« in ein »Stabilitäts- und Entwicklungsgesetz« umzuformulieren. Sobald nicht mehr Wachstum, sondern Entwicklung das Ziel ist, ergäbe sich die Notwendigkeit die Bedingungen einer nachhaltigen und sozialen Entwicklung in einem demokratischen Prozess zu definieren (»Welche Gesellschaft wollen wir?«). Eine Rückführung der massiven Ungleichverteilung, die Reduzierung von Arbeitszeiten, die Herstellung von Vollbeschäftigung, Festlegung von Grenzen für den Ressourcenverbrauch und

CO_2-Ausstoß, aber auch die Stärkung von Effizienz (höhere Ressourcenproduktivität, Dematerialisierung), Konsistenz (Naturverträglichkeit, Qualität) und Suffizienz (Selbstbegrenzung, Maßhalten) (Huber 2000) würden ganz nach oben auf die politische Agenda rücken.

In einem zweiten Schritt müssten dann die notwendigen politischen Maßnahmen (»Leitplanken«) diskutiert und festgelegt werden, mit denen die verabredeten Ziele erreicht werden können. Im Einzelnen sind hier die Steuer- und Abgabenpolitik, die Arbeitsmarktpolitik, die öffentliche Ausgabenpolitik, aber auch die Eigentumspolitik neben gesetzlichen Ge- und Verboten angesprochen.

Eine derartige demokratische Gestaltung nicht nur unserer Gesellschaft, sondern auch unserer Wirtschaft würde zu einem neuen Wirtschaften, perspektivisch einer Wirtschaftsdemokratie, führen. Wachsende Bereiche (etwa durch zunehmenden ÖPNV) ständen schrumpfende (etwa durch sinkenden Individualverkehr) gegenüber. Ob am Ende dann per Saldo noch herkömmliches BIP-Wachstum zu verzeichnen wäre, somit die Zukunft des Wachstums, muss damit offen bleiben. Entscheidend wäre allein die Qualität der Entwicklung.

Literatur

Deutscher Bundestag (2013): Enquete-Kommission »Wachstum, Wohlstand, Lebensqualität – Wege zu nachhaltigem Wirtschaften und gesellschaftlichem Fortschritt in der Sozialen Marktwirtschaft«, Schlussbericht, Berlin (Bundestags-Drucksache 17/13300).

Huber, J. (2000): Industrielle Ökologie. Über Konsistenz, Effizienz und Suffizienz. In: Kreibich, R. / Simonis, U. E. (Hrsg.): Global Change – Globaler Wandel. Ursachenkomplexe und Lösungsansätze, Berlin, S. 107-109.

Jackson, T. (2011): Wohlstand ohne Wachstum. Leben und Wirtschaften in einer endlichen Welt (2009), München.

Jahreswirtschaftsbericht 2014 (2014). Soziale Marktwirtschaft heute – Impulse für Wachstum und Zusammenhalt, Berlin.

Meadows, D. / Meadows, D. / Zahn, E. / Milling, P. (1972): Die Grenzen des Wachstums. Bericht des Club of Rome zur Lage der Menschheit, Stuttgart.

Meadows, D. H. / Meadows, D. L. / Randers, J. (1993): Die neuen Grenzen des Wachstums (1992), Reinbek bei Hamburg.

Miegel, M. (2010): Exit. Wohlstand ohne Wachstum, Berlin.

Paech, N. (2012). Befreiung vom Überfluss. Auf dem Weg in die Postwachstumsökonomie, München.

Paqué, K.-H. (2010): Wachstum! Die Zukunft des globalen Kapitalismus, München.

Reuter, N. (2000): Ökonomik der »Langen Frist«. Zur Evolution der Wachstumsgrundlagen in Industriegesellschaften, Marburg.

Reuter, N. (2007): Wachstumseuphorie und Verteilungsrealität. Wirtschaftspolitische Leitbilder zwischen Gestern und Morgen (1998), 2. Aufl., Marburg.

Ruckriegel, K. (2012/2013). Glücksforschung. Erkenntnisse und Konsequenzen für die Zielsetzung der (Wirtschafts-)Politik, in: Jahrbuch für Nachhaltige Ökonomie, S. 129-147.

Seidl, I./Zahrnt, A. (Hrsg.) (2010): Postwachstumsgesellschaft. Konzepte für die Zukunft, Marburg.

Zinn, K.G. (1980): Die Selbstzerstörung der Wachstumsgesellschaft. Politisches Handeln im ökonomischen System, Reinbek bei Hamburg.

Kai Eicker-Wolf

Der Verfall der kommunalen Investitionen

Das Beispiel Nordrhein-Westfalen[1]

Einleitung

Die Finanzlage ist trotz einigermaßen gut laufender Konjunktur vielerorts angespannt. Dies gilt für viele Kommunen in Nordrhein-Westfalen (NRW): Die Pro-Kopf-Verschuldung mit Kassenkrediten liegt weit über dem Durchschnitt aller Bundesländer. In den vergangenen gut 20 Jahren übertrafen meist die Ausgaben die Einnahmen. Diese Entwicklung hatte allerdings nicht mit einer übermäßig expansiven Ausgabenpolitik zu tun – ganz im Gegenteil: Gemessen an der Entwicklung der Wirtschaftsleistung sind die kommunalen Ausgaben im Trend gefallen.[2]

Die Ursache für die schlechte finanzielle Situation der Kommunen ist folglich auch nicht auf der Ausgaben-, sondern auf der Einnah-

---

1 So findet etwa im Sommer 2014 die »Fourth International Conference on Degrowth for Ecological Sustainability and Social Equity« in Deutschland statt. Bereits Ende 2010 wurde vom Deutsche Bundestag eine Enquete-Kommission mit dem Titel »Wachstum, Wohlstand, Lebensqualität« eingesetzt, die den Zusammenhang von Wachstum und Wohlstand systematisch untersuchen sollte. Die Kommission tagte von Januar 2011 bis April 2013. Die vielen und umfassenden Sondervoten im Abschlussbericht spiegeln große Meinungsunterschiede innerhalb der Kommission zum Thema Wachstum und Wohlstand wider (Deutscher Bundestag 2013).

2 Für wertvolle Hinweise und umfangreiche Korrekturvorschläge danke ich Sylvia Kampa.

menseite zu suchen: Infolge von steuerreformbedingten Einnahmenausfällen ist die gesamte öffentliche Hand in Deutschland strukturell unterfinanziert.[3] Auf der kommunalen Ebene in Nordrhein-Westfalen sieht es dabei besonders schlecht aus – dies soll am Beispiel der kommunalen Investitionen gezeigt werden.

Die Entwicklung der kommunalen Investitionen 1992–2012

Den Gemeinden sind bei der (langfristigen) Kreditaufnahme sehr enge haushaltsrechtliche Grenzen gesetzt. Im Falle von finanziellen Engpässen schränken die Kommunen ihre Investitionstätigkeit ein. Da diese Ausgabenkategorie im Gegensatz zu anderen Bereichen vergleichsweise flexibel erhöht und gesenkt werden kann, können die Kommunen hierüber frei entscheiden (vgl. Zimmermann 2009: 84f.). Im starken Rückgang der kommunalen Investitionen seit Anfang der 1990er Jahre kommt daher die prekäre finanzielle Situation der Kommunen zum Ausdruck. Dieser Rückgang ist in Deutschland insgesamt und ganz besonders drastisch in Nordrhein-Westfalen zu beobachten (Abb. 1 und 2).

Wie stark der Rückgang der öffentlichen Investitionen auf der Gebietskörperschaftsebene der Gemeinden ausfällt, wird deutlich, wenn die Investitionsquote – also das Verhältnis von öffentlichen Investitionen und BIP – betrachtet wird (Abbildung 16 und 18). In Nordrhein-Westfalen beträgt die Investitionsquote seit dem Jahr 2008 sogar nur noch rund ein Drittel des Wertes aus dem Jahr 1992. Zwar ging die wirtschaftliche Belebung nach der langen Stagnationsphase 2001–2005 mit einer moderaten Erholung der öffentlichen Investitionstätigkeit einher, dies hat aber zu keinem Anstieg der Investitionsquote geführt. Erst mit der Steigerung der kommunalen Investitionen durch die entsprechenden Bundeszuweisungen im Rahmen des Konjunkturpakets II in Verbindung mit dem Rückgang des BIP im Jahr 2009 ist eine leichte Steigerung der Investitionsquote auszumachen.[4] Aber selbst diese Maßnahmen waren nicht geeignet, die Investitionen

---

3   Vgl. dazu ausführlich Eicker-Wolf/Truger (2013).

4   Vgl. dazu ausführlich meinen anderen Beitrag in diesem Buch.

Abb. 1: Die Sachinvestitionen der Kommunen deutschen Kommunen 1992–2012*

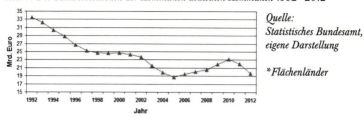

Quelle:
Statistisches Bundesamt,
eigene Darstellung

*Flächenländer

Abb. 2: Die Sachinvestitionen der in NRW 1992–2012

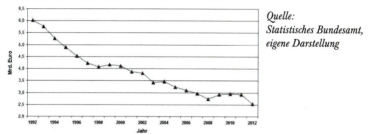

Quelle:
Statistisches Bundesamt,
eigene Darstellung

Abb. 3: Die kommunale Investitionsquote in Deutschland 1992–2012*

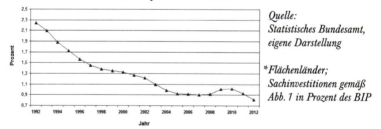

Quelle:
Statistisches Bundesamt,
eigene Darstellung

*Flächenländer;
Sachinvestitionen gemäß
Abb. 1 in Prozent des BIP

Abbildung 4: Die kommunale Investitionsquote in NRW 1994–2012*

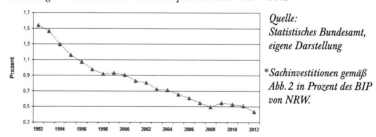

Quelle:
Statistisches Bundesamt,
eigene Darstellung

*Sachinvestitionen gemäß
Abb. 2 in Prozent des BIP
von NRW.

Abb. 5: Die Sachinvestitionen pro Kopf im Bundesländervergleich 2012*

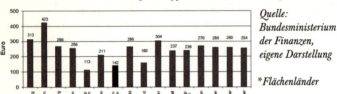

Quelle: Bundesministerium der Finanzen, eigene Darstellung

*Flächenländer

oder gar die kommunale Investitionsquote in Deutschland auch nur annähernd auf das Niveau des Jahres 1994 zu bringen – in Nordrhein-Westfalen fiel der Anstieg der Investitionsquote extrem gering aus. Außerdem haben sowohl das nominale Volumen der Investitionen als auch die Investitionsquote in Nordrhein-Westfalen im vergangenen Jahr neue Negativ-Rekordwerte erreicht.

Wie dramatisch schlecht Nordrhein-Westfalen bei den kommunalen Investitionen abschneidet, verdeutlicht der Pro-Kopf-Wert der Investitionen im Bundesländervergleich (vgl. Abbildung 5): Nordrhein-Westfalen investiert aktuell kaum mehr als die Hälfte des Durchschnittswertes der Flächenländer.

Die Folgen zu geringer kommunaler Investitionen

Die kommunalen Investitionen sind volkswirtschaftlich von hoher Bedeutung, weil ihr Anteil an den gesamten öffentlichen Investitionen über 50 Prozent beträgt. Im Jahr 2012 hat die deutsche staatliche Investitionsquote mit nur 1,5 Prozent des BIP einen sehr niedrigen Wert aufgewiesen – der Euroraum- und der EU-Durchschnitt (inklusive Deutschland) lag bei immerhin 2,1 Prozent bzw. 2,3 Prozent Anteil am BIP.[5]

Reidenbach et al. (2008: 80 ff.) machen auf vier verschiedene negative Konsequenzen einer zu geringen kommunalen Investitionstätigkeit aufmerksam:

---

5 Zu den ergriffenen antizyklischen Maßnahmen im Rahmen der Weltwirtschaftskrise vgl. Eicker-Wolf u. a. (2009).

- Die staatliche Bereitstellung der öffentlichen Infrastruktur ist eine wesentliche Voraussetzung für private Wirtschaftsaktivitäten und damit auch für Innovationen und gesamtwirtschaftliche Produktivitätssteigerungen. Aus Sicht der Unternehmen weist die öffentliche Infrastruktur eine Vorleistungs- bzw. Komplementärfunktion auf. Das unternehmerische Produktionspotenzial wird durch sie erhöht und die Produktionskosten gesenkt. Zu geringe staatliche Investitionen haben langfristig negative Auswirkungen auf das Wirtschaftswachstum.
- Werden kommunale Verkehrswege aufgrund von Einsparungen nicht gepflegt oder ausgebaut, können für die Verkehrsteilnehmer nicht nur Schäden an Leib und Gut entstehen. Straßenschäden und Staus verursachen beispielsweise eine Schadenspalette, die von höheren Zeit- und Betriebskosten für Fahrzeuge bis hin zu schweren Personen- und Sachschäden bei Unfällen reicht.
- Sind Gebäude von Schulen oder Kindertageseinrichtungen in einem schlechten Zustand, hat das einen negativen Einfluss auf die Lernleistung der Kinder und die Effektivität der Lehrkräfte. Aber auch der Zuschnitt von Klassenräumen, der Lärmpegel, die Raumtemperatur, die Beleuchtung und die Akustik sind hierfür wichtige Faktoren. Wird hier bei der Instandhaltung oder Sanierung gespart, geht das unmittelbar zu Lasten des Bildungserfolgs.
- Unterlassene Investitionen in die kommunale Infrastruktur können gravierende Umweltprobleme und damit Kosten hervorrufen. Ein wichtiges Beispiel ist die Abwasserkanalisation, bei der undichte Leitungssysteme etwa zur Verunreinigung des Grundwassers führen können. Grundwassersanierungen sind extrem kostenintensiv. Aber auch eindringendes Fremdwasser in die Kanalisation kann Probleme verursachen, und so beispielsweise die Qualität der Reinigungsleistung von Klärwerken herabsetzen.

Bedacht werden muss außerdem, dass gerade mit Blick auf die zwischenzeitliche Unterlassung von Ersatzinvestitionen – das heißt, wenn beispielsweise Schäden bei Straßen nicht rechtzeitig beseitigt werden – die Kosten im Laufe der Zeit progressiv steigen (vgl. ebd.: 76 ff.).

Schlussfolgerungen

Nach Berechnungen von Rietzler (2014) übertreffen auf der kommunalen Ebene die Abschreibungen die Investitionen: Die Nettoinvestitionen fallen seit dem Jahr 2003 negativ aus, das heißt, es hat ein Substanzverzehr in Höhe von 42 Milliarden Euro stattgefunden. Diese Entwicklung ist – neben dem Anstieg der Kassenkredite (vgl. Eicker-Wolf/Truger 2013: 15 ff.) und der unterdurchschnittlichen Einkommensentwicklung im öffentlichen Dienst (vgl. Herzog-Stein u. a. 2013) – ein klarer Beleg für die strukturelle Unterfinanzierung der Kommunen in Deutschland insgesamt. Verantwortlich dafür sind Steuersenkungen seit der Jahrtausendwende, die auch in Nordrhein-Westfalen sowohl auf der Landes- als auch auf der Gemeindeebene erhebliche Einnahmeausfälle verursacht haben (vgl. Eicker-Wolf/Truger 2013: 27 ff.). Wer diese Entwicklung stoppen will, kommt an einer Steuerpolitik nicht vorbei, die reiche Haushalte und Unternehmen in die solidarische Verantwortung nimmt und stärker zur Kasse bittet.[6]

Literatur

Eicker-Wolf, Kai/Niechoj, Torsten/Truger, Achim (2009): Vom unerwarteten Aufschwung in den Sog der Weltrezession, in: Eicker-Wolf, Kai u. a. (Hg.): In gemeinsamer Verantwortung. Die Sozial- und Wirtschaftspolitik der Großen Koalition 2005–2009, Marburg.

Eicker-Wolf, Kai/Truger, Achim (2013): Kommunalfinanzbericht 2013. Perspektiven der Kommunalfinanzen in Nordrhein-Westfalen. Anforderungen an die Bundes- und Landespolitik. Studie im Auftrag von ver.di NRW, Fachbereich Gemeinden, Düsseldorf.

Herzog-Stein, Alexander/Joebges, Heike/Stein, Ulrich/Zwiener, Rudolf (2013): Arbeitskostenentwicklung und internationale Wettbewerbsfähigkeit in Europa, IMK Report 88, Dezember 2013.

Reidenbach, Michael/Bracher, Tilman/Grabow, Busso/Schneider, Stefan/Seidel-Schulze, Antje (2008): Investitionsrückstand und Investitionsbedarf der Kommunen, Berlin.

Rietzler, Katja (2014): Kommunen: Elf Jahre Substanzverlust, in: Böckler impuls 5-2014.

Zimmermann, Horst (2009): Kommunalfinanzen, 2. Auflage, Berlin.

ver.di (2014): ver.di Konzept Steuergerechtigkeit, Wirtschaftspolitische Informationen Nr. 1, Januar 2014.

---

6   Vgl. dazu meinen Beitrag zur Schuldenbremse in diesem Buch.

WILHELM ADAMY

Zehn Jahre Hartz IV – Kein Grund zum Feiern

Mit den Hartz-Gesetzen wurde die größte »Sozialreform der Nachkriegsgeschichte« und mit Hartz IV ein grundlegender Systemwechsel eingeleitet mit weitreichenden Folgen für die Betroffenen und Sozialstaat, für Arbeitsmarkt und Gesellschaft.

Kurskorrektur in der Arbeitsförderungs- und Sozialhilfepolitik
Die Ziele von Hartz IV waren hochgesteckt und sollten eine ganzheitliche Betreuung und bessere Kombination von Arbeitsförderung und sozialen Hilfen eröffnen und eine Leistung aus einer Hand sicherstellen. Zugleich wurde den vormaligen Sozialhilfeempfängern ein besserer Zugang zu aktiven arbeitsmarktpolitischen Hilfen und zunächst auch ein besserer Sozialversicherungsschutz eröffnet.

Der Systemwechsel zeigt sich aber auch daran, dass das Fordern und eine auch nur kurzfristige Eingliederung Vorrang erhielten vor der Förderung. Eigenverantwortliches Handeln wurde stärker betont und bei der Eingliederung vorrangig auf individuelle Verhaltensänderungen gesetzt und mit verstärktem Druck verknüpft. So wurden die Sanktionsmöglichkeiten und der Zwang zur Annahme ungünstiger und schlechter bezahlter Jobs bis an die Grenze der Sittenwidrigkeit und über die Regelungen der vormaligen Sozialhilfe hinaus erhöht. Verstärkt wurde dies durch die Abschaffung der Arbeitslosenhilfe und die Einführung eines an der Sozialhilfe orientierten Fürsorgesystems für die Mehrzahl der Arbeitslosen.

Die Überhöhung der gesetzlichen Ziele und die weitgehend technische und institutionell begründete Kurskorrektur überdeckt die vielfältigen Zielkonflikte und Spannungen, die in das neue Hartz-IV-System hineingetragen wurden und zur Ausweitung von Armut unter Arbeitslosen und prekärer Beschäftigung beigetragen hat.

Entwicklung der Hartz-IV-Bedürftigkeit
Die Zahl der auf Hartz IV angewiesenen Arbeitslosen stieg zunächst auf einen Höchststand in 2006 und hat sich seitdem um etwa 2 Millionen arbeitslose Hilfeempfänger verringert. Doch die Gewichte haben sich nahezu kontinuierlich zu Lasten der Arbeitslosenversicherung verschoben; rund zwei Drittel des Arbeitslosenbestandes waren Anfang 2014 auf Hartz IV angewiesen.

Doch längst nicht alle Hartz-IV-Empfänger sind arbeitslos, sondern ein weit größerer Teil der HilfeempfängerInnen zählt offiziell nicht als arbeitslos – Tendenz steigend. Auf jeden Arbeitslosen im Hartz-IV-System kommen noch einmal 1,4 Personen im erwerbsfähigen Alter, die nicht als Arbeitslose zählen. Kontinuierlich steigt z. B. die Zahl der erwerbstätigen Armen, die von ihrer Arbeit nicht einmal das gesellschaftliche Existenzminimum sicherstellen können. Allein 580.000 Personen üben einen sozialversicherten Job aus, können davon allein aber keinesfalls leben. Mit rund 3,9 Milliarden Euro an Steuermitteln müssen allein nicht existenzsichernde Löhne im Jahr subventioniert werden. Auffallend ist ebenso, dass sich – trotz Rückgangs der offiziellen Arbeitslosenzahlen – der Umschlag im Hartz-IV-System eher erhöht hat. Die Dynamik bei den Zu- und Abgängen ist außerordentlich hoch. Im Schnitt schlägt sich der Bestand an arbeitslosen Hilfeempfängern innerhalb eines Jahres gut zweimal um.

Unter Einbeziehung der Kinder leben nach wie vor mehr als sechs Millionen Menschen von Hartz IV. Dies waren auch Anfang 2014 noch 9,6% der Bevölkerung unter 65 Jahren. Besonders hoch ist das Verarmungsrisiko bei Alleinerziehenden sowie Paaren mit mehreren Kindern. Insgesamt leben 15,5 Prozent der Kinder unter 15 Jahren von Hartz IV und damit im Hinterhof unserer Wohlstandsgesellschaft.

Entwicklung von Langzeitbezug

Sowohl vor wie auch nach Hartz IV ist die Langzeitarbeitslosigkeit in Deutschland im internationalen Vergleich überdurchschnittlich hoch. Doch die Verhärtung im Hartz-IV-Bezug geht weit über die Langzeitarbeitslosigkeit hinaus. Denn die Zahl der Menschen, die Hilfebedürftigkeit mittelfristig nicht überwinden können, ist etwa drei- bis viermal höher als die Zahl der Langzeitarbeitslosen in diesem Sicherungssystem. In 2013 mussten immer noch 3,1 Millionen Hilfeempfänger/innen gezählt werden, die in den letzten zwei Jahren mindestens 21 Monate sozialhilfeorientierte Leistungen erhalten haben. Dies waren gut 70 Prozent aller erwerbsfähigen Hilfeempfänger/innen. Ihr Anteil ist in den letzten Jahren eher noch gestiegen.

Berücksichtigt man noch längere Armutsphasen, dann zeigt sich, dass rund die Hälfte aller Hartz-IV-Beziehenden bereits vier Jahre in diesem System unterstützt werden müssen. Auch zehn Jahre nach Errichtung des Systems ist die Verhärtung bei Armutsrisiken massiv. Die betroffenen Menschen sind längst nicht immer »am Stück« arbeitslos, sondern waren gestern vielleicht als erwerbstätige Arme bei einem Verleiher beschäftigt, üben heute einen Ein-Euro-Job aus, nehmen morgen an einer anderen Fördermaßnahme teil oder können und müssen sich z. B. als Alleinerziehende vorübergehend der Erziehung kleiner Kinder widmen. Trotz vielfältiger und unterschiedlicher Aktivitäten können sie Armut aber längerfristig nicht immer überwinden. Dies geht mit der Ausbreitung von Erwerbsbiografien in gesellschaftlichen Randzonen einher. Die Betroffenen drohen in einen Prekariatskreislauf zu geraten und teils gefangen zu werden mit stetigem Wechsel zwischen randständiger Beschäftigung, Arbeitslosigkeit und (kurzfristiger) arbeitsmarktpolitischer Förderung. Doch der Einstieg in stabile Beschäftigung oder der Sprung über die Armutsschwelle gelingt nur relativ selten.

Doch über die Veränderungen in der Arbeitswelt haben auch die sozialen und gesellschaftlichen Veränderungen – wie der Familienstrukturen – zweifelsohne zur Verhärtung von Armutslagen beigetragen. Dies gilt aber ebenso für das Hartz-IV-System selbst, da hier Fordern meist groß und Fördern eher klein geschrieben werden. So sind die Förderchancen in diesem System noch ungünstiger als im Versicherungssystem und wurden die Fördermittel hier weit über den Rückgang der Arbeitslosen gekürzt. Zudem fehlt es an gesetzlichen Regelungen zur nachhaltigen und möglichst stabilen Integration sowie zur meist notwendigen nachgehenden Betreuung bei gelungener – vorübergehender – Eingliederung. Entgegen dem hohen Anspruch konnte die versprochene ganzheitliche Betreuung bisher meist noch nicht sichergestellt werden. Die oftmals erforderlichen sozialen Integrationshilfen der Kommunen z. B. sind nur freiwillig und stehen nicht bedarfsdeckend zur Verfügung. Je nachdem wo man wohnt, muss man beispielsweise sechs bis neun Monate warten, bis man Chancen auf Schuldnerberatung hat, oftmals wird der Bedarf an Schuldner- oder Suchtberatung aber nicht einmal erkannt. Zudem gibt es vielfältige Schnittstellen und geteilte Zuständigkeiten, die ein schnelles und unbürokratisches Vorgehen enorm erschweren. Schwerbehinderte Menschen werden denn auch heute weniger stark gefördert als noch vor Hartz IV.

Rückwirkungen auf dem Arbeitsmarkt
Aus Sicht der Betriebe hat Hartz IV die Zugeständnisse von Arbeitslosen erhöht; schlechter entlohnte Jobs und ungünstigere Arbeitsbedingungen werden eher akzeptiert. Dies hat zur Ausbreitung des Niedriglohnsektors beigetragen. Der Niedriglohnsektor wird jedoch schnell zu einer beruflichen Sackgasse. Etwas mehr als ein Viertel aller Hilfeempfänger/innen, die ihren Leistungsbezug durch Erwerbsarbeit (vorübergehend) beenden konnten, arbeiten unterhalb ihres Qualifikationsniveaus. Mit der hohen Zahl erwerbstätiger Armer erhalten staatliche Hartz-IV-Leistungen zur Aufstockung nicht existenzsichernder Löhnen schnell eine neue Qualität. Kombilohn-Modelle gewannen an Gewicht, die trotz Mitnahme- und Verdrängungseffekten von marktorientierten Kräften eher als beschäftigungspolitischer Erfolg angesehen werden.

Negative Rückwirkungen ergeben sich ebenso aus dem verstärkten Einsatz von Ein-Euro-Jobs. Reguläre Arbeiten werden hier relativ oft verdrängt, die sonst von privaten Unternehmen ausgeführt würden. Für die betroffenen Arbeitslosen hingegen verbessern sich die Eingliederungschancen meist nicht nachhaltig.

Reformbedarf

Das Hartz-IV-System ist äußerst komplex und schnell überfordert, da immerhin fast 10 Prozent der Bevölkerung unter 65 Jahren auf existenzminimalem Niveau abgesichert und deren Integration gefördert werden soll und dies durch ein unübersichtliches Steuerungssystem noch erschwert wird. Die mehr als 20 Millionen individuellen Leistungsbescheide zeigen dies exemplarisch.

Ein sozialstaatlicher Umbau muss daher auf unterschiedlichen Ebenen ansetzen. Hier nur einige Stichworte:

- Hartz IV muss entlastet und die Arbeitslosenversicherung wieder ausgebaut werden. So sollten befristete Beschäftigte einen besseren Zugang zur Arbeitslosenversicherung erhalten und über ein Mindest-Arbeitslosengeld die Zahl jener reduziert werden, die nach Job-Verlust unmittelbar auf staatliche Fürsorge abrutschen. Sozialversichert Beschäftigte mit aufstockendem Hartz IV sollten gleichfalls von der Arbeitslosenversicherung betreut werden. Unverzichtbar sind aber auch verfassungskonforme Regelungen zum sozialen Existenzminimum.
- Das Zwei-Klassen-System mit vielfältigen Schnittstellen muss reduziert werden. Bisher kann eine Gleichbehandlung von Erwerbslosen je nach Region oftmals nicht sichergestellt werden; Jugendliche werden bei der Suche nach einem Ausbildungsplatz vom Gesetz z. B. unterschiedlichen Systemen zugeordnet – in Abhängigkeit vom Einkommen der Eltern. Dies gilt ähnlich für die berufliche Rehabilitation behinderter Menschen, die durch die Trennung in unterschiedliche Rechtskreise äußerst unübersichtlich geworden ist. Sowohl die Ausbildungsvermittlung wie die berufliche Reha sollten daher bei der Arbeitslosenversicherung zusammengefasst werden. Notwendig ist ebenso ein Rechtsanspruch auf soziale Integrationshilfen (wie Kinderbetreuung oder Schuldnerberatung).
- Die Arbeitsförderung muss ausgebaut werden. So sollte die Dominanz des »Forderns« zugunsten des Förderns korrigiert und Rechte für die Betroffenen auf Förderung ausgebaut werden. Die Verpflichtung zur möglichst nachhaltigen und existenzsichernden Integration ist notwendig und eine gesetzliche Gleichbehandlung muss sicher-

gestellt werden, egal von welchem System man betreut wird. Ebenso notwendig sind sozialstaatliche Zumutbarkeitsregelungen, die keine Sanktionen bei nicht existenzsichernder Arbeit vorsehen.

- Arbeitsförderung sollte eine »neue Ordnung auf dem Arbeitsmarkt« unterstützen. Prekäre Beschäftigung muss zurückgedrängt und flächendeckende Mindestlöhne nicht unter 8,50 Euro die Stunde sichergestellt werden. Um Armut von Erwerbstätigen mit Kindern wirksamer bekämpfen zu können, sollte ergänzend zum Mindestlohn der Kinderzuschlag sowie das Wohngeld für Geringverdiener ausgebaut werden. Notwendig sind zudem soziale Standards in der Arbeitswelt, die der Leiharbeit wie den Werkverträgen sozialstaatliche Grenzen setzen und Scheinselbstständigkeit wirksam bekämpfen.

Schlussbemerkungen

Hartz IV wurde nicht nur schlecht gemacht, sondern hat zentrale Eckpfeiler und die Grundarchitektur des bundesdeutschen Sozialsystems massiv verschoben. Das gesetzliche Räderwerk ist äußerst kompliziert und die einzelnen Elemente so wenig aufeinander abgestimmt, dass es häufig knirscht im Gebälk. Die Diskrepanz von gesetzlichem Anspruch und Wirklichkeit ist nicht zu übersehen. Vielfältige Stellschrauben verhindern vielfach eine optimale Betreuung; die Beschäftigten im Hartz-IV-System müssen eine äußerst schwere Arbeit verrichten und meist die Suppe auslöffeln, die Politik und Gesetzgeber angerührt haben. So musste der Bundesrechnungshof bereits feststellen: »Die jetzigen Schnittstellen zwischen verschiedenen Trägern im Verwaltungsvollzug und bei der Aufsicht erfordern fehleranfällige Abstimmungsprozesse und schaffen Einfallstore für unwirtschaftliches, rechtswidriges und bundesweit uneinheitliches Verwaltungshandeln.« (Bericht des Bundesrechnungshofes an den Haushaltsausschuss des Deutschen Bundestages, 29.04.2008, S. 7)

Doch dies verschweigen die Befürworter des Systems allzu gerne. Läuft etwas schief im System, wird der schwarze Peter zu gerne von einer Institution an die andere weitergegeben oder auf Akteure innerhalb des Hartz-IV-Systems reduziert. Doch dieses System ist und bleibt die Achillesferse der deutschen Arbeitsmarkt- wie Sozialhilfepolitik.

Was Not tut, sind an der Praxis orientierte Lösungsansätze, die eine sozialstaatliche Weiterentwicklung eröffnen. Der DGB hält eine Debatte um eine neue soziale Grundausrichtung der Arbeitsförderung für notwendig, die der Spaltung der arbeitsmarktpolitischen Institutionen entgegenwirkt und den Blick auf den einheitlichen Arbeitsmarkt schärft.

Markus Henn

Spekulation mit Nahrungsmitteln

Terminhandel und Spekulation
Agrarrohstoffe werden nicht nur zum direkten Tausch physisch gehandelt, sondern auch in die Zukunft hinein, also ohne dass gleich Ware ausgetauscht wird. Dies sind im einfachsten Fall Verträge mit einem zukünftigen Lieferzeitpunkt. Diese können im Hinblick vor allem auf die Menge und die Laufzeit standardisiert und an Börsen gehandelt werden, man spricht dann von Futures. Solche Futures sollen es den landwirtschaftlichen Akteuren ermöglichen, sich gegen Preisschwankungen abzusichern.

Auf verschiedene Weise wird eine Teilnahme am Terminhandel auch für Händler möglich, die keine Agrargüter produzieren, verarbeiten oder zwischenlagern. Zum einen geht dies durch die standardisierten Verträge. Ein Spekulant kann dadurch nämlich vor dem Auslaufen eines Futures einen zweiten erwerben, der den ersten gleichsam aufhebt. Hat er zum Beispiel einen Future, der ihn theoretisch zum Kauf der Ware berechtigt (»long«), erwirbt er später einen Future auf der Verkaufsseite (»short«) über die gleiche Menge. Zum anderen gibt es Futures, die von vorneherein nie zur Auslieferung gedacht sind. Hier wird am Ende der Laufzeit einfach die Differenz zwischen dem Futures-Preis und einem Referenzpreis aus dem physischen Markt berechnet und auf Börsenkonten gutgeschrieben. Auf diesen beiden Wegen können sich Spekulanten praktisch unbegrenzt am Handel beteiligen.

Der moderne Terminhandel ist in den USA am weitesten entwickelt, wo sich in Chicago auch heute noch die auch wichtigste Agrarterminbörse der Welt befindet. Doch er gewinnt aufgrund der Liberalisierung der Agrarpolitik in Europa an Bedeutung. Bei Weizen, Mais und Raps ist es vor allem die Terminbörse in Paris, in London wird schon lange viel Zucker, Kakao und Kaffee gehandelt. In Frankfurt steht mit der Eurex eine Warenterminbörse, auch wenn diese sehr klein ist. Auch in vielen Schwellenländern wachsen die Börsen.

Die Banken übernehmen die Terminmärkte
Wer genau an Warenterminbörsen spekuliert, lässt sich nicht allgemein sagen, da jede Börse unterschiedliche Regeln hat. An den US-Börsen war die Spekulation jedenfalls lange Zeit beschränkt auf spezialisierte Zwischenhändler, die dann auch nur einen kleinen Teil des Handels ausmachten. Dagegen war die Beteiligung von reinen Finanzakteuren wie Banken und Fonds kaum oder gar nicht der Fall. Dies lag auch an gesetzlichen Grenzen, doch diese wurden in den USA seit dem Jahr 2000 aufgehoben oder stark gelockert. Zugleich wurden den Anlegerinnen und Anlegern von der Wissenschaft und der Finanzwirtschaft Gewinne durch Rohstoffinvestments versprochen. Damit strömten insbesondere seit 2005 Finanzspekulanten in großer Zahl auf den Markt.

Besonders wuchsen Indexfonds, die einer Art Kaufempfehlung mit verschiedenen Rohstoff-Futures (Index) folgen. In diese wird vor allem von Großanlegern wie Pensions- und Versicherungsfonds investiert, aber sie werden auch als börsengehandelte Fonds an Privatleute verkauft. Ähnlich sammeln auch Rohstoff-Zertifikate Geld ein. Rohstoff-Finanzprodukte waren zur Jahrtausendwende unbedeutend, bis Frühjahr 2011 wuchs ihr Volumen aber auf geschätzte 450 Milliarden US-Dollar an, ist seitdem aber wieder leicht gefallen.

Das in den Fonds und Zertifikaten gesammelte Geld wird von den Banken und anderen Anbietern nicht einfach liegen gelassen. Bei einigen Fonds ist klar festgelegt, dass sie den Index mit Futures nachbilden, also diese kaufen müssen. Andere sind zwar nicht verpflichtet dazu, aber auch hier landet das Geld letztlich meist in Futures. Dabei halten die Fonds aus handelstechnischen Gründen fast immer Kaufpositionen (»long«), das heißt sie profitieren auch davon, wenn die Preise besonders stark steigen.

Durch die verstärkte Aktivität der Spekulanten vervielfachte sich an den US-Terminbörsen in wenigen Jahren sowohl der jährliche Umsatz als auch die Zahl der Terminverträge, die am Ende eines Handelstags ausstehen. Das Verhältnis von US-Weizen-Futures zur physischen US-Weizenproduktion stieg 2011 auf das 73-fache, zugleich wurden Finanzspekulanten die dominierende Händlergruppe. Neben den Indexfonds waren das Hedge Fonds. Diese wenig regulierten Fonds spekulieren auf steigende und fallende Preise. Sie handeln auch immer mehr mit Computerprogrammen, teils in so extremer Geschwindigkeit, dass man von Hochfrequenzhandel spricht. Dabei werden im Millisekundentakt Positionen eingegangen und wieder aufgelöst oder sogar nur Aufträge erteilt und sofort wieder storniert.

Verändert Spekulation die Terminmärkte?
Vor allem das viele neue Geld der Indexfonds und Hedge Fonds an den Terminbörsen stellt ein Übermaß an Spekulation dar. Diese exzessive Spekulation stört die Funktionsweise der Börsen und verzerrt die Preise.

Manchmal wird behauptet, dass Spekulation überhaupt keine Wirkung auf die Terminmärkte haben könne, solange sie nicht auch physische Lagermengen kontrolliert. Dabei ist die Rede von einem »Nullsummenspiel«, weil jeder Spekulant den jeweiligen »long«- oder »short«-Partner für einen Future finden muss und zugleich Futures unbegrenzt geschaffen werden können – sie sind ja letztlich nur Zahlen auf einem Börsenkonto. Doch auch der Handel mit Futures ist ein Handel wie jeder andere, und wenn viele Spekulanten bereit sind, eher Kaufpositionen oder eher Verkaufpositionen einzugehen, beeinflusst dies den Preis. Ann Berg, früher Weizenhändlerin und Direktorin an der Chicagoer Börse, schrieb dem Verfasser einmal dazu: »We used to have a saying when someone asked ›Why did the price go up?‹ and it was ›More buyers than sellers.‹«

Empirisch den Einfluss von spekulativen (Index-)Positionen und Preisen nachzuweisen, wurde in den letzten Jahren in vielen wissenschaftlichen Studien versucht. Dabei findet eine beachtliche Zahl Studien keine oder keine klaren Belege für den Einfluss von Spekulation, allerdings gibt es auch eine ähnlich große Zahl an Studien, die schon auf Probleme hindeuten. Das Problem mit all diesen Studien ist jedoch eine schwache Datengrundlage. Zugleich ist nicht sicher, ob die verwendeten Verfahren überhaupt sinnvolle Aussagen treffen können, zum Beispiel weil sie nur Prozesse analysieren können, die regelmäßig ablaufen.

Einige Studien haben deshalb versucht, sich ganz bestimmte Phasen der Aktivität von Indexfonds anzusehen, die eindeutig nichts mit neuen Informationen über die jeweiligen Agrargüter zu tun haben, sondern mit der technischen Funktionsweise der Fonds. Diese Studien finden klare Preiseffekte. Insgesamt sprechen durchaus viele Gründe nicht nur für einen allgemeinen Einfluss der Spekulation auf die Preise, sondern auch für einen teilweise negativen Einfluss.

Schlagen Terminpreise auf die Preise an den physischen Märkten durch?

Nun ist die Frage, ob verzerrte Preise an den Terminmärkten sich auch auf die physischen Märkte auswirken. Es gibt viele Belege dafür, dass die Spekulation an Terminmärkten auf die physischen Märkte durchschlägt. Schon die Standardlehrbücher zu Futures heben die Preisfindungsfunktion der Terminmärkte für die physischen Märkte stets hervor. Die Übertragung läuft jedenfalls über Lagerhaltung. Ob die Lagerhaltung überhaupt steigt, ist zwar wegen mangelhafter Daten ohnehin kaum nachzuprüfen. Es ist aber davon auszugehen, dass die physischen Händler ihren Profit über Lagerhaltung maximieren.

Doch auch ohne Lagerhaltung kann es zu Effekten kommen. Wenn zum Beispiel viele physische Händler oder auch Lieferverträge sich direkt an den Futures orientieren, könnte es eine direkte Übertragung der Preise geben. Darauf deutet eine neue Studie hin, die im Auftrag des Landwirtschaftsministeriums erstellt wurde. Jedenfalls hängen die Terminpreise und die physischen eng zusammen und zeitlich bewegen sich die ersteren für die wichtigsten Agrargüter voraus.

Ein Indiz für eine verzerrende Wirkung der Spekulation ist auch, dass durch die massive Finanzspekulation die Rohstoffpreise viel stärker miteinander und mit Aktienpreisen verknüpft sind als früher. Eine besonders starke Verknüpfung zeigt sich für Rohstoffe, die stark in Indexfonds gehandelt werden.

Die Folgen von Preisspitzen, besonders im globalen Süden
Preisspitzen in den letzten Jahren – vor allem um 2008 und 2011 – führten in den US-Terminmärkten zu Problemen, auch und gerade für diejenigen, die sich dort eigentlich absichern wollten. Wirklich dramatisch waren und sind diese Spitzen aber für die vielen Millionen Menschen, die sich dadurch nicht mehr genug Nahrung leisten konnten. Länder des globalen Südens sind besonders negativ betroffen, denn viele müssen Nahrungsmittel am Weltmarkt einkaufen. Gleichzeitig geben dort die meisten Haushalte einen viel größeren Teil ihres Einkommens für Nahrungsmittel aus als in Industriestaaten. Und die Preiserhöhungen kommen häufig nicht einmal als Mehreinnahme bei der Masse der Kleinbauern und Kleinbäuerinnen an, sondern die Gewinne bleiben eher im Zwischenhandel hängen.

Natürlich spielten für die Preisblasen verschiedene andere Gründe aus den physischen Märkten wie Ernteausfälle eine Rolle. Manche meinen, man könne mit diesen sogar die komplette Preisentwicklung erklären. Doch bei genauerem Hinsehen sind diese Gründe doch begrenzt in ihrer Erklärungskraft. So wird immer verwiesen auf schwache Ernten 2006/2007 und 2010 und entsprechend niedrige Lagerstände. Doch gab es zum Beispiel bei Weizen auch schon um 2004 niedrige Lagerbestände, ohne dass die Preise explodiert wären. Umgekehrt waren die Lager 2010 wieder deutlich besser und dennoch konnte ein vergleichsweise geringer Ernteausfall den Preis extrem in die Höhe treiben.

Auch die Faktoren auf der Nachfrageseite haben nur bedingte Erklärungskraft. Die steigende Nachfrage aus Schwellen- und Entwicklungsländern kann zwar von Bedeutung sein, aber sie steigt schon seit Jahrzehnten, ohne dass es lange Zeit zu Preisanstiegen gekommen wäre. Das liegt wohl zum Teil auch daran, dass Länder wie China oder Indien sich bis heute bei wichtigen Agrargütern im Wesentlichen selbst versorgen und keineswegs den Weltmarkt leer kaufen. Die

Produktion von Agrosprit dürfte von Bedeutung sein beim Mais, der in den USA inzwischen fast zur Hälfte dafür verbraucht wird, aber auch hier differieren die Schätzungen über das genaue Ausmaß der Preiswirkung.

Reformen nötig

Um die schädliche Wirkung von Spekulation zu beseitigen, braucht es eine Regulierung des Terminhandels. Der Handel von Finanzspekulanten sollte über regulierte Börsen erfolgen. Ihr Anteil sollte über Positionslimits, also Grenzen für die zulässige Zahl an Futures pro Händler, beschränkt werden. Zusätzlich sollten einige Anlageformen wie Indexfonds verboten werden.

Die USA haben bereits 2009 und 2010 Reformen in diese Richtung beschlossen. Allerdings kam es nicht zu Verboten, und es herrschte in der Folge eine harte Auseinandersetzung bei der Umsetzung. Eine erfolgreiche Klage der Finanzwirtschaft hat die Einführung der Limits zwischenzeitlich verhindert, sodass die US-Aufsicht im Herbst 2013 einen neuen Vorschlag vorlegen musste.

In der EU schreibt ein neues Gesetz vor, dass außerbörsliche Derivate weitgehend zentral abgewickelt und gemeldet werden müssen. Daneben ist Anfang 2014 ein EU-Gesetz zu »Märkten für Finanzinstrumente« überarbeitet worden. Demzufolge werden auch in der EU Positionslimits verbindlich werden, allerdings wohl in Details aufgeweicht. Der Hochfrequenzhandel wurde kaum eingeschränkt. Verbote bestimmter Handelsformen wie Indexfonds waren zwar in der Diskussion, wurden aber nicht durchgesetzt. Dadurch bleibt die Spekulation noch zu unbehelligt und es könnte in Zukunft in der EU Spekulationsblasen wie in den USA geben.

Heinz-J. Bontrup

Ökonomische Begründungen für Mitbestimmung

Zurzeit mehr Schein als Mitbestimmung
Trotz aller berechtigten Forderungen, Begründungen und wissenschaftlich konzeptionellen Ausarbeitungen für eine *betriebliche* und *unternehmerische* Mitbestimmung mussten die Gewerkschaften mit dem heftig umstrittenen, dann aber doch im Bundestag am 18. März 1976 beschlossenen unternehmensbezogenen Mitbestimmungsgesetz eine weitere herbe Niederlage in Sachen Wirtschaftsdemokratie einstecken. Schon mit dem 1952 verabschiedeten *Betriebsverfassungsgesetz* beschränkte sich die betriebliche Mitbestimmung von Betriebsräten weitgehend auf Anhörungs- und Beratungsrechte. Die entscheidende *paritätische Mitbestimmung in wirtschaftlichen Angelegenheiten* gelang hier weder betrieblich noch unternehmensbezogen. Politisch war nur in Kapitalgesellschaften und Genossenschaften ab 500 Beschäftigten eine *Drittelparität* in den Aufsichtsräten durchsetzbar, d. h., nur ein Drittel der Mandate fiel und fällt hier bis heute auch im neu geschaffenen *Drittelbeteiligungsgesetz* von 2004 auf die Beschäftigten. Gewerkschaftsvertreter sind dabei völlig außen vor. Sie haben keinen Sitz im Aufsichtsrat. Insgesamt liegen im Betriebsverfassungsgesetz als auch im Drittelbeteiligungsgesetz nur *Scheinmitbestimmungen* vor. Einzig das 1951 vom Bundestag verabschiedete und zuvor hart umkämpfte *Montan-Mitbestimmungsgesetz,* das aber lediglich für die Wirtschaftsbereiche Kohle und Stahl in Kapitalgesellschaften und Genossenschaften ab 1.000 Beschäftigte bis heute gilt, sieht in den Aufsichtsräten

eine numerische Parität zwischen Kapital und Arbeit vor, die bei Pattabstimmungen durch ein weiteres bestelltes Aufsichtsratsmitglied (sogenannter »neutraler Mann«) aufgehoben wird. Dies bedeutet, dass weder Kapital noch Arbeit alleine wirtschaftliche Entscheidungen in Unternehmen des Montanbereichs treffen können. Man ist aufeinander angewiesen, und kommt es nach Beratungen zu keiner Verständigung, so entscheidet final der neutrale Mann. Auch das *Mitbestimmungsgesetz von 1976* hat heute noch Gültigkeit. Zur Auflösung von Pattentscheidungen zwischen im Aufsichtsrat zwar numerisch gleich stark vertretenen Kapital- und Beschäftigtenvertretern[1] erhielt hier aber, im Gegensatz zum Montan-Mitbestimmungsgesetz, der immer von der Kapitalseite gestellte Aufsichtsratsvorsitzende ein *doppeltes Stimmrecht.* Eine neutrale Pattauflösung ist demnach nicht gegeben. Hier hat das Kapital das letzte Wort. Demnach liegt auch hier nur eine *Scheinmitbestimmung* vor. Weitere Restriktionen waren und sind die Festlegung nur auf Kapitalgesellschaften und Genossenschaften ab einer Unternehmensgröße von mehr als 2.000 Beschäftigten.[2] Aber selbst diese Form der numerisch-paritätischen Scheinmitbestimmung, die nur für gut 700 Unternehmen in Deutschland gilt, wurde noch von den Unternehmerverbänden, mit massiver politischer Unterstützung von der FDP und großen Teilen der CDU/CSU, abgelehnt und politisch bekämpft. Man klagte vor dem Bundesverfassungsgericht, das aber, wegen der vorliegenden Scheinmitbestimmung wenig erstaunlich, das Mitbestimmungsgesetz von 1976 für *verfassungskonform* einstufte. Interessanter ist in diesem Kontext die Position des Bundesverfassungsgerichtes in der Begründung zum Montan-Mitbestimmungsgesetz. Hier stellte das höchste deutsche Gericht das Interesse von Kapital und Arbeit in ein enges unternehmerisches (gleichberechtigtes) Verhältnis: »Da die Montan-Mitbestimmung noch stärker als die allgemeine Unternehmensmitbestimmung auf einvernehmliche Problembewältigung angelegt ist,«

---

1   Vgl. dazu z. B. das ver.di Konzept Steuergerechtigkeit (ver.di 2014).
2   Ein Sitz auf der Beschäftigtenbank entfällt gemäß Sprecherausschussgesetz außerdem noch auf einen Vertreter der leitenden Angestellten.

so das Gericht, »eignet sie sich besonders dazu, neben dem Rentabilitätsinteresse der Unternehmen und den Renditeerwartungen der Anteilseigner auch die Interessen der Arbeitnehmer an der Sicherung von Arbeitsplätzen angemessen zu berücksichtigen.«[3] Fasst man allerdings, trotz dieser Beurteilung, rückblickend die Mitbestimmungsergebnisse zusammen, so kann dies treffend mit der Erkenntnis des ehemaligen DGB-Vorsitzenden, Ernst Breit, zum Ausdruck gebracht werden, der sagte: »Wir müssen der Tatsache ins Auge sehen, das uns in Sachen Mitbestimmung nach der historischen Errungenschaft der Montan-Mitbestimmung kein entscheidender Durchbruch mehr gelungen ist. Vieles was danach kam, war wichtig, aber alles war weniger.«[4]

Auch der politische Versuch der SPD (als Oppositionspartei) zum Ausbau einer unternehmerischen Mitbestimmung ist in der Legislaturperiode des Bundestages von 2009 bis 2013 an der mitbestimmungsfeindlichen Mehrheit von CDU/CSU und FDP gescheitert. Die SPD-Bundestagsfraktion hatte eine rechtlich abgesicherte *wirtschaftliche Gleichstellung zwischen Kapital und Arbeit*, als echte Parität, im Sinne des Montan-Mitbestimmungsgesetzes für alle Kapitalgesellschaften ab 1.000 Beschäftigte in Deutschland eingefordert. »Wir brauchen mehr demokratische Teilhabe von Arbeitnehmerinnen und Arbeitnehmern in den Unternehmen«, heißt es dazu im Gesetzesantrag. Außerdem wurde verlangt, der Bundestag möge ein Mitbestimmungsgesetz verabschieden, das die deutsche Mitbestimmung gesetzlich auch auf Unternehmen *ausländischer Rechtsformen* mit Verwaltungssitz oder Zweitniederlassung in Deutschland zur Anwendung bringt. Alles richtig. Aber weder im Bundestagswahlkampf 2013 noch in den Koalitionsverhandlungen und jetzt nach Regierungseintritt der SPD in die große Koalition spielte und spielt der dringend notwendige paritätische Ausbau der betrieblichen und unternehmerischen

---

3   Zur komplexen politischen Entstehungsgeschichte des Gesetzes vergleiche ausführlich: Schriftenreihe der Bundeszentrale für politische Bildung, Gewerkschaften und Mitbestimmung, Bonn 1977, S. 375ff.

4   Zitiert bei Johannes Rau, Montan-Mitbestimmung heute, in: Gewerkschaftliche Monatshefte, Heft 7/2001, S. 403

Mitbestimmung auch nur die geringste Rolle. Aber auch von den Gewerkschaften werden keine Forderungen an die große Koalition in Sachen Mitbestimmungsausbau herangetragen. Auch hier herrscht das große Schweigen.

**Ohne Beschäftigte gibt es keine
Unternehmen und keinen Mehrwert**
Dabei ist es so einfach, Mitbestimmung *ökonomisch* und nicht nur – wie vielfach der Fall – moralisch zu begründen und politisch einzufordern. Zunächst einmal gilt uneingeschränkt der Tatbestand, dass es ohne Beschäftigte überhaupt keine Unternehmen geben würde. Allenfalls *Solounternehmer*, die von ihrer eigenen Arbeitskraft leben müssen. Jeder Produktionsprozess ist von menschlicher Arbeit abhängig. Der Produktionsoutput nur mit einem Kapitaleinsatz ist in jeder Produktionsfunktion immer gleich Null. Dies gilt natürlich auch umgekehrt. Selbst diese triviale ökonomische Kausalität scheint aber im Bewusstsein verloren gegangen zu sein. Sie spielte jedoch nicht nur in der klassischen Volkswirtschaftslehre, sondern auch bei den Begründern der zu Beginn des 20. Jahrhunderts noch jungen Betriebswirtschaftslehre – im Gegensatz zu heute – eine wichtige und herausragende Rolle. Nur die maschinelle (materielle) Ausstattung (das Kapital) eines Unternehmens wurde hier zu Recht allenfalls als ein »Museum« oder als eine »Ausstellung« eingestuft. Der Mensch sei in den Unternehmen das Wichtigste, er bewegt und verwertet das von den Kapitaleignern bereitgestellte Kapital und die abhängig Beschäftigten stellen mit ihrer Arbeitskraft ihr körperliches und geistiges Vermögen den Unternehmen zur Verfügung. Beide, Kapital und Arbeit, stehen demnach in einem *interdependenten Abhängigkeitsverhältnis.* Wieso bestimmt und herrscht dann aber, so ist zu fragen, in den Unternehmen nur das Kapital und erhält den Gewinn? Dies sei ein Widerspruch, so die Gründungsväter der Betriebswirtschaftslehre. Die Beschäftigten hätten die gleichen Mitbestimmungs- und Eigentumsrechte am Ertrag (Gewinn) des Unternehmens wie der »Betriebsherr«. Daher seien die Kapitaleigentümer auch den Beschäftigten gegenüber nicht die uneingeschränkten Herrscher und Bestimmer in den Unternehmen. Die Be-

schäftigten müssten gleichberechtigt nicht nur an den wirtschaftlichen Entscheidungsprozessen zur Gewinngenerierung beteiligt werden, sondern auch neben ihren Lohnzahlungen zusätzlich an den Gewinnen und am Kapital partizipieren.[5]

Beides ist aber in der wirtschaftlichen Realität nicht erfüllt. Hier herrscht der Unternehmer und lebt von der Arbeit der abhängig Beschäftigten. Und eine *Gewinnpartizipation* findet nur in Ausnahmefällen statt.[6] Gewinn ist die Motivation des Unternehmers. Nur deshalb ist er Unternehmer und stellt Arbeitskräfte ein bzw. fragt sie an den Arbeitsmärkten nach, was durch ihn die jeweilige antizipierte Erwartung eines Überschusses in der Produktionssphäre durch die Beschäftigten voraussetzt. Resultiert dagegen aus der menschlichen Arbeit nur der Erhalt der Arbeitskraft selbst, so entsteht auch kein Gewinn. »Ohne einen gewissen Produktivitätsgrad der Arbeit keine (...) disponible Zeit für den Arbeiter, ohne solche überschüssige Zeit *keine Mehrarbeit* und daher keine Kapitalisten, aber auch keine Sklavenhalter, keine Feudalbarone, in einem Wort keine Großbesitzerklasse.«[7] Der klassische Ökonom William Petty formulierte es so: Der Mensch schafft sich selbst, und zwar auf der Grundlage von zweierlei: der äußeren Natur und seiner Arbeit. Sein Reichtum hat daher zwei Quellen: »Die Arbeit ist sein Vater und die Erde seine Mutter.« Adam Smith schrieb in seinem epochalen Hauptwerk »Der Wohlstand der Nationen«: »Der Ertrag der Arbeit ist die natürliche Vergütung oder der Lohn der Arbeit. Ursprünglich, vor der Landnahme und der Ansammlung von Kapital, gehört dem Arbeiter der ganze Ertrag der Arbeit. Er muss weder mit einem Grundbesitzer noch mit einem Unternehmer teilen.«[8] Arbeit und Natur, nicht das aus Gewinn entstehende Kapital, sind demnach die Ursache allen privaten

---

5   Ebenda, S. 404.

6   Eugen Schmalenbach, Dynamische Bilanz, 5. Aufl., Leipzig 1931, Heinrich Nicklisch, Wirtschaftliche Betriebslehre, 6. Aufl. Stuttgart 1922.

7   Vgl. Heinz-J. Bontrup/Kai Springob, Gewinn- und Kapitalbeteiligung. Eine mikro- und makroökonomische Analyse, Wiesbaden 2002.

8   Karl Marx, Das Kapital, Kritik der politischen Ökonomie, Bd. I, Berlin 1974, S. 534.

und öffentlichen Wohlstandes. Der Gewinn hat seine Quelle nur darin, »dass die Arbeit mehr produziert, als zu ihrem eigenen Unterhalt, zur Reproduktion der Arbeitskraft erforderlich ist«, so der britische liberale Ökonom John Stuart Mill. Der Unternehmer eignet sich dabei die Differenz aus dem *Wert der Arbeit* und dem *Wert der Arbeitskraft* als Gewinn an und akkumuliert somit immer mehr Kapital auf Kosten der Arbeit anderer Menschen. Die Steigerung des Überschussproduktes erfolgt hier in *absoluter* und *relativer* Form, zeigte Karl Marx auf. Absolut durch Verlängerung der Arbeitszeit, durch Intensivierung der Arbeit und durch Lohnsenkung. Relativ durch neue und effizientere Technik und rationale Organisation, also durch eine Produktivkraftsteigerung. Hierdurch kann die Reproduktionszeit der Beschäftigten (ohne dass sie materielle Einbußen erleiden) zu Gunsten der Mehrarbeitszeit für die Kapitaleigentümer reduziert werden.

Diese *arbeitswerttheoretische* Ableitung als Begründung für eine Mitbestimmung in den Unternehmen ist nachhaltig zu betonen und gleichzeitig ihre Eliminierung aus der heute herrschenden neoklassischen Wirtschaftstheorie zu beklagen. Als Erklärung für diesen grundlegenden Paradigmenwechsel in der Nationalökonomie stellen Joan Robinson und John Eatwell fest: »Es war nicht so sehr eine Schwäche der reinen Theorie als eine Veränderung im politischen Klima, welche die Herrschaft der Klassik beendete. Klassische Lehrmeinungen, sogar in ihrer liberalsten Form, heben die wirtschaftliche Rolle der sozialen Klassen und der Interessenkonflikte zwischen ihnen hervor. Der Brennpunkt des sozialen Konflikts verlagerte sich im späten 19. Jahrhundert vom Antagonismus der Kapitalisten und Grundbesitzer zum Widerspruch zwischen Arbeitern und Kapitalisten. Furcht und Schrecken, die durch das Werk von Marx entstanden, wurden durch die Einwirkungen der Pariser Kommune von 1870 in ganz Europa verstärkt. Lehrmeinungen, die einen Konflikt anregten, waren nunmehr unerwünscht. Theorien, die die Aufmerksamkeit vom Antagonismus der sozialen Klassen ablenkten, waren hoch willkommen.«[9]

---

9 Adam Smith, Der Wohlstand der Nationen, in deutscher Übersetzung von Claus Recktenwald, München 1978, S. 56.

Dagegen betonten noch die beiden Hauptvertreter der klassischen Lehre, Adam Smith und David Ricardo, den Klassencharakter von Arbeit und Kapital und stellten die menschliche Arbeit als das entscheidende Wesensmerkmal jeder Wertschöpfung dar. »Doch schon seit dem Epigonen Smith's, dem Franzosen Jean Baptiste Say, wurde Arbeit eingeebnet zu einem *Produktionsfaktor* und neben die beiden anderen, Boden und Kapital, gestellt. Damit erschienen dann auch die drei Einkommensarten Lohn, Bodenrente und Kapitalrendite (Zins) ›gleichwertig‹.«[10] Diese *Produktionsfaktorentheorie* ist der *»Sündenfall«* in der wissenschaftlichen Ökonomie schlechthin. Sie ist eine reine Rechtfertigungsideologie für eine Aneignung und Verfügung über den Gewinn zu Gunsten des Privateigentums an den Produktionsmitteln weniger Menschen in einer kapitalistischen Wirtschaft. »Nur dadurch, dass man den Boden und das Kapital zu *lebendigen Wesen* macht, die ebenso wie der Mensch in der Wirtschaft tätig sind, kann man zu der Behauptung gelangen, dass Boden und Kapital Produktionsleistungen verrichten. Nur so wird es möglich, diese beiden Produktionsmittel mit dem arbeitenden Menschen in eine Linie zu stellen. ... (Aber) ›die Arbeit‹ verrichtet keine Produktionsleistungen, sondern die Arbeit wird vom *Arbeiter* verrichtet und eben in dieser Verrichtung besteht die Produktionsleistung. (...) Ohne Violine kann man nicht geigen. Wer würde daraus schließen wollen, dass nicht nur der Geiger, sondern auch die Geige geigt, dass beide gemeinsam Violine spielen? Gewiss niemand. Die Violine ist eben Musikinstrument und nicht Musikant, ganz ebenso wie Kapital und Boden Produktionsmittel sind. (...) Oder: der Mensch sieht und das Fernrohr sieht, beide gemeinsam sehen weiter. Kein Vernünftiger wird so denken. Man erkennt, dass der Mensch und immer nur der Mensch es ist, welcher geigt und sieht. (...) Nur beim Produzieren will man das, was bei allen Tätigkeiten als selbstverständlich gilt, nicht gelten lassen, sondern spricht auch den toten Produktionsmitteln Produktionsleistungen zu.« Die Produktionsfaktorentheorie verschleiert schlicht und ergreifend, dass

---

10 Joan Robinson/John Eatwell, Einführung in die Volkswirtschaftslehre, Frankfurt a. M. 1977, S. 67 f.

die »Faktorleistung« des Kapitals nichts anderes als *geleistete vorgetane menschliche Arbeit* ist. Nur die menschliche Arbeitskraft ist in der Lage, mehr Werte zu schaffen, als sie in Form von Lohn selbst als »Faktorleistung« zugewiesen bekommt. Unter den gegebenen kapitalistischen Eigentumsverhältnissen gehören aber rechtens die Produkte den Eigentümern der Produktionsmittel, diese eignen sich dieses »Mehr« als Gewinn an und können den Gewinn wieder investieren, d.h. zusätzliche Produktionsmittel akkumulieren.

Die einseitige Aneignung des Gewinns, ohne jegliche wirtschaftliche Mitbestimmungsrechte der abhängig Beschäftigten, wird aber auf Grund des möglichen *Kapitalverlustes* im risikobehafteten kapitalistischen Verwertungsprozess weitgehend in der Gesellschaft anerkannt. Dabei wird jedoch systematisch übersehen, dass sich *Verluste* nur auf die bei einer Unternehmensgründung *originär eingebrachte Kapitalsumme* beziehen können. Danach realisierte Gewinne, die über eine Thesaurierung zu einer erweiterten Kapitalakkumulation führen, sind bereits dem Faktor Arbeit und der Natur geschuldet. Selbstverständlich auch die nicht thesaurierten, sondern an die Kapitaleigentümer ausgeschütteten Gewinne. Grundsätzlich problematisch bezüglich des Kapitaleigentums ist dabei außerdem der Tatbestand, dass das Eigentumsrecht immer ein *Ausschlussrecht* impliziert. Eigentum macht nur Sinn, wenn es der Aneignung dienen kann und wenn Nichteigentümer vom Eigentum mit Hilfe der öffentlichen Gewalt ausgeschlossen werden können. Die ›Freiheit für das Kapital‹ besteht ja wesentlich darin, *eigentumslose Arbeiter* zu beschäftigen und das Produkt der Mehrarbeit anzueignen. Privates Eigentum wäre nichts als eine ›juristische Illusion‹ (Karl Marx), sofern daraus keine Aneignung, sprich *Mehrung des Eigentums* folgt. Wenn also Eigentumsrechte etabliert und der Zugang zu Eigentum erleichtert werden, müssen auch soziale Rechte zum Schutz der Eigentumslosen geschaffen werden.«[11] Dieser Schutz der Eigentumslosen muss in einer humanen und gerechten wie auch in einer ökonomisch rational ausgerichteten Gesellschaft zweifach ab-

---

11 Karl Georg Zinn, Wie Reichtum Armut schafft. Weshalb die neoliberalen Versprechungen nicht aufgehen, in: Sozialismus, Heft 11/2005, S. 19f.

gesichert werden. Zum einen durch *demokratische Mitbestimmungsstrukturen in den Unternehmen* – durch eine gleichberechtigte Mitsprache der abhängig Beschäftigten. Demnach bestimmt dann nicht das Kapital alleine über die unternehmerischen Prozesse, über Investitionen, Gewinnaneignung und -verteilung, sondern die abhängig Beschäftigten haben die gleichen Rechte. Zum anderen muss die Gesellschaft, die eine Marktgesellschaft bleibt, den von den Unternehmen in *Krisensituationen entlassenen Lohnabhängigen* einen sozialen Schutz vor der »Satansmühle des Arbeitsmarktes« (Karl Polanyi) gewähren. Dass die Unternehmen selbst dann Beschäftigte entlassen, wenn noch auskömmliche oder sogar glänzende Geschäftsergebnisse erzielt werden, könnte so bei einer gleichberechtigten (paritätischen) Mitbestimmung ausgeschlossen werden.

Ohne eine wirkliche paritätische Mitbestimmung wird der Mensch in den Unternehmen trotz aller technologischen Entwicklungen und als human verkaufter »vergemeinschaftender Personalpolitik und -strategien« (Gertraude Krell) immer nur auf eine rein *ökonomisch-technische Rolle* im Kapitalverwertungs- und Akkumulationsprozess reduziert werden. 1966 schrieb der langjährige 1. Vorsitzende der IG Metall, Otto Brenner: »Ich habe aus der gewerkschaftlichen Erfahrung den Eindruck gewonnen, dass auch heute noch bei den meisten Unternehmern die Vorstellung dominiert, der Mensch sei zwar für die Wirtschaft da, aber nicht unbedingt die Wirtschaft für den Menschen. Sehr oft wird das Wirtschaften als Selbstzweck und nicht selten als egoistischer Selbstzweck angesehen. Die Wirtschaft darf aber immer nur den Rang eines Mittels haben. Nur sofern sie Helfer und Diener des Menschen ist, erfüllt sie ihre Aufgabe.«

Unternehmen sind keine Privatangelegenheiten

Neben der arbeitswerttheoretischen Ableitung gilt als weitere Begründung für die Umsetzung einer paritätischen Mitbestimmung, dass Unternehmen, vor allen Dingen große Unternehmen und Konzerne, keine Privatangelegenheiten für Privatpersonen sind, sondern *gesellschaftliche Einrichtungen*, die einen großen Einfluss auf das Leben von Millionen von Menschen haben. So ist beispielsweise der Umsatz von

General Motors höher als das Bruttoinlandsprodukt (BIP) von Dänemark, der Umsatz von Exxon Mobil höher als das BIP von Österreich. Der Umsatz jeder einzelnen der 100 mächtigsten transnationalen Privatgesellschaften der Erde übertrifft den Gesamtexport der 120 ärmsten Länder.[12] Allein schon wegen diesem gesamtwirtschaftlichen Einfluss müssen in den Unternehmen *demokratische Mitbestimmungsverhältnisse* herrschen. Die einseitig, ohne Arbeiternehmerpartizipation, vom Kapital vollzogenen Investitionen in Technik, Organisation und Märkte, wirken außerdem womöglich nicht nur negativ auf das Kapital selbst zurück, sondern treffen mit einem persönlichen Risiko den abhängig Beschäftigten mindestens genauso. Er verliert ohne vorherige Einflussnahmemöglichkeiten bei Fehlentscheidungen in der Regel seine Arbeit und damit seine einzige Reproduktionsbasis, was insbesondere unter Bedingungen von vorherrschender *Massenarbeitslosigkeit*, wie Oskar Negt betont, »ein kapitalistischer Gewaltakt ist, ein Anschlag auf die körperliche und seelisch-geistige Integrität der davon betroffenen Menschen.«

Produktionsmittel (Art. 14 GG) und die unternehmerische Freiheit (Art. 12 GG) sind in Deutschland verfassungsrechtlich mehr geschützt als die menschliche Arbeitskraft. Diese Asymmetrie ist völlig inakzeptabel. Der Mensch darf nicht einer Sache, dem Kapital, untergeordnet werden. Der Arbeitsrechtler Wolfgang Däubler fordert daher konsequenterweise und zu Recht im Hinblick auf Artikel 1 GG (»Würde des Menschen«) einen *Verfassungsrang für eine paritätische Mitbestimmung* der abhängig Beschäftigten in den Unternehmen.[13] Zwar sind die Arbeitskräfte in der Wahl ihres Unternehmens juristisch frei, dies gilt aber nicht im ökonomischen Sinn. In der Wirtschaft unterliegen die abhängig Beschäftigten mit ihrem Arbeitsvermögen einem *systematischen Machtungleichgewicht* an den Arbeitsmärkten und in den Unternehmen einem *Direktionsrecht* des Kapitals.[14]

---

12   Otto Conrad. Die Todsünde der Nationalökonomie, Leipzig/Wien 1934, S. 5, 10.

13   Elmar Altvater, Das Ende des Kapitalismus wie wir ich kennen. Eine radikale Kapitalismuskritik, Münster 2005, S. 50.

14   Otto Brenner, Gewerkschaftliche Dynamik in unserer Zeit, Frankfurt a. M. 1966, S. 14.

Falsch ist die Antihaltung gegen demokratische Unternehmensprozesse auch deshalb, weil, wie schon Hans Böckler betonte, die Menschen ohne Mitbestimmung, ohne Partizipation, sich nicht mit den Unternehmen, in denen sie produktive und innovative Arbeit verrichten sollen, *identifizieren* können. Sie bleiben *fremdbestimmte und eigentumslose Arbeitskräfte* und somit auch von ihrer Arbeit entfremdete Personen ohne intrinsische Motivationen, weil sie kein Mitentscheidungsrecht und Eigentum haben. Schon in der Bibel steht geschrieben: Der gute Hirte gibt sein Leben hin für seine Schafe. Der bezahlte Knecht, der abhängig ist vom Hirten, und dem die Schafe nicht gehören, flieht dagegen, wenn er den reißenden Wolf kommen sieht.[15] »Natürlich sind die Arbeiter und Angestellten an der Erhaltung ihrer Produktionsstätten als Voraussetzung für Arbeit und Einkommen interessiert. Aber wie das Wachstum des Unternehmens verläuft, wie investiert wird, wie sich die Produktionsstruktur ändert, wie verkauft wird, wie sich die Effektivität entwickelt, wie die Gewinne wachsen, wie sie verwendet und wie die Produkte vom Konsumenten beurteilt werden, dies alles steht für die meisten Mitarbeiter der Unternehmen außerhalb der Verantwortung und damit auch außerhalb des Interesses. (…) Überall fühlen sich die Arbeiter und Angestellten lediglich als Lohnempfänger und sonst nichts.«[16] So ist es verständlich, befand schon Karl Marx, »daß die Arbeit dem Arbeiter äußerlich ist, d.h. nicht zu seinem Wesen gehört, dass er sich daher in seiner Arbeit nicht bejaht.«[17] Dies ist aber wider die Natur des Menschen. Er will seine ganze Persönlichkeit im Arbeitsleben einbringen und nicht nur seine Arbeitskraft bzw. darauf reduziert werden. »Die Menschen wollen weniger denn je bloße *Befehlsempfänger* sein. Sie möchten vielmehr die Bedingungen, unter denen sie einen erheblichen Teil ihres Lebens

---

15 Vgl. Jean Ziegler, Die neuen Herrscher der Welt und ihre globalen Widersacher, München 2005, S. 60.

16 Vgl. Jörg Huffschmid, Die Zähmung der Konzerne. Wirtschaftsmacht braucht demokratische Gegenmacht, in: Rudolf Hickel/Frank Strickstrock (Hrsg.), Brauchen wir eine andere Wirtschaft?, Reinbek bei Hamburg 2001, S. 160.

17 Oskar Negt, Arbeit und menschliche Würde, 2. Aufl., Göttingen 2002.

arbeiten, aktiv mitgestalten.«[18] »Wir wissen«, schrieb Otto Brenner, »dass die Freiheit des Menschen außerhalb seines Arbeitslebens nicht vollständig und gesichert ist, solange der Mensch in seinem Arbeitsleben der Herrschaft anderer unterworfen bleibt. Die Demokratisierung des öffentlichen Lebens, das freie Wahl-, Versammlungs-, Rede- und Presserecht bedarf der Ergänzung durch die Demokratisierung der Wirtschaft, durch Mitbestimmung der arbeitenden Menschen über die Verwendung ihrer Arbeitskraft und der von ihnen geschaffenen Werte.«[19] Dazu sind die Unternehmen demokratisch auszurichten, wobei die Kompetenzen der Beschäftigten dadurch an Wert gewinnen, dass sie sich im Arbeitsprozess gegenseitig ergänzen. Und dennoch verweigert man den Beschäftigten bis heute eine paritätische (demokratische) wirtschaftliche Mitbestimmung. Ein unglaublicher gesellschaftlicher Skandal.

---

18   Vgl. Wolfgang Däubler, Das Grundrecht auf Mitbestimmung und seine Realisierung durch tarifvertragliche Begründung von Beteiligungsrechten, Frankfurt a. M. 1973.

19   Vgl. Alfred Stobbe, Volkswirtschaftslehre III, Makroökonomik, 2. Aufl., Berlin/Heidelberg/New York 1987, S. 253ff.

Kai Eicker-Wolf

Zwangsjacke Schuldenbremse[1]

Einleitung
Kurz vor ihrem – aus heutiger Perspektive: vorläufigen – Ende hat die Große Koalition im Jahr 2009 noch die so genannte Schuldenbremse im Grundgesetz verankert. Begründet wurde dies von ihren Befürworterinnen und Befürwortern in der Regel mit der so genannten Generationengerechtigkeit: Die heutige Generation dürfe nicht auf Kosten der kommenden Generationen leben, die Staatsverschuldung von heute müssten unsere Kinder zurückzahlen.

Dieses in wirtschaftspolitischen Debatten immer wieder bemühte Generationen-Argument ist aus volkswirtschaftlicher Perspektive unhaltbar: Wenn der Staat einen Kredit aufnimmt, dann wird er zum Schuldner und die Kredit gebende Person oder Institution (in der Regel eine Bank oder eine andere große Kapitalsammelstelle) wird zum Gläubiger. An kommende Generationen wird dann eine Gläubiger-Schuldner-Struktur »vererbt«: Der Staat wird in Zukunft Zins und Tilgung aus dem laufenden Steueraufkommen an den Gläubiger zahlen – und dieses Steueraufkommen ist Teil der zukünftig erwirtschafteten Einkommen. Mit einer einseitigen Vererbung von Schulden hat das ersichtlich nichts zu tun: Das zukünftige Steueraufkommen wird von den nachfolgenden Generationen erwirtschaftet, und ein Teil dieser Steuereinnahmen fließt in Form von Zins- und Tilgungszahlungen an diejenigen Personen der zukünftigen Generationen, die die Staatsschuldtitel dann besitzen.

---

1 Vgl. Die Bibel: Joannes, Kapitel 10, Vers 11-12.

Faktisch ist mit dem Instrument der Schuldenbremse ein Sachzwang in die Welt gesetzt worden, der die Finanzpolitik zum Abbau staatlicher Leistungen und Investitionen zwingt – eine Ausweitung staatlicher Leistungen ist erst recht ausgeschlossen, wenn nicht eine steuerpolitische Kehrtwende vollzogen wird.

Die zentralen Regelungen der Schuldenbremse
Vorgebliches Ziel der Schuldenbremse ist ein Ausgleich der öffentlichen Haushalte über den Konjunkturzyklus hinweg. Konjunkturelle Schwankungen seien möglich, so ihre Befürworter. Abgebaut werden müsse die *strukturelle*, also die nicht durch Konjunkturschwankungen verursachte Staatsverschuldung.

Tatsächlich ist selbst ein konjunkturgerechtes Schwanken der öffentlichen Haushalte nicht gewährleistet. Dieser Aspekt wirft in der gegenwärtigen Wirtschaftslage kein Problem auf – für die nächsten Jahre wird die Haushaltspolitik des Bundes und der Bundesländer aber von der so genannten *Strukturkomponente* der Schuldenbremse bestimmt sein: Eine strukturelle Verschuldung ist nur noch in sehr engen Grenzen zulässig. Der Bund darf sich ab dem Jahr 2016 nur noch in Höhe von 0,35 Prozent des Bruttoinlandsprodukts pro Jahr neu verschulden, den Bundesländern ist ab 2020 jede strukturelle Verschuldung untersagt. Zahlreiche Bundesländer stehen deshalb vor dem Problem, ihre Haushaltsdefizite ohne Rücksicht auf die ihnen eigentlich obliegende Aufgabenerfüllung abbauen zu müssen.[2]

Mit der Schuldenbremse hat sich die Finanzpolitik von der so genannten *goldenen Regel* verabschiedet, nach der die öffentliche Hand Investitionen jenseits von Konjunkturschwankungen auch durch Kredite finanzieren kann. Die einleuchtende Idee hinter dieser Regel war unter anderem, dass ein über Kredite finanzierter öffentlicher Kapitalstock den Wohlstand der kommenden Generationen steigert.[3] Diese

---

2   Ota Šik, Humane Wirtschaftsdemokratie. Ein dritter Weg, Hamburg 1979, S. 357.

3   Karl Marx, Ökonomisch-philosophische Manuskripte aus dem Jahre 1844, in: Marx-Engels-Werke, Ergänzungsband, Schriften, Manuskripte, Briefe bis 1844, Erster Teil, Berlin 1974, S. 514.

Möglichkeit besteht durch die Schuldenbremse nun nicht mehr – mit fatalen Konsequenzen, auf die weiter unten noch eingegangen wird.

Löcher in den öffentlichen Haushalten – Dichtung und Wahrheit
Wer einen Abbau öffentlicher Leistungen befürwortet, wird in der Regel auf die Floskel »Wir haben in der Vergangenheit über unsere Verhältnisse gelebt, wir können uns vieles nicht mehr leisten« zurückgreifen. Damit einher geht häufig ein allgemeines Klagen über die viel zu hohe deutsche Staatsquote und den ausufernden Sozialstaat. Auch diese Ansichten sind so falsch, wie das einleitend zitierte Generationenargument.

So fällt die staatliche Ausgabentätigkeit in Deutschland in den zehn Jahren vor der globalen Finanz- und Wirtschaftskrise extrem zurückhaltend aus: Die durchschnittliche jährliche Wachstumsrate der gesamtstaatlichen Ausgaben für die Jahre 1999–2008 liegt in Deutschland bei nominal 1,5 Prozent. Der Durchschnitt der alten EU-Länder liegt mit einem nominalen Wert von 4,3 Prozent fast dreimal so hoch. In diesem Zeitraum verzeichnete kein anderes entwickeltes Land mit Ausnahme von Japan ein niedrigeres Staatsausgabenwachstum als Deutschland. Real – also um die Inflationsrate bereinigt – sind die deutschen Staatsausgaben sogar um durchschnittlich 0,2 Prozent pro Jahr gesunken. Zwar sind die Ausgabenanstiege der öffentlichen Hand in Deutschland bedingt durch die Konjunkturpakete in den Jahren 2009 und 2010 sowie die forcierte Sparpolitik vor allem in Südeuropa im Vergleich zu anderen Staaten etwas höher ausgefallen, aber auch unter Berücksichtigung dieser beiden Jahre bleibt die deutsche Ausgabenpolitik im längerfristigen Vergleich sehr restriktiv (vgl. Eicker-Wolf/Truger 2013b: 119). Dies hat dazu geführt, dass die deutsche Staatsquote vergleichsweise niedrig ausfällt: Diese ist von rund 48 Prozent Ende der 1990er Jahre auf knapp 44 Prozent im Jahr 2008 gesunken und liegt aktuell bei etwa 45 Prozent (vgl. ebd.).

Angesichts dieser Zahlen stellt sich natürlich die Frage, warum mit Blick auf die öffentlichen Haushalte in Deutschland ein permanenter Konsolidierungsdruck zu bestehen scheint und warum in der Vergangenheit selbst in konjunkturell guten Jahren keine nennenswerten

Überschüsse in den öffentlichen Kassen ausgewiesen wurden. Die Antwort auf diese Frage liefert ein Blick auf die Einnahmenentwicklung.

Insbesondere die Steuerrechtsänderungen der rot-grünen Bundesregierung seit dem Jahr 1998 haben hohe Ausfälle verursacht. Besonders von ihr profitiert haben aufgrund des drastisch abgesenkten Einkommensteuerspitzensatzes reiche Haushalte. Und auch der Unternehmenssektor ist von Rot-Grün kräftig entlastet worden, insgesamt um jährlich elf Milliarden Euro.

Unter der Großen Koalition hat die Steuerpolitik bis zum Ausbruch der Wirtschaftskrise im Herbst 2008 in der Summe einen anderen Kurs eingeschlagen: Zwar hat es zahlreiche steuerliche Entlastungen vor allem für den Unternehmenssektor gegeben. Per saldo haben die 2006 und 2007 beschlossenen steuerpolitischen Maßnahmen die Haushaltslage jedoch verbessert, da Steuererhöhungen, wie der Anstieg der Umsatzsteuer zum 1. Januar 2007 quantitativ dominiert haben. Durch die Steuersenkungen in den Konjunkturpaketen und das Ende 2009 durch die schwarz-gelbe Bundesregierung auf den Weg gebrachte »Wachstumsbeschleunigungsgesetz« haben sich die Steuerausfälle weiter erhöht. Aktuell fehlen der öffentlichen Hand aufgrund der Steuerrechtsänderungen seit dem Jahr 1998 allein im laufenden Jahr rund 45 Milliarden Euro.

Folge von Steuersenkungen und Schuldenbremse: Strukturelle Unterfinanzierung

Es gehört zum wirtschaftspolitischen Allgemeinwissen, dass die öffentliche Hand einen Teil ihrer Einnahmen für Investitionen ausgeben muss, um in angemessenem Umfang öffentliche Infrastruktur (Straßen, Bildungseinrichtungen, Wasserver- und Abwasserentsorgung etc.) für die privaten Haushalte und den Unternehmenssektor zur Verfügung zu stellen. Die staatliche Bereitstellung der öffentlichen Infrastruktur ist eine wesentliche Voraussetzung für wirtschaftliche Aktivitäten des privaten Bereichs. Durch die geschaffene Infrastruktur wird das unternehmerische Produktionspotential erhöht und werden die privaten Produktionskosten gesenkt. Fallen die staatlichen

Abbildung 1: Staatliche Investitionen in Prozent des BIP im Jahr 2012 in ausgewählten Ländern

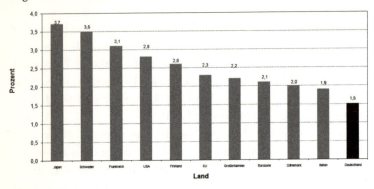

Quelle: Europäische Kommission

Investitionen zu gering aus, wird sich das langfristig negativ auf das Wirtschaftswachstum in dem entsprechenden Wirtschaftsraum auswirken.

In Deutschland weisen die öffentlichen Investitionen seit Beginn der 1970er Jahre im Verhältnis zum Bruttoinlandsprodukt einen fallenden Trend auf. Hierbei handelt es sich zwar um eine allgemeine internationale Entwicklung, aber im Vergleich mit anderen wichtigen Industrienationen ist der Rückgang in Deutschland wesentlich größer. Im Jahr 2011 weist die deutsche staatliche Investitionsquote mit nur 1,5 Prozent des BIP einen sehr niedrigen Wert auf (Abb. 1); während der Euroraum-Durchschnitt inklusive Deutschland bei immerhin 2,3 Prozent des BIP liegt; in Schweden liegt er bei 3,4 Prozent.

Ein wesentlicher Grund für diesen Rückgang und die international unterdurchschnittliche Investitionstätigkeit der öffentlichen Hand ist in deren Konsolidierungsbemühungen zu sehen: Kürzungen bei den öffentlichen Investitionen sind für die Gebietskörperschaften häufig das bevorzugte Mittel, um die Ausgabenhöhe zu beschränken. Legt man als Maßstab zur Ermittlung der Investitionslücke einfach den Euroraum-Durchschnitt ohne Deutschland zugrunde, so ergäbe sich eine Differenz in der Größenordnung von rund 20 Mrd. Euro.

Abbildung 2: Private und öffentliche Bildungsausgaben in Prozent des BIP im internationalen Vergleich (2010)

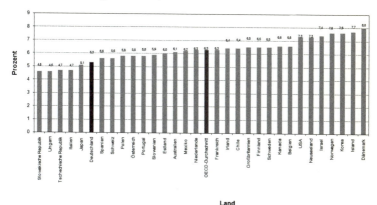

Quelle: OECD und Statistisches Bundesamt

Orientierte man sich an Schweden als besonders positivem Beispiel in Europa, wäre die Lücke noch bedeutend größer, sie betrüge gut 50 Mrd. Euro.

Auch beim Vergleich der Bildungsausgaben, die in Deutschland vor allem durch die wesentliche Zuständigkeit in den Bereichen Schule und Hochschule zum überwiegenden Teil durch die Bundesländer getätigt werden, steht Deutschland im OECD-Vergleich nicht gut da (vgl. Abb. 2).[4] Zwar kompensieren die relativ hohen Privatausgaben im Rahmen des dualen Ausbildungssystems zum Teil die geringen öffentlichen Ausgaben, aber auch öffentliche und private Ausgaben zusammen liegen noch deutlich unter dem OECD-Durchschnitt. Und weit entfernt von jenen Ländern, die 7 Prozent und mehr ihres BIP für Bildung verausgaben (vgl. Abb. 2): Der deutsche Wert liegt im Jahr 2009 bei 5,3 Prozent und damit um etwa 1 Prozent unter dem der gesamten OECD. Während sieben Länder zwischen 7 und 8 Prozent des nationalen BIP für Bildung aufwenden, geben nur fünf

---

4   Lothar Kamp/Nikolaus Simon, Mitbestimmung als Faktor nachhaltiger Unternehmensentwicklung, in: WSI-Mitteilungen, Heft 8/2005, S. 462.

von 31 OECD-Ländern in diesem Bereich noch weniger Geld aus als Deutschland. Würden die deutschen Bildungsausgaben auf den OECD-Durchschnittswert angehoben, dann würde das Mehrausgaben in Höhe von gut 20 Milliarden Euro erfordern. Wenn die deutschen Bildungsausgaben den Wert des Spitzenreiters Dänemark erreichen sollten, dann wären Ausgabensteigerungen in Höhe von rund 65 Milliarden Euro notwendig.

Schon die Rückstände bei den öffentlichen Investitionen und den Bildungsausgaben zeigen, dass die öffentliche Hand in Deutschland unterfinanziert ist. Darüber hinaus gibt es mit Blick auf die öffentlichen Haushalte weitere Finanzierungsprobleme, die hier nicht im Detail behandelt werden sollen – wie die desaströse Finanzlage vieler Kommunen oder wünschenswerte höhere Ausgaben im Sozialbereich.

Was tun?
Die verschiedenen Bundesregierungen der letzten Jahre haben es versäumt, die zunehmende Polarisierung der Einkommens- und Vermögensverteilung zu korrigieren.[5] Ganz im Gegenteil: Durch Steuersenkungen für hohe Einkommen und für Unternehmensgewinne haben sie sogar die Polarisierung von Einkommen und Vermögen mit vorangetrieben.

Das Ergebnis ist eine verteilungspolitische Schieflage, verbunden mit fehlenden Mitteln für öffentliche Aufgaben und mit einer steigenden Staatsverschuldung. Die Schuldenbremse zwingt unter diesen haushaltspolitischen Rahmenbedingungen zu Einsparungen und Kürzungen – und das, obwohl in zentralen Zukunftsfeldern eigentlich höhere staatliche Ausgaben erforderlich sind. Um die aufgezeigte Entwicklung zu korrigieren, bedarf es daher vor allem einer Steuerpolitik, die wieder zum solidarischen Prinzip der Besteuerung nach der Leistungsfähigkeit zurückkehrt. Von zentraler Bedeutung wäre in diesem Zusammenhang eine Besteuerung von großen Vermögen und Erb-

---

5 Otto Brenner, Aus einem Referat im Juni 1961, in: Brenner, O., Aus Reden und Aufsätzen, Frankfurt a. M. 1972, S. 58.

schaften. Schon eine moderate Vermögensteuer mit einem Steuersatz von einem Prozent und ausreichenden Freibeträgen brächte Einnahmen von jährlich rund 20 Mrd. Euro. Wenn zudem besonders hohe Erbschaften stärker besteuert würden, könnten weitere 6 Mrd. Euro für die öffentliche Hand mobilisiert werden.

Literatur

Eicker-Wolf, Kai / Himpele, Klemens (2011): Die Schuldenbremse als politisches Projekt, in: Pokla 163, Juni 2011.

Eicker-Wolf, Kai / Truger, Achim (2013a): Steuersenkungen und Schuldenbremse: Die hessischen Landes- und Kommunalfinanzen in der Klemme, in: Kai Eicker-Wolf / Stefan Körzell (Hg.), Hessen vorne? Zu den Herausforderungen der Landespolitik in Hessen, Darmstadt.

Eicker-Wolf, Kai / Truger, Achim (2013b): Staatliche Handlungsfähigkeit und Zukunftsinvestitionen unter der Schuldenbremse. Die deutsche Steuer- und Fiskalpolitik am Scheideweg, in: Eicker-Wolf, Kai / Quaißer, Gunter / Thöne, Ulrich (Hg.), Bildungschancen und Verteilungsgerechtigkeit, Marburg, 2013.

Grabka, Markus / Goebel, Jan (2013): Rückgang der Einkommensungleichheit stockt, in: DIW Wochenbericht 46/2013.

Grabka, Markus / Westermeier, Christian (2014): Anhaltend hohe Vermögensungleichheit in Deutschland, in: DIW Wochenbericht 9/2014.

Heintze (2011): Unterdurchschnittliche Performanz und unterdurchschnittliche öffentliche Bildungsausgaben – Deutschland im OECD-Vergleich, in: Kai Eicker-Wolf / Ulrich Thöne (Hg.), An den Grundpfeilern unserer Zukunft sägen, 2. Auflage, Marburg.

Hermann Bömer

Re-Industrialisierung?

Industrie- und Regionalpolitik für die EU-Krisenländer

Einleitung
»Gute Arbeit für Alle« in der EU und der EWU verlangt eine alternative makroökonomische, soziale und umweltpolitische Gesamtpolitik (EuroMemorandum 2014), aber auch eine Re-Industrialisierungspolitik insbesondere für die Krisenländer.

Unter dem Stichwort »Re-Industrialisierung« wird die Frage aufgeworfen, wie die nicht zuletzt durch langfristige Handels- und Leistungsbilanzungleichgewichte hervorgerufene Instabilität in der EU und speziell in der EWU mit den Strukturen und industriellen Potenzialen in den Mitgliedsländern und Regionen zusammen hängt und wie sie durch eine neue Industrie- und Regionalpolitik teilweise reduziert werden kann. Ihr Ziel wäre, die allgemeine De-Industrialisierung der EU-Länder zu bekämpfen, die Re-Industrialisierung und die Exportfähigkeit der Krisenländer zu steigern und die Importe zu verringern (oder besser weniger schnell zu erhöhen als die Exporte). Es wird daher zunächst ein alternatives Leitbild der Industrie- und Regionalpolitik entwickelt, danach wird der heutige Diskussionsstand über die neue Industriepolitik (Industrie-4.0) sowie die Re-Industrialisierung skizziert. Sodann wird die Frage beantwortet, ob die Industrie-4.0-Politik auch in den EU-Krisenländern entwickelt werden sollte. Zudem soll der Vergleich der jeweiligen Wirtschaftsstrukturen der EU-Länder (DB-Research 2013) deutlich machen, wo ihre größten Schwächen und Stärken liegen. Weiterhin wird der unter dem Eindruck der Austeritätspolitik 2013 vollzogene Systemwechsel der EU-Kohäsions- und Regionalfondspolitik in Richtung einer allgemeinen Spar- und Disziplinierungspolitik angerissen. Ferner werden die verheerenden Konsequenzen der Troika-Politik »innere Abwertung« statt Aufbau neuer Wirtschaftsstrukturen kritisiert.

Um dem Unterschied zwischen den Produktivitätsniveaus und regionaler sowie internationaler Wettbewerbsfähigkeit Rechnung zu tragen, muss es eine koordinierte Lohnstückkostenpolitik der Tarifparteien auf der EWU-Ebene geben. Auch innerhalb eines einheitlichen Währungssystems kann es zu Leistungsbilanz-Gleichgewichten zwischen Staaten und Regionen kommen, wenn die nationalen Produktivitätsunterschiede durch Lohnunterschiede bzw. unterschiedliche Arbeitszeiten kompensiert werden. Entscheidende Kennziffer ist also der Verlauf der Lohnstückkosten (LSK). Im Sinne von Keynes müssen beim Auseinanderdriften der LSK zwischen den Ländern jedoch beide Seiten Anpassungsleistungen erbringen, also die Krisenstaaten mit ihren zunächst zu hohen LSK (resultierend aus zu hohen Lohnzuwächsen bis 2007) durch Lohnzurückhaltung (nicht zu verwechseln mit schneller innerer Abwertung) und die Nordstaaten, die unter der Führung der BRD die LSK mithilfe von Lohndumping fördernden »Reformen« (Hartz) gesenkt haben, durch höhere Löhne, kürzere Arbeitszeit und wachsende öffentliche Ausgaben, also eine höhere Binnennachfrage.

Der Anpassungszeitraum und die -methoden müssen für die Krisenstaaten sozial verträglich ausgestaltet werden. Die derzeitige Methode der schockartigen »internen Abwertung« ist sozial brutal und wirtschaftspolitisch verhängnisvoll, weil sie zwar die Lohnstückkosten senkt, aber die menschliche und die produktive industrielle Basis dezimiert. Dennoch gilt: Lohn- und Lohnstückkostenpolitik sind also ebenfalls Teil bzw. makroökonomische Voraussetzungen einer erfolgreichen Industriepolitik.

Dieses Paper beschäftigt sich aber im Wesentlichen mit den Faktoren, die die Produkt- und Produktivitätsentwicklung in der Industrie bzw. im Verarbeitenden Gewerbe beeinflussen, also mit nur einem der zwei ausschlaggebenden Faktoren für die Wettbewerbsfähigkeit eines Landes bzw. einer Region.

Das Euromemorandum 2014 (www.euromemo.eu) skizziert den neuen allgemein notwendigen wirtschaftspolitischen Rahmen, der auf nationalstaatlicher und europäischer Ebene gesetzlich, steuer- und fiskalpolitisch umgesetzt werden muss. Alternative Industriepolitik ist zudem immer mit der Umweltpolitik sowie der Arbeits- und Sozialpolitik verbunden, ebenso mit der EU-Regional- und Kohäsionspolitik, die weiter unten diskutiert wird. In der Kurzfassung des Euro-Memorandums 2014 heißt es dann zur Industriepolitik:

»Die Dringlichkeit einer Industriepolitik in Europa wird allmählich von der Europäischen Kommission erkannt. Aber die Vorschläge sind beherrscht durch das enge Gerüst der Wettbewerbspolitik, ausschließlich ausgerichtet an den Zielen kurzfristiger Marktperformance. Es wird stattdessen eine Lösung gefordert, die das Ziel langfristiger industrieller Leistungsfähigkeit mit dem Schwerpunkt der sozio-ökologischen Transformation verbindet. Diese sollte sechs bedeutende Dimensionen umfassen:

1. eine europaweite Investitionsinitiative für einen sozio-ökologischen Umbau, um zugleich auch die Nachfrage zu erhöhen;
2. eine Umkehr des großen Verlustes an industrieller Kapazität in Europa;
3. ein starker Trend in Richtung Entwicklung neuer umweltverträglicher, wissensintensiver, hoch qualifizierter und gut bezahlter Tätigkeiten;
4. eine Rückgängigmachung der massiven Privatisierungen der letzten Jahrzehnte und eine substanzielle Unterstützung des öffentlichen Sektors auf EU-, nationaler, regionaler und kommunaler Ebene;
5. die Entwicklung eines neuen Trends in Richtung eine anderen Art von »Sicherheit«, verbunden mit Abrüstung, größerer Angleichung (cohesion) und verringerter Ungleichgewichte innerhalb der EU sowie einzelner Länder;
6. die Schaffung eines gewichtigen neuen Politikinstruments für die ökologische Transformation Europas. Spezifische Aktivitäten, die auf den neuen Industrialisierungstyp ausgerichtet sind, beinhalten
    (a) Umweltschutz und erneuerbare Energien,
    (b) Wissensproduktion und ihre Verbreitung, verstärkte ITC-Anwendung sowie web-basierte Tätigkeiten,

(c) verstärktes Angebot von Gesundheits-, Sozial- und Pflegedienstleistungen,
(d) Unterstützung für Initiativen für sozial und ökologisch nachhaltige Lösungen für Nahrungsmittel, Mobilität, Bauen, Energie, Wasser und Abfallverwertung«.[1]

Leitbild alternativer Industrie- und Strukturpolitik: Kohäsion der Länder und Regionen

Leitbild alternativer Re-Industrialisierung- und Regionalpolitik ist die schrittweise Kohäsion der Länder und Regionen der EU. Aktuell muss natürlich zunächst das durch die Austeritätspolitik verursachte drastische Wachstum der Disproportionen zwischen den Ländern gestoppt werden. Es ist unmittelbar einsichtig, dass die Angleichung bzw. »Gleichwertigkeit der Lebensverhältnisse« (so die Formulierung in Art. 106 GG der BRD) in der EU ein Prozess ist, der sich über Jahrzehnte erstrecken wird. In diesem Zeitraum werden sich die Produktions- und Konsumstrukturen generell ändern in Richtung Nachhaltigkeit und ökologischer Umbau. Man darf sich also das Ergebnis der Re-Industrialisierung nicht vorstellen als eine Kopie der heutigen Struktur der Industrieländer. In Griechenland und Portugal sollen also keine neuen Stahl- und Automobilwerke, wohl aber z. B. Motorenwerke neuer Art und Betriebe für Windkraftanlagen, für die Lebensmittelverarbeitung usw. entwickelt werden. Auch sollen auf übersättigten Märkten keine zusätzlichen Überkapazitäten errichtet werden. Eine erfolgreiche Re-Industrialisierung und Kohäsion wird aber in den Krisenländern das Einkommensniveau erhöhen und damit auch die Nachfrage nach »konventionellen« Waren und Dienstleistungen.

Da die Industrie- und Dienstleistungsstruktur sich heute unter dem Thema »grüner Kapitalismus« ständig und mit hohem Tempo erneuert, sollen die Krisenländer vielmehr einen angemessenen Anteil an diesem »Neuen« erhalten. Europäische Industrie- und regionale Strukturfondspolitik sowie die nationalstaatliche Standort- und Qualifikationspolitik müssen auf diese Ziele hinarbeiten.

---

1 EuroMemorandum 2014, Kurzfass., Pkt. 6, S. 3, www.euromemo.eu, Übers. H.B.

Dieser Ansatz unterstellt explizit, dass »der Markt« bzw. das »Marktregime« diese Ziele nicht erreicht, sondern konterkariert. Daher ist eine keynesianisch orientierte Kohäsions-, Regional- und Industriepolitik erforderlich, die dezidiert in die europäische Raumwirtschaftsentwicklung interveniert und sie im Sinne der Konvergenz steuert. In den 1970er bis 90er Jahren hat es sie im Großen und Ganzen – wenn auch nur mit mehr oder weniger begrenztem Erfolg (vgl. z.B. die Neuen Bundesländer und Irland) – schon einmal gegeben. Sie muss heute aber auch über ein viel höheres Budget als damals verfügen. Das EU Gesamtbudget im neuen Finanzplan 2014–2020 liegt aber sogar knapp unter einem (!) Prozent des EU-BIP und ist damit niedriger als in früheren Perioden und soll auch bis 2020 nicht steigen. Die Euromemogruppe plädiert dagegen bis 2020 für einen schrittweisen Anstieg auf fünf Prozentpunkte.

Partizipation und Demokratie ist einwachsender Imperativ für die Entwicklung und Akzeptanz der europäischen Strukturpolitik. Dabei ist nicht zu übersehen, dass vor allem in den 90er Jahren der Beteiligungsmechanismus der Regionen und ihrer Stakeholder verbessert worden ist. Regionale Entwicklungspläne wurden unter Beteiligung der Kommunen, von Gewerkschaften und Kammern sowie sonstigen zivilgesellschaftlichen Vertretern, z.B. Umweltverbänden, aufgestellt. Das Ko-Finanzierungsprinzip (in den damaligen Ziel-II-Regionen für die altindustriellen Regionen die jeweilige Drittelbeteiligung von EU, Land und Region) sorgte dafür, dass die Kommunalräte und die Landesregierung sowie zivilgesellschaftliche Akteure die Projekte mit auswählten und dann auch umsetzten. Paradebeispiel ist hier die Arbeitsweise der Internationalen Bauausstellung Emscherpark (1989–1999) im nördlichen Ruhrgebiet.

Ferner gehören öffentliche Entwicklungsbanken zu den Akteuren aller regionalen Entwicklungsstrategien. Allerdings gilt hier wie bei jeder Bank, dass deren Geschäftspolitik genauestens kontrolliert werden muss. Hochriskante Geschäfte müssen für sie (wie für Kommunen) tabu sein. (Es sind Zweckbanken wie die EIB, die auch regionalpolitisch aktiv werden müssen.) Sie müssen aber andererseits auch Wagniskapital zur Verfügung stellen, um die Gründerszene im Hochtechnologiebereich voranzutreiben.

Industrie 4.0, eine neue Revolution der Industrieentwicklung

Unter »Industrie 4.0« wird ein neues, noch nicht fertig ausgearbeitetes industrielles Konzept diskutiert und entwickelt, das die gesamte Neuorganisation der interindustriellen Arbeitsteilung und Kooperation sowie die Wartung der Produkte für die Verbraucher auf Basis der vollen Nutzung des Internets vorantreibt (Wahlster 2013).

Industrie 1.0 war die Dampfmaschine + Eisenbahn, Industrie 2.0 Elektrifizierung und Chemisierung der Wirtschaft, Industrie 3.0 die Automobilisierung und Computerisierung sowie Industrie 4.0 das nun beschriebene neue Stadium.

Industrie 4.0 geht davon aus, dass in jedem Produkt und Werkstück aktiv und passiv alle Informationen enthalten sind bzw. »versenkt« werden, die erforderlich sind, um mit den zugehörigen Produkten und Produktgruppen relativ selbstständig via »Internet der Dinge« zu kommunizieren, deren Weiterentwicklung zu fördern und ökologischen Qualitätsnormen immer besser zu entsprechen.

Vorab sind einige Grundsatzfragen zu stellen: besteht bzw. entwickelt sich durch Industrie 4.0 ein gesamtwirtschaftlicher Produktivitätssteigerungseffekt? Die Investitionen (vor allem I&K) sind enorm. Bekannt sind auch Sackgassen der Technisierung, z. B. hypersonic-Flugzeuge wie die Concorde, die Atomindustrie sowie die extreme Fossibilisierung der Lebensweise, hyperschnelle Magnetschwebebahnen (Transrapid) usw. Werden zweitens die Datensicherheitsprobleme exponentiell wachsen? Wie werden drittens die globalen Konkurrenzverhältnisse zwischen den Industrienationen beeinflusst, und wie die der Industrieländer zu den Schwellenländern? Wie verändert sich die Stellung der hoch qualifizierten und gering qualifizierten Arbeit im Produktions- und Reproduktionsprozess? Wie bei jeder Revolution der Produktivkräfte werden also grundsätzliche sozialökonomische Probleme (Kontroll-, Eigentums- und Ökologiefragen) aufgeworfen.

Ein Kernpunkt von Industrie-4.0 ist nach Auffassung ihrer führenden deutschen Vertreter die Fähigkeit, die Systemführerschaft bei der Normensetzung und Standardisierung zu erringen (»Deutschland muss die globale Systemführerschaft erkämpfen«, und zwar im Bereich der Entwicklung und Produktion der Industrieanlagen sowie ihrer Steuerung, also eine erweiterte, von der Dominanz im Maschinen- und Fahrzeugbau ausgehende Führungsposition). Dieses hegemoniale Streben ist natürlich zweischneidig.

Es werden diesbezüglich in der ersten Liga der globalen Konkurrenz nur noch drei Nationen ausgemacht: die USA als Dominante in der Hardware- und Softwareentwicklung, aber mit relativ schwacher Industrie, die nun aber wieder gestärkt werden soll (Obamas Re-Industrialisierung), China als Hardware- und industrieller Massenproduzent und sowie Deutschland als Produzent hochwertiger Maschinen, Industrieanlagen (Maschinensysteme) und Verbrauchsgüter (Autos) sowie als Entwickler hochkomplexer Maschinen und Fertigungsprozesse (…). Die EU und Japan wird namentlich nicht erwähnt, eine typisch deutsche Überheblichkeit.

Re-Industrialisierung?
Mit der Forderung nach Re-Industrialisierung in den Krisenländern rennt man heute bei den herrschenden Wissenschafts- und Politikinstitutionen, neuerdings auch wieder bei der EU-Kommission, offene Türen ein, obwohl die gleichen Institute und Institutionen in der ersten Dekade nach 2000 für die Bundesrepublik den angeblich zu geringen Anteil des Dienstleistungssektors an der Bruttowertschöpfung und den Beschäftigten der Gesamtwirtschaft beklagten. Dies war eine sehr oberflächliche und irreführende Debatte. (Ähnlich wie die vom IFO-Präsidenten H. W. Sinn ausgelöste Diskussion über Deutschland als »Basarökonomie«: Die stärkste Industrienation der EU – Deutschland – wurde zur Zwischen-Handelswirtschaft (!) erklärt. Es ist offenbar doch ein nicht-triviales Problem, die industrielle Stärke einer Volkswirtschaft bzw. Region zu bestimmen.

Der Industrieanteil an der Bruttowertschöpfung (BWS) und Gesamtbeschäftigung kann aus verschiedenen Gründen fallen: erstens, weil der Dienstleistungssektor (DL-Sektor) schneller wächst als der Industriesektor (der auch wächst, aber wegen seiner überproportional steigenden Arbeitsproduktivität beschäftigungsmäßig stagniert oder schrumpft), zweitens weil die BWS der Industrie stagniert, die der DL-Sektor aber steigt, drittens, weil der Industriesektor schneller sinkt als der DL-Sektor. Und viertens, weil durch Outsourcing und »Konzentration auf das Kerngeschäft« sich in allen Regionen schlicht die statistischen Grundlagen verändert haben. Betriebsinterne Logistik-, Ingenieur-, Instandsetzungs- und Sozialabteilungen usw. wurden und werden verselbstständigt und zählen heute zum tertiären Sektor.

Partiell de-industrialisierte Krisenländer und -regionen haben daher – als Ausdruck ihrer Schwäche – in der Regel einen hohen (!) Tertiärsektor, also genau das, was vor zehn bis 15 Jahren fälschlicher Weise gefordert wurde.

Ein sehr hoher Industrieanteil (z. B. in Rumänien und Bulgarien) kann aber auch Schwäche ausdrücken, nämlich dann, wenn die industrielle Produktivität gering ist und die Produktion nur eine Ergänzung zu den industriellen Kernländern darstellt: verlängerte Werkbänke. Letztere sind aber häufig noch besser als keine Industrie, weil sie mit einer geeigneten Industrie- und Regionalpolitik[2] in Richtung mehr Selbstständigkeit weiterentwickelt werden können.

Industrie-4.0-Politik auch für die EU-Krisenländer geeignet?
Als nächstes stellt sich die Frage, ob die Industrie 4.0-Politik auch für die Krisenländer wie Griechenland und Spanien und andere relevant ist. Die Antwort kann nur »unbedingt ja« lauten. Natürlich sollte sie an dem vorhandenen Industrie-Bestand ansetzen und dort durch Innovationen und Rationalisierung retten, was zu retten ist. Auf lange Sicht haben aber auch diese Länder Chancen, neue Unternehmen und Cluster zu entwickeln. Die Voraussetzungen sind oben beschrieben: leistungsfähige Hochschulen und Forschungseinrichtungen, hervorragende Bildungseinrichtungen, innovative Milieus, intensive Zusammenarbeit von öffentlichen und privaten Akteure usw. Natürlich spielen auch Marktmacht, Kapitalkonzentration, die Qualität der KMU sowie die Managementqualität eine große Rolle. Die Kommission der EU muss zudem eine entwicklungsfreundliche Beihilfepolitik betreiben. Bei den Krisenländern müssen vermutlich zwei Gruppen unterschieden werden, die großen Länder Frankreich, Spanien, Italien

---

2 Für Korrekturen und sachliche Hinweise danke ich Sylvia Kampa.

und Polen sowie die kleinen Länder Griechenland, Portugal Irland und die anderen osteuropäischen Länder. Die großen Länder verfügen über einen ausreichend großen Binnenmarkt, um neue Technologien und Branchen auch nachfrageseitig zu stützen (Leitnachfrage erzeugen, z. B. durch die im EEG installierte Förderung der regen. Energiequellen).

Der Vergleich der jeweiligen Wirtschaftsstrukturen der EU-Länder soll deutlich machen, wo ihre größten Schwächen und Stärken liegen
Deutsche Bank Research hat Ende 2013 eine interessante Studie über die Probleme der Re-Industrialisierung Europas vorgelegt (DB Research 2013). Sie vergleicht Niveaus, Entwicklung und Probleme der Industrie in den Mitgliedsländern, bewertet Strategien, zieht Schlussfolgerungen und spricht einige Empfehlungen aus. Den entwickelten Dortmunder Strukturanalyse-Ansatz verfolgt sie nicht. Allerdings geht sie über die schlichte Anteilsanalyse der Industriebeschäftigung und der Bruttowertschöpfung hinaus.

Schaubild 1 der DB-Research-Studie zeigt den Anteil des verarbeitenden Gewerbes an der gesamten Wertschöpfung sowie die Entwicklung der realen BWS der EU im Zeitablauf 2000 bis 2012. Die anteilige Industriebedeutung nimmt ab, allerdings stärker als ihre reale BWS, die dafür in der großen Krise zwischen 2008 und 2011 stark geschwankt hat.

In Kapital 1 wird die Zielsetzung der EU, den Industrieanteil wieder zu erhöhen (bis 2020 auf 20 Prozent, so beschlossen 2012), unterstützt, aber zu Recht auf die enormen Schwierigkeiten verwiesen, dieses Ziel auch zu erreichen. Die Kommission betont vier Handlungsfelder: Investitionen in neue Technologien, verbesserter Binnenmarkt für Waren und Dienstleistungen, besserer Finanzierungszugang für KMU sowie mehr Investitionen in Humankapital. Der zweite Punkt ist nicht ganz nachvollziehbar, wenn er nicht als öffentliche Leitnachfrage gemeint ist.

Abbildung 2 der DB-Research-Studie zeigt die Hegemonie des deutschen Verarbeitenden Gewerbes unter den großen Mitgliedsländern auf. Der Absturz der Industriebeschäftigung in der großen Krise wurde danach gebremst, allerdings in unterschiedlichen Maße.

Mit 30,5 Prozent an der gesamten industriellen Beschäftigung drückt Deutschland die anderen Länder an die Wand (12,6 Prozent Italien, 10,4 Prozent Frankreich, 9,8 UK, 7,2 Prozent Spanien sowie 29,6 Prozent »Rest«).

Von 2000 bis 2012 hat sich der Bruttowertschöpfungs-Anteil des Verarbeitenden Gewerbe in folgenden Ländern dramatisch reduziert (Abbildung 5): Finnland -10,5 Prozentpunkte (vgl. die Wucht der Nokia-Krise), UK -5,6, Belgien -5,9, -Schweden 5,6, Frankreich -5,2, Spanien -4,6, Italien -4,5. Deutschland konnte dagegen (durch die Lohndumpingpolitik und technologische Offensiven) seinen Anteil halten und ihn damit in der EU deutlich steigern.

Weit unterdurchschnittlich verloren die Niederlande (-2,0 Punkte) sowie Österreich (-1,9), die EU insgesamt 3,2 Punkte.

Die reale Wertschöpfung wächst in den neuen mittel- und osteuropäischen Staaten weit überdurchschnittlich, was einerseits auf die Nichtmitgliedschaft in der EWS, andererseits auf die immer noch niedrigen Löhne, aber die schnell wachsende Produktivität zurückzuführen ist. Letztere hat viel damit zu tun, dass führende Industrien von westlichen Konzernen übernommen und sowohl durchrationalisiert als auch innovativ als Eigenmarken entwickelt wurden (Skoda-VW, Dacia-Renault). Das Papier betont aber zu recht, dass hohe Industrie-

Tabelle 1: Anteile von EU-Ländern an der industriellen EU-Brutto-Wertschöpfung 2012 (A); Anteilsentwicklung von 2000 bis 2012 (B) in Prozentpunkten in den jeweiligen Ländern; (C) Entwicklung der Industriebeschäftigung 2000–2012 in %

	(A)	(B)		(B)		(C)
EWU	19,1	-3,3	EWU	-3,3	EU	-17,6
Deutschland	30,5	-0,0	Finnland	-10,2	Deutschland	-4,4
Italien	12,6	-4,5	Belgien	-5,9	Österreich	-0,4
Frankreich	10,4	-5,2	Schweden	-5,6	UK	-34,9
UK	9,8	-5,6	Niederlande	-2,0	Portugal	-32,9
Spanien	7,2	-4,6	Österreich	-1,9	Spanien	-22,8
»Rest«	29,6				Frankreich	-22,0

Quelle: DB Research 2013, eigene Zusammenstellung

anteile nicht unbedingt Stärke ausdrücken, sondern nur dann, wenn diese Industrien auch starke Weltmarktpositionen wahrnehmen.

Die Zahl der Industriebeschäftigten ist von 2000 bis 2012 vor allem in Südeuropa gesunken (Abbildung 8), wozu auch Frankreich zählt (-22 Prozent), während UK sogar knapp 35 Prozent einbüßte. Dies sind ungeheuer hohe Zahlen, die einen radikalen Bruch in der Wirtschafts- und Beschäftigungsentwicklung und Handlungsbedarf signalisieren.

Es gibt vielfältige Gründe für den Bedeutungsverlust der Industriebeschäftigung:

Gesamtwirtschaftlich eine wachsende Arbeitsproduktivität, zunehmende Marktsättigung bei Industrieprodukten, interregional auseinander laufende Lohnstückkosten, die die Produktivitätsentwicklung (beeinflusst durch die Höhe der F&E-Ausgaben, die Ausbildungsqualität usw.) und die Lohnkosten widerspiegeln, die ihrerseits in Deutschland durch die Hartz IV-Niedriglohnpolitik negativ beeinflusst wurden. Die Fähigkeit, auf großen Wachstumsmärkten, China und das restliche Südostasien, den sonstigen BRIC Staaten sowie den USA – immer noch von großer Bedeutung – mit Industrieprodukten und industriellen Lösungskonzepten präsent zu sein, spielt bei stagnierenden europäischen Märkten eine wachsende Rolle.

Von großer Bedeutung sind ferner unterschiedliche Branchenstrukturen in den Ländern und Regionen, z. B. in Deutschland die hohe Bedeutung des Maschinen- und Fahrzeugbaus, der Chemie und Elektroindustrie, während in Frankreich die Lebensmittelindustrie mit 18,9 Prozent (2012) Anteil am verarbeitenden Gewerbe hervorsticht. Lebensmittel sind aber schwerer dauerhaft zu exportieren, und die deutsche Fleischindustrie z. B. attackiert mit aggressivem und teilweise kriminellem Lohndumping den französischen Markt, d. h. Frankreich ist auf seinem Kernkompetenzmarkt leichter angreifbar als Deutschland etwa auf dem Sektor Maschinenbau.

Fragwürdiger Systemwechsel in der EU-Regionalpolitik
2013 wurde der neue Sieben-Jahresplan für den EU-Haushalt und damit auch für die EU-Kohäsions- und Strukturpolitik aufgestellt und

verabschiedet. Die Gesamtfördersumme von 2014 bis zum Jahr 2020 wurde vor allem auf Drängen von UK und Deutschland nominell absolut und relativ gesenkt, was real einen bedeutenden Einschnitt bedeutet. Zugleich wurden die Bewilligungsbedingungen so ausgerichtet, dass die Kommission die Nehmerländer noch stärker in das Korsett des Fiskalpaktes zwingen wird (Arbeit und Wirtschaft (2014).

Der Souveränitätskonflikt zwischen der EU und den Krisenländern bezüglich der Austeritätspolitik wird nun auch noch verstärkt auf der regionalen und kommunalen Ebene der Strukturpolitik zugespitzt. Die regionale Ausgleichspolitik wird massiv abgewertet.

Troika-Politik: »innere Abwertung« statt Aufbau neuer Wirtschaftsstrukturen

Die Strategie der Troika für die Krisenländer beruht auf einer brutalen »inneren Abwertung«, d.h. einer einschneidenden Senkung von Löhnen, Gehältern, Sozialausgaben sowie Staatsausgaben und Privatisierung und einer Verteuerung der Importe. Dies geht mit einer drastischen Schwächung der Gewerkschaften und sonstigen Verbänden einher. Die Eintreibung von Steuern von Vermögenden steht zwar auch auf dem Programmzettel, wird aber mit den bekannten Begründungen (Kapital ist scheu wie ein Reh) nicht konsequent verfolgt.

Die »innere Abwertungspolitik« hat Krisenniveaus wie in den 30er Jahren des 20. Jahrhunderts erzeugt. Die drastischen Importrückgänge von Ländern wie Spanien, Portugal und Griechenland haben zwar die Leistungsbilanzen stark verbessert, aber die Krise in der EU insgesamt und speziell in der EWU angefeuert. Wenn in den Nordländern keine starke Expansion stattfindet, werden sich in der nächsten Etappe die stagnativen und depressiven Tendenzen auf niedrigem Niveau verfestigen. Die starke Senkung der Lohnstückkosten der Krisenländer wird dann den Exportzuwachs ins Leere laufen lassen.

Die Strategie der »inneren Abwertung« weist verblüffende Parallelen zur Rückkehr zum ehemaligen Wechselkursmechanismus, also zum Austritt der Krisenländer aus dem Eurosystem auf. Für heutige technische und handelspolitische Verhältnisse kann dieser Ansatz bestenfalls als naiv bezeichnet werden.

Literatur

Arbeit und Wirtschaft (Arbeiterkammer Wien) (2014): Von makroökonomischen Konditionalitäten zu Leistungsüberprüfungen & Finanzkorrekturen – die neuen Ungetümer der europäischen Strukturfonds mit Giftzähnen! Elisabeth Beer und Silvia Hofbauer, 9. Jänner 2014 http://blog.arbeit-wirtschaft.at/die-neuen-ungetuemer-der-europaeischen-strukturfonds/

Bade, F. J. (2014): Die Schaubilder für diesen Beitrag har F. J. Bade freundlicher Weise zur Verfügung gestellt.

Bade, F. J. (2004): Regionale Entwicklung der Erwerbstätigkeit bis 2010. In: IzR (Informationen zur Raumentwicklung) 3/4.2004

Bade, F. J./Niebuhr, A. (1998): Zur Stabilität des räumlichen Strukturwandels. Institut für Raumplanung, Fakultät Raumplanung (Hg.): Arbeitspapier 158. Universität Dortmund. Auch erschienen in: Jahrbuch für Regionalwissenschaft. 1999

Best, Michael (2013): Produktive Strukturen und Industriepolitik in der EU (Produktive Structures and Industrial Policy in the EU). http://www2.alternative-wirtschaftspolitik.de/uploads/m1713.pdf

Bömer, H. (2000): Ruhrgebietspolitik in der Krise. Dortmunder Beiträge zur Raumplanung Bd. 101, Dortmund

Bömer, H. (2005) Moderne Wirtschaftsförderungspolitik unter den Bedingungen von Massenarbeitslosigkeit. Das Beispiel Dortmund. Institut für Raumplanung, Fakultät Raumplanung, Arbeitspapier 182, 2005

Deutsch Bank DB-Research EU-Monitor Europäische Integration, Nov 2013: Re-Industrialisierung Europas – Anspruch und Wirklichkeit

Deutsche Akademie der Technikwissenschaften (acatech)(2013): Deutschlands Zukunft als Produktionsstandort sichern. Umsetzungsempfehlungen für das Zukunftsprojekt Industrie 4.0. Abschlussbericht des Arbeitskreises Industrie 4.0. April 2013

IMK (2013a) (Herzog-Stein, Alexander/Joebges, Heike/Stein, Ulrike/Zwiener, Rudolf); Arbeitskostenentwicklung und internationale Wettbewerbsfähigkeit in Europa. Arbeits- und Lohnstückkosten in 2012 und im 1. Halbjahr 2013. IMK Report, Nr. 88, Dezember 2013.

IMK (2013b) (Stephan, Sabine/Löbbing, Jonas): Außenhandel der EU27. Eine regionale und sektorale Analyse. IMK Report, Nr. 83, Juni 2013.

IMK (2012a): Zu schwache deutsche Arbeitskostenentwicklung belastet Europäische Währungsunion und soziale Sicherung. Arbeits- und Lohnstückkosten in 2011 und im 1. Halbjahr 2012. IMK Report, Nr. 77, November 2012.

Strohmeier, P. (2002): Demografischer Wandel im Ruhrgebiet. Bevölkerungsentwicklung und Sozialraumstruktur im Ruhrgebiet. Im Auftrag und herausgeben von der Projekt Ruhr. Essen

Wahlster, Wolfgang (2013): Das Internet im Dienste der Smart Factory – Chancen, Barrieren und evolutionäre Umsetzungsstrategien. Technology Review Innovationskongress 2013 zum Thema: Industrie 4.0. Die Fabrik der Zukunft. Berlin, 5. November 2013

NEUE DENKANSTÖSSE FÜR POLITISCHE ALTERNATIVEN

Anhang Tabelle: Indikatoren der EU Wirtschaftsleistung, Arbeitslosigkeit und Lohnzuwächse

		BIP Wachstum 2012-13, in %	BIP Wachstum Höchststand vor der Krise −2013, in %	Arbeitslosigkeit, Juli 2013, in %	Jugendarbeitslosigkeit, Juli 2013, in %	Reallohnzuwachs, 2012-13, in %	Reallohnzuwachs, Höchststand vor d. Krise −2013, in %
	Eurozone (17)	-0,4	-1,9	12,0	23,8	0,3	-0,7
	EU (28)	-0,1	-1,5	10,9	23,4	0,2	-0,4
Eurozone Kernländer	Österreich	0,6	2,3	4,8	9,1	-0,2	-1,9
	Belgien	0,0	1,1	8,7	23,7	1,0	1,0
	Finnland	0,3	-2,8	8,3	20,0	1,3	1,4
	Frankr.	-0,1	0,5	11,0	25,8	-0,3	0,5
	Deutschl.	0,4	2,9	5,2	7,8	0,8	2,5
	Luxemb.	0,8	0,8	5,9	18,2	0,5	-1,0
	Niederl.	-0,8	-2,8	7,0	11,5	-0,8	-2,3
Eurozone Peripherie	Griechenl.	-4,2	-23,4	27,6	57,3	-6,2	-22,1
	Irland	1,1	-5,0	13,7	28,5	-1,0	-3,5
	Italien	-1,3	-8,1	12,1	39,7	-0,4	-3,6
	Portugal	-2,3	-7,9	16,6	37,3	2,6	-6,4
	Spanien	-1,5	-6,4	26,3	55,9	-0,3	-6,9
Neue Länder in der Eurozone	Zypern	-8,7	-10,9	16,4	38,6	-8,3	-9,1
	Estland	3,0	-1,9	7,9	15,7	2,3	-2,4
	Malta	1,4	4,6	6,4	13,4	0,0	-1,8
	Slowakei	1,0	5,5	14,1	32,6	-0,2	-4,4
	Slowenien	-2,0	-10,1	10,4	25,0	-1,9	-4,2
Nördl. Nicht-Euroraum	Dänemark	0,7	-3,6	6,9	12,0	-0,1	-2,2
	Schweden	1,5	6,6	7,8	23,0	1,9	3,0
	GB	0,6	-1,9	7,6	20,9	0,6	-3,2
Östl. Nicht-Euroraum	Bulgarien	0,9	-1,7	12,9	28,8	1,8	7,8
	Kroatien	-1,0	-11,8	16,9	52,0	0,9	1,2
	Tschech.	-0,4	-2,1	6,9	18,6	-0,4	1,3
	Ungarn	0,2	-5,4	10,2	27,7	-3,1	-13,7
	Lettland	3,8	-8,8	11,4	19,7	1,2	-8,9
	Litauen	3,1	-2,1	12,2	23,1	2,1	-14,8
	Polen	1,1	13,6	10,4	26,2	1,2	-0,1
	Rumänien	1,6	-3,5	7,5	23,2	1,7	-11,8

Quelle: BIP & Arbeitslosigkeit: Eurostat (Okt. 2013); Reallöhne: Ameco (Mai 2013).
Aus: Euromemorandum 2014 Tab. 1.1., April 2014

Claudia Weinkopf

Niedriglohn ist weiblich

In Deutschland verdienen Frauen pro Arbeitsstunde im Durchschnitt rund 22% weniger als Männer. In kaum einem anderen EU-Staat ist der Gender Pay Gap so ausgeprägt und es gab in Deutschland diesbezüglich auch kaum Fortschritte in den vergangenen Jahren. Lohnunterschiede zwischen Frauen und Männern bestehen auf allen Qualifikationsebenen und Hierarchiestufen – von der Führungs- bis zur Hilfskraft. Studien zu den Ursachen und Hintergründen des Gender Pay Gaps verweisen darauf, dass sich diese nur zum Teil auf Unterschiede in den beobachtbaren individuellen Merkmalen der Beschäftigten (Alter, Bildung und Erfahrung) und den Arbeitsplätzen (Branche und Betriebsgröße) zurückführen lassen. »Der Rest beruht auf nicht beobachteten Faktoren. Hierzu gehören mit großer Wahrscheinlichkeit auch diskriminierend wirkende Mechanismen auf dem Arbeitsmarkt, die für Frauen zu Abschlägen beim Verdienst führen.« (Busch/Holst 2008: 184)

Ich möchte in diesem Beitrag zeigen, dass die starke Zunahme der Niedriglohnbeschäftigung in Deutschland seit Mitte der 1990er Jahre und die deutliche Ausdifferenzierung des Lohnspektrums nach unten einen zentralen Beitrag zu den erheblichen Diskrepanzen geleistet hat und dass Frauen von der Einführung eines gesetzlichen Mindestlohns ab Anfang 2015 stark profitieren würden.

Frauen sind hierzulande von Niedriglöhnen (gemäß OECD-Definition unterhalb von zwei Dritteln des mittleren Stundenlohns) stark überproportional betroffen: Fast jede dritte erwerbstätige Frau (30,8%) arbeitete im Jahr 2012 für einen Niedriglohn von unter

9,30 Euro brutto pro Stunde, während es bei den Männern nur 18% der Beschäftigten waren (Kalina/Weinkopf 2014). Obwohl das Risiko von männlichen Beschäftigten, für einen Niedriglohn zu arbeiten, in den vergangenen Jahren deutlich gestiegen ist, hat dies bislang noch nicht dazu geführt, die ungleiche Betroffenheit von Niedriglöhnen spürbar zu verändern: Nach wie vor sind fast 63% der Niedriglohnbeschäftigten in Deutschland weiblich und die Chancen, aus dem Niedriglohnsektor herauszukommen, sind für Frauen besonders ungünstig (Kalina 2008).

Frauen arbeiten deutlich häufiger als Männer in Kleinbetrieben und im Dienstleistungssektor, die beide überdurchschnittlich hohe Anteile von Niedriglohnbeschäftigten aufweisen. Die meist geringe Tarifbindung in frauendominierten Branchen und der niedrige gewerkschaftliche Organisationsgrad der Beschäftigten machen es schwierig, bessere Löhne durchzusetzen. Vor diesem Hintergrund sind Frauen auch weitaus häufiger als Männer von sehr geringen Stundenlöhnen (weniger als 50% des Medians) betroffen. So verdienten im Jahr 2012 6,4% aller weiblichen Beschäftigten weniger als 5 Euro brutto pro Stunde, aber nur 3,7% der Männer. Für einen Stundenlohn von unter 6 Euro arbeitete fast jede zehnte Frau (Männer: 5,2%) (Kalina/Weinkopf 2014). Selbst bei Vollzeitarbeit reichen solche Löhne kaum aus, um den Lebensunterhalt zu bestreiten. Das Risiko, für einen geringen Stundenlohn zu arbeiten, ist bei Teilzeitbeschäftigung und vor allem bei Minijobs besonders hoch. Von den geringfügig Beschäftigten waren im Jahr 2012 sogar fast 80% von Stundenlöhnen unterhalb der Niedriglohnschwelle betroffen. Da bei Frauen geringe Stundenlöhne und kurze Arbeitszeiten häufig zusammen kommen, erzielen viele einen monatlichen Verdienst, der nicht zum Leben reicht. Strittig war in Politik und Wissenschaft lange Zeit, ob dies für oder gegen die Einführung eines gesetzlichen Mindestlohns spricht: Nicht selten wurde behauptet, dass Niedriglöhne bei Teilzeit kein Problem sind, weil es sich hierbei typischerweise um einen »Zuverdienst« handele und die Betroffenen im Haushaltskontext abgesichert seien.

Gegen diese Annahme sprechen z. B. Befunde des Statistischen Bundesamtes (2004), nach denen zwei von drei Teilzeitbeschäftigten schon vor Jahren angaben, auf ihren Verdienst angewiesen zu sein (in Ostdeutschland sogar drei Viertel). Selbst von den Beschäftigten in Minijobs lebte im Jahr 2008 nur noch etwa jede/r zweite in einem Haushalt, in dem es auch jemanden mit einem »Normalarbeitsverhältnis« gab. Das Armutsrisiko von geringfügig Beschäftigten hat sich zwischen 1998 und 2008 auf gut 23 % mehr als verdoppelt (Statistisches Bundesamt 2009). Nicht zuletzt ist der Verweis auf die Absicherung im Haushaltskontext auch deswegen fragwürdig, weil Arbeitslosigkeit des Partners oder der Partnerin, Trennung oder Scheidung die Situation rasch und nachhaltig ändern können.

Darüber hinaus zielt die Einführung eines gesetzlichen Mindestlohns nicht allein darauf ab, die materielle Lage von gering Verdienenden zu verbessern. Vielmehr geht es dabei auch darum, Lohndumping zu unterbinden, das in Deutschland in den letzten Jahren immer weiter um sich gegriffen und die Finanzierungsgrundlagen des Sozialstaates zunehmend aushöhlt hat. Bislang können sich Unternehmen in Deutschland darauf verlassen, dass der Staat bei niedrigen Löhnen die Ausfallbürgschaft übernimmt – insbesondere durch ergänzende Ansprüche auf Arbeitslosengeld II, wenn der Bedarf im Haushaltskontext nicht über die eigenen Einkünfte gedeckt werden kann. Hiervon sind aktuell rund 1,3 Millionen Erwerbstätige betroffen und die Kosten für solche »Aufstockungen« beliefen sich im Jahr 2011 auf fast 11 Milliarden Euro (Deutscher Bundestag 2012).

Nach wie vor gab und gibt es zahlreiche Stimmen, die vor der Einführung eines gesetzlichen Mindestlohns warnen. Dieser würde zu einem massiven Wegfall von Arbeitsplätzen führen und hiervon seien gering Qualifizierte, die ja besonders schlechte Chancen auf dem Arbeitsmarkt haben, besonders betroffen. Es ist jedoch ein weit verbreiteter Irrtum, dass Niedriglöhne in Deutschland vorwiegend gering Qualifizierte betreffen. Tatsächlich hatten im Jahr 2012 aber gut drei Viertel der Niedriglohnbeschäftigten in Deutschland eine abgeschlossene Berufsausbildung oder sogar einen akademischen Abschluss. Bei den Niedriglohnjobs handelt sich auch keineswegs nur um »einfache« Tätigkeiten, wie ebenfalls häufig behauptet wird. Vielmehr handelt es sich zur Hälfte um Tätigkeiten, für die nach Angaben der Beschäftigten eine Berufsausbildung oder eine höherwertige Ausbildung erforderlich ist (Kalina/Weinkopf 2014).

Was die Beschäftigungswirkungen von Mindestlöhnen betrifft, gibt die von Ökonom/innen häufig vertretene Position, dass die Wirkungen von Mindestlöhnen tendenziell negativ seien, den Stand der Forschung nicht angemessen wieder (vgl. hierzu ausführlicher Bosch/Weinkopf 2013a). Tatsächlich sind vor allem neuere Studien weit überwiegend zu dem Ergebnis gekommen, dass diese der Beschäftigung nicht schaden. Bezogen auf Großbritannien wurde dies seit Einführung des dortigen gesetzlichen Mindestlohnes im Jahr 1999 von der so genannten »Low Pay Commission« und durch zahlreiche wissenschaftliche Studien immer wieder bestätigt (vgl. z. B. Metcalf 2008; Dolton et al. 2012). Forscher/innen der Universität Berkeley haben darüber hinaus in mehreren aktuellen Untersuchungen nachgewiesen, dass in früheren Studien festgestellte Befunde zu negativen Beschäftigungswirkungen nicht haltbar sind, wenn die Berechnungen mit verfeinerten ökonometrischen Methoden wiederholt werden (Allegretto et al. 2011; Dube et al. 2010; Dube et al. 2007).

Im europäischen Vergleich stand Deutschland lange Zeit mit dem Verzicht auf eine verbindliche Lohnuntergrenze und der Entscheidung, allein auf tarifliche Mindestlöhnen in wenigen Branchen zu setzten, ziemlich alleine. Aktuell haben 21 von 28 EU-Staaten einen gesetzlichen Mindestlohn (Schulten 2014). Die wenigen anderen EU-Länder ohne Mindestlohn (z. B. Dänemark, Schweden, Finnland, Italien, Österreich) haben über unterschiedliche Mechanismen eine sehr hohe Tarifbindung, die einen gesetzlichen Mindestlohn entbehrlich macht (Eldring/Alsos 2012). Westeuropäische Nachbarländer wie Belgien, Frankreich und die Niederlande haben bei genauerer Betrachtung zudem zwei Arten von Mindestlöhnen – den gesetzlichen Mindestlohn und darüber hinaus einen hohen Anteil von allgemeinverbindlichen Tarifverträgen, die für eine angemessene Vergütung von qualifizierten Tätigkeiten sorgen (Bosch/Weinkopf 2013b). Vor diesem Hintergrund ist auch zu begrüßen, dass es trotz der Einführung eines gesetzlichen Mindestlohns in Deutschland ab Anfang 2015 auch weiterhin möglich sein soll, auf der Branchenebene höhere Mindestlöhne nach dem

Arbeitnehmer-Entsendegesetz zu vereinbaren, und dass Allgemeinverbindlichkeitserklärungen erleichtert werden sollen.

Aus der Gender-Perspektive ist festzuhalten, dass in Großbritannien Frauen von der Einführung des gesetzlichen Mindestlohnes im Jahr 1999 und dessen deutlichen Steigerungen seitdem stark profitiert haben. Die britischen Erfahrungen verweisen darauf, dass ein gesetzlicher Mindestlohn auch einen wichtigen Beitrag leisten kann, um die Lohnunterschiede zwischen Männern und Frauen spürbar zu verringern (Low Pay Commission 2007). Dies ist auch in Deutschland zu erwarten. Im Jahr 2012 arbeiteten fast ein Viertel der weiblichen Beschäftigten (24,2%) für Stundenlöhne von unter 8,50 Euro und hätten damit bei Einführung des Mindestlohns Anspruch auf eine Lohnerhöhung (Kalina/Weinkopf 2014).

Zweifellos wird der gesetzliche Mindestlohn von 8,50 Euro alleine nicht automatisch zu einer eigenständigen Existenzsicherung von Frauen führen, weil viele in sozialversicherungspflichtiger Teilzeit oder in Minijobs arbeiten. Auch zur Verringerung des Gender Pay Gap ist eine solche Lohnuntergrenze nur ein erster wichtiger Schritt. Besondere Herausforderungen stellen sich zudem bei der wirksamen Durchsetzung des gesetzlichen Mindestlohns im Bereich der Minijobs. In diesem Bereich müssen nicht nur die Stundenlöhne vieler Beschäftigter oft deutlich angehoben, sondern auch weitere Benachteiligungen wirksam unterbunden werden. Wie eine Studie des RWI (2012) gezeigt hat, werden viele Minijobber/innen bislang nur für Stunden bezahlt, die sie auch tatsächlich gearbeitet haben. Die Bezahlung von Urlaubs- und Feiertagen und die Lohnfortzahlung im Krankheitsfall sind demgegenüber in Minijobs oft nicht üblich und müssen künftig erst noch durchgesetzt werden.

Um den Gender Pay Gap in Deutschland weiter zu schließen, wäre ein ganzes Bündel weiterer Maßnahmen erforderlich. Das Spektrum reicht von einer Höherbewertung und besseren Bezahlung typisch weiblicher Tätigkeiten z. B. in den personenbezogenen Dienstleistungen über mehr Frauen in Führungspositionen und verbesserte Rahmenbedingungen für die Vereinbarkeit von Beruf und Familie für beide Geschlechter bis hin zu einer grundlegenden Modernisierung des Steuer- und Sozialversicherungssystems. Besonders wichtig erscheint überdies, die Anreize zur Aufspaltung von sozialversicherungspflichtigen Arbeitsverhältnissen in Minijobs zu verringern. Der wirkungsvollste Weg wäre, diese Sonderform der Beschäftigung endlich abzuschaffen. Erforderlich wäre zudem, Ansatzpunkten und Strategien zu entwickeln, um die Aufstiegsmobilität aus prekären, häufig gering entlohnten Jobs in besser bezahlte Beschäftigung mit längerer Arbeitszeit wirksam zu flankieren und zu unterstützen.

Literatur

Allegretto, Sylvia / Dube, Andrajit / Reich, Michael (2011): Do Minimum Wages Really Reduce Teen Employment? Accounting for Heterogeneity and Selectivity in State Panel. In: Industrial Relations – Journal of Economy and Society 50 (2): 205-240.

Bosch, Gerhard / Weinkopf, Claudia (2013a): Gut gemachte Mindestlöhne schaden der Beschäftigung nicht. IAQ-Report Nr. 2013-04. Duisburg: Institut Arbeit und Qualifikation.

Bosch, Gerhard / Weinkopf, Claudia (2013b): Wechselwirkungen zwischen Mindest- und Tariflöhnen. In: WSI-Mitteilungen 66 (6): 393-404.

Busch, Anne / Holst, Elke (2008): Verdienstdifferenzen zwischen Frauen und Männern nur teilweise durch Strukturmerkmale zu erklären. In: DIW-Wochenbericht 15: 184-190.

Deutscher Bundestag (2012): Antwort der Bundesregierung auf die Kleine Anfrage der Abgeordneten Jutta Krellmann, Sabine Zimmermann, Diana Golze, weiterer Abgeordneter und der Fraktion DIE LINKE – Drucksache 17/11503 – Regionale Entwicklung atypischer Beschäftigung. Drucksache 17/11968 vom 20. Dezember 2012. Berlin.

Dolton, Peter / Rosazza-Bondibene, Chiara / Wadsworth, Jonathan (2012): Employment, Inequality and the. UK National Minimum Wage over the Medium Term. In: Oxford Bulletin of Economics and Statistics 74 (1): 78-106.

Dube, Andrajit / Lester, T. William / Reich, Michael (2010): Minimum Wage Effects across State Borders: Estimates Using Contiguous Counties. In: Review of Economics and Statistics 92 (4): 945-964.

Dube, Andrajit / Naidu, Suresh / Reich, Michael (2007): The Economic Effects of a Citywide Minimum Wage. In: Industrial & Labor Relations Review 60 (4): 522-543.

Eldring, Line / Alsos, Kristin (2012): European Minimum Wage: A Nordic Outlook. Fafo-report 2012:16. Oslo.

Kalina, Thorsten (2008): Niedriglohnbeschäftigung in Deutschland: Sprungbrett oder Sackgasse? In: Arbeit 1: 21-37.

Kalina, Thorsten / Weinkopf, Claudia (2014): Niedriglohnbeschäftigung 2012 und was ein gesetzlicher Mindestlohn von 8,50 Euro verändern könnte. IAQ-Report Nr. 2014-02. Duisburg: Institut Arbeit und Qualifikation.

Low Pay Commission (2007): National Minimum Wage. Low Pay Commission Report 2007. The Stationary Office. London.

Metcalf, David (2008): Why Has the British National Minimum Wage Had Little or No Impact on Employment? In: Journal of Industrial Relations 50 (3): 489-512.

Schulten, Thorsten (2014): WSI-Mindestlohnbericht 2014 – stagnierende Mindestlöhne. In: WSI-Mitteilungen 67 (2): 132-139.

Statistisches Bundesamt (2004): Zwei von drei Teilzeitkräften leben wesentlich vom Arbeitseinkommen. Pressemitteilung vom 14. Oktober 2004. Bonn.

Statistisches Bundesamt (2009): Niedriglohneinkommen und Erwerbstätigkeit. Wiesbaden.

MOHSSEN MASSARRAT

Arbeitszeitverkürzung als Ausweg aus der Finanzkrise

Gibt es in Deutschland eigentlich noch Erwerbslosigkeit? Den Talkshows und ihren Ökonomen zufolge hat das Land offenbar eher das Problem des Fachkräftemangels. Weil wir es aber mit der Agenda 2010 geschafft hätten, mit der Arbeitslosigkeit fertig zu werden, würden wir in ganz Europa beneidet. Deshalb müssten die anderen Länder die deutsche Agenda-Politik nur nachahmen, um ihre eigene Erwerbslosigkeit wirksam zu bekämpfen. Hinter dieser Schönfärberei verbirgt sich jedoch das Schicksal von Millionen Menschen, die unter Erwerbslosigkeit, Unterbezahlung oder unfreiwilliger Unterbeschäftigung leiden. So betrug im April 2013 die Zahl der Erwerbslosen laut offizieller Statistik drei Millionen Menschen. Faktisch ist das reine Arbeitszeitvolumen seit dem Jahr 2000 beinahe unverändert geblieben. Das angebliche Jobwunder in Deutschland resultiert allein daraus, dass Millionen Vollzeitjobs verloren gingen und stattdessen Teilzeitjobs und geringfügige Beschäftigungen geschaffen wurden, von denen sich die Betroffenen oft nicht einmal ernähren können. In diesem Beitrag wird die These vertreten, dass die Massenarbeitslosigkeit und sinkende Reallöhne Wesenselemente des gegenwärtig dominanten Kapitalismusmodells und der Finanzkrise sind und dass die drastische Arbeitszeitverkürzung eine wichtige Strategie zur Überwindung der Finanzkrise darstellt.[1]

---

1   Zur historischen Notwendigkeit der Arbeitszeitverkürzung vgl. Heinz-J. Bon-

Massenerwerbslosigkeit und Finanzkrise

Überakkumulationskrisen sind Ausdruck der Konkurrenz und der Marktanarchie im Kapitalismus. Sie resultieren aus dem Widerspruch der schrankenlosen Mehrwertproduktion und Akkumulation einerseits und der Beschränktheit der Massenkaufkraft und der Aufnahmekapazität der Märkte andererseits. Ohne Überproduktion keine Konkurrenz und kein Kapitalismus. Die besonders produktiven Unternehmen steigern ihren Absatz innerhalb gegebener Massenkaufkraft und Nachfragekapazität und bewirken eine Überproduktion, die aber vorübergehend ist, weil gleichzeitig die besonders unproduktiven Marktteilnehmer ihre Wettbewerbsfähigkeit verlieren und ihre Produktion einstellen. In diesem dynamischen System sind beide Seiten, die Kapital- wie die Lohnarbeitsseite der unproduktiven Unternehmen Leidtragende der Überproduktion. Die Kapitalseite verliert durch Kapitalentwertung das überschüssige Kapital und die Lohnabhängigen verlieren Arbeitsplätze und müssen neue Jobs suchen. In wachsenden Ökonomien, wie dies im Deutschland der Nachkriegsjahre – wohl auch in fast allen Industrieländern dieser Zeit – der Fall war, sorgen Überproduktions- und Überakkumulationskrisen für die Bereinigung und Anpassung der Marktkräfte, gleichgewichtige und ungleichgewichtige Marktverhältnisse wechseln sich ab.[2]

Systemwechsel und Paradigmenwechsel

Wenn jedoch dieses Akkumulationsmodell an Wachstumsgrenzen stößt, ändern sich auch die Rahmenbedingungen grundlegend: die Arbeitslosigkeit nimmt zu, da die Aufnahmekapazität der Märkte begrenzt bleibt, die Produktivität aber durch Anwendung neuer Technologien und effizienterer Arbeitsorganisation weiter ansteigt. Sinken-

---

trup/Mohssen Massarrat: Arbeitszeitverkürzung und Ausbau der öffentlichen Beschäftigung. Manifest zur Überwindung von Massenarbeitslosigkeit, in: Ossietzky (Sonderdruck), Mai 2011.

2   In der Realität wird dieses Akkumulationsmodel mittels keynesianischer Staatsausgaben gelenkt. Einfachheitshalber wird hier allerdings von staatlichen Interventionen abstrahiert, um die Funktionsweise des Modells selbst besser verständlich zu machen.

de Wachstumskapazitäten auf Grund von Überbeanspruchung der Umweltressourcen müssen jedoch nicht zwingend zu steigender Erwerbslosigkeit führen. Gelänge es beispielsweise den Gewerkschaften, entsprechend der Produktivitätserhöhung sukzessive die durchschnittliche Arbeitszeit zu reduzieren, dann könnte auch grundsätzlich bei Nullwachstum, sogar bei Schrumpfung des Brutto-Inlandsprodukts wieder Vollbeschäftigung erzielt werden. Das bestehende Akkumulationsmodell könnte somit fortexistieren.[3] Verpassen jedoch die Gewerkschaften, aus welchen historischen Gründen auch immer, auf offensichtliche Grenzen des Wachstums mit Arbeitszeitverkürzung zu reagieren, dann steigt durch Produktivitätssteigerung freigesetzter Arbeitskräfte unweigerlich die Zahl der Arbeitslosen, die Massenerwerbslosigkeit wird dauerhaft. Unter diesen Bedingungen verbessern sich drastisch die Rahmenbedingungen für die Unternehmer. Diese sind fortan in der Lage, einen Systemwechsel herbeizuführen: weg vom keynesianischen und hin zu einem neoliberalen und finanzgetriebenen Kapitalismusmodell. Der Übergang zu diesem neuen Akkumulationsmodell fand überall in den entwickelten kapitalistischen Ländern in den 1980er und 1990er Jahren tatsächlich statt, zunächst in England und in den USA in der als Thatcherismus und Reaganismus bekannt gewordenen Ära und in den 1990er Jahren auch in Deutschland und den übrigen Ländern Europas. Bei allen Unterschieden als Folge von verschiedenen historischen Rahmenbedingungen kapitalistischer Länder weist das neue Akkumulationsmodell folgende gemeinsame Merkmale auf:

Umverteilung von unten nach oben

Es findet eine gravierende Verschiebung der Kräfteverhältnisse statt, die Gewerkschaften verlieren als Folge der Massenerwerbslosigkeit an Kampfkraft, die Unternehmer erobern dagegen in allen ökonomischen wie gesellschaftlichen Fragen die politische Hegemonie. Die

---

3 In einem solchen Modell würde zwar das monetäre Pro-Kopf-Einkommen sinken, der durch frei disponible Arbeit geschaffene Wohlstand (Selbstversorgung, Kindererziehung, ehrenamtliche und künstlerische Tätigkeiten etc.) jedoch steigen.

Konkurrenz unter den Beschäftigten trägt dazu bei, dass es, wie die unten stehende Tabelle zeigt, zu einer Reallohnsenkung und drastischen Reduzierung der Lohnquote von 72,1 Prozent im Jahr 2000 auf 67,7 Prozent im Jahr 2012 führt. Fortan dominieren in den Wirtschaftswissenschaften wie in der Wirtschaftspolitik, Theorien und Instrumente, die darauf ausgerichtet sind, die Voraussetzungen für Profitsteigerungen zu verbessern. Zu diesen Theorien gehören vor allem Milton Friedmans Monetarismus und diverse Varianten der von Hayek begründeten Angebotstheorien. Ausgehend von diesen Theorien fokussieren wirtschaftspolitische Konzepte auf übergeordnete Ziele wie Steuersenkung für die Kapitalseite und Haushaltskonsolidierung durch Schuldenabbau. Durch Steuersenkung für Unternehmen sollen die Unternehmensprofite unmittelbar gesteigert werden, während die Politik der Haushaltskonsolidierung durch Schuldenabbau auf die Senkung der Lohnnebenkosten durch den rigorosen Abbau des Sozialstaats zielt. Tatsächlich lässt die zangenartige Verknüpfung beider Politikstränge, nämlich Steuersenkung und Haushaltskonsolidierung, nur eine Lösung zu: Senkung der Staatsausgaben, d. h. Kürzung von immer mehr Sozialleistungen, die im keynesianischen Modell erkämpft worden sind.

Um diese Art Umverteilung gesellschaftlicher Ressourcen, politik- und mehrheitsfähig zu machen, wurden zwei propagandistisch wirkungsmächtige Argumentationsstränge zu allgemein gültigen Zielen erklärt und im kollektiven Bewusstsein der Gesellschaft verankert: zum einen internationale Wettbewerbsfähigkeit – zumal im Zeitalter der Globalisierung als ökonomisches Hauptziel –, da sonst der Untergang drohe, und zum anderen Begrenzung der Staatsverschuldung, weil man sonst, so die moralische Rechtfertigung dieser Strategie, die Zukunft kommender Generationen verbauen würde. Den Verfechtern des neuen Akkumulationsmodells ist es auch tatsächlich gelungen, beide Ziele in Deutschland und allen entwickelten kapitalistischen Ländern zu den Richtschnüren jeglichen politischen Handelns zu machen. Die Schuldenbremse im Maastrichter Vertrag und der Versuch, sie in der EU-Verfassung zu verewigen, sind wichtige Indizien für den Erfolg des Neoliberalismus und strukturelle Weichenstellungen für ein dauerhaftes neoliberales Kapitalismusmodell. In diesem Modell wird der Sinn wirtschaftlicher und gesellschaftlicher Reformen in ihr Gegenteil verkehrt. Denn die Reformen dienen fortan nicht mehr der Verbesserung der Lebens- und Arbeitsbedingungen der Menschen, sondern ausschließlich der Senkung von Arbeitskosten und der Steigerung der Unternehmensprofite.

Überschüssige Kapitalmassen
Dieses Akkumulationsmodell ermöglicht der Kapitalseite, aus der Not von Millionen dauerhaft erwerbslos gewordenen Lohn- und Gehaltsabhängigen und den dauerhaft sinkenden Löhnen, Kapital zu schlagen und Kapitalüberschüsse zu erzielen. Diese Kapitalüberschüsse konnten teils im privatisierten Teil des öffentlichen Sektors neue Anlagesphären finden, weil Regierungen unter dem Druck Schulden abzubauen, öffentliche Güter privatisierten. Gleichzeitig schufen sie dadurch neue Anlagesphären für das überschüssige und Anlage suchende Kapital. Der Hauptteil des überschüssigen Kapitals fand wegen der Beschränktheit der Aufnahmekapazitäten seinen Weg bei den privatisierten öffentlichen Gütern jedoch in den Finanzsektor. Wurden Privatisierungen ursprünglich unter dem Vorwand von »Effizienzsteigerung und Kostensenkung«, »Bürokratieabbau« oder »Reduzierung der Staatsquote« als »alternativlos« akzeptanzfähig gemacht, so stellte sich heraus, dass die Privatisierungen im Gesundheitswesen, in der Energie- und Wasserversorgung und im Transport- und Kommunikationswesen bei den Konsumenten überwiegend zu steigenden Kosten und schlechterer Versorgung und bei den Beschäftigten zu Massenentlassungen und zu erhöhter Arbeitsverdichtung führten

Das überschüssige Kapital, das in den Finanzsektor fließt, weil es auf dem Binnenmarkt keine profitable Verwendung findet, ist beträchtlich. Wie die folgende Tabelle für Deutschland belegt, steigen die Kapitalüberschüsse ab dem Jahr 2000, somit zwei Jahre nach dem Beginn der rot-grünen Regierung, die mit ihrer Agenda-Politik den Systemwechsel zum neoliberalen Kapitalismusmodell durchgesetzt hatte.

Einkommensverteilung, Lohnquote, überschüssige Gewinne

Die kumulative Anhäufung des überschüssigen Kapitals und die darauf beruhende Abkopplung des Finanzsektors von der Realwirtschaft resultiert demnach aus sinkenden Löhnen als Folge der Verschiebung der Kräfteverhältnisse zwischen den Unternehmern und Gewerkschaften und einer neoliberalen Strategie und nicht, wie oft angenommen wird, aus der Überakkumulationskrise. Die Sicherstellung des Kapitalflusses in den Finanzsektor und die Abkopplung dieses Sektors von der Realwirtschaft kann nur bei Aufrechterhaltung von Massenerwerbslosigkeit und Dumpinglöhnen verstetigt werden. Deshalb ist auch das wirtschaftspolitische Credo von angebotsorientierten Theorien für die Arbeitsmärkte die Verhinderung einer Vollbeschäftigung und

	Volkseinkommen	Arbeitnehmerentgelt	Unternehmens- u. Vermögenseinkommen	Lohnquote	Bruttoanlageinvestitionen	Überschüssige Gewinne
2000	1.540,9	1.111,2	429,7	72,1	456,6	-26,9
2001	1.577,1	1.131,9	445,2	71,8	427,7	17,5
2002	1.591,4	1.138,9	452,5	71,6	385,3	67,2
2003	1.608,5	1.141,6	466,9	71,0	383,4	83,5
2004	1.686,8	1.145,4	541,4	67,9	387,1	154,5
2005	1.713,7	1.137,6	576,1	66,4	384,1	191,9
2006	1.808,7	1.156,1	652,6	63,9	419,6	233,0
2007	1.877,3	1.187,1	690,2	63,2	467,8	222,5
2008	1.890,7	1.229,7	661,0	65,0	476,4	184,5
2009	1.812,3	1.233,4	578,9	68,1	390,7	188,1
2010	1.919,3	1.270,9	648,4	66,2	436,5	211,8
2011	1.984,6	1.327,9	656,7	66,9	473,5	183,1
2012	2.035,1	1.377,7	657,4	67,7	456,1	201,4

Quelle: Statistisches Bundesamt, eigene Berechnungen

stattdessen die Aufrechterhaltung eines dauerhaften Überschusses an Arbeitskräften, somit also die Aufrechterhaltung des sozialen Fundaments des Akkumulationsmodells.[4] Die Liberalisierung und die Flexibilisierung der Arbeitsmärkte, die wichtigsten Ziele neoliberaler Reformen, hatten so gesehen auch keinen anderen Zweck als der folgenreichen ruinösen Konkurrenz unter den lohnabhängig Beschäftigten[5] Tür und Tor zu öffnen und die Verwandlung eines Teils des produzierten Mehrwerts in überschüssiges Kapital dauerhaft zu machen.

Neue Finanzprodukte

Dieses kapitalistische Modell schwächt jene Effizienz steigernde Kapitalfunktion, wie Marx sie hervorgehoben hatte und verändert es dadurch zu einem Modell, dessen Funktion in erster Linie darin besteht, eine Umverteilung des Reichtums von unten nach oben zu koordinieren. Diese Umverteilung findet nicht nur über sinkende Lohnquoten, sondern zusätzlich auch über den Finanzsektor selbst statt, der seine ursprünglich produktive Funktion der effizienten Kreditbeschaffung für die Realwirtschaft durch neue und die Umverteilung vertiefende Funktionen ersetzt hat. Die Kreierung neuer Finanzprodukte, überdurchschnittliche Renditen und schließlich auch Finanzspekulationen dienen einzig dazu, die Mächtigen und Reichen reicher und die einkommensschwachen Schichten, einschließlich Teilen der Mittelschichten, ärmer zu machen. Durch die Liberalisierung der Finanzmärkte, ein weiteres neoliberalistisches Instrument, wurde der Weg

---

4   Als Parallele zur Schaffung überschüssiger Arbeitskräfte in den einzelnen Volkswirtschaften muss die Überproduktion von Rohstoffen auf den Weltmärkten angesehen werden, die die ebenfalls von neoliberalen Angebotstheoretikern für rohstoffreiche Entwicklungsländer empfohlenen IWF-Strukturanpassungsprogramme und Exportförderungspolitik seit den 1970er Jahren hervorriefen. Wie im Falle überschüssiger Arbeitskräfte zur Lohnsenkung, führte auch die IWF-Politik bei Rohstoffen zu Dumpingpreisen. In beiden Fällen verschlechtern sich weltweit die Lebensbedingungen der Menschen, damit die Profitraten steigen.

5   Vgl. Mohssen Massarrat: Der Skandal Massenarbeitslosigkeit, in: Blätter für deutsche und internationale Politik. 10/2013

für die Anwendung der neuen finanzkapitalistischen Instrumente geebnet.

Fortan dominierten finanzkapitalistische Steuerungsmechanismen und Renditeerwartungen auch die Realwirtschaft. Die Unternehmer verloren zunehmend moralische Hemmungen, um die Renditen in der Realwirtschaft durch Senkung der Arbeitskosten zu steigern. Der Ausbau des diskriminierenden Leiharbeitssystems, der Einsatz von Praktikanten als regulären Arbeitskräften, der Bedienung von ausufernden Niedriglohnsektoren u. v. a. m. – alle diese Instrumente sind Ergebnisse der Dominanz des Finanzkapitals. Wohlstandsvermehrung wird in diesem Kapitalismusmodell zu einem Nebenprodukt, die Umverteilung von unten nach oben zum Hauptzweck. In diesem Kapitalismusmodell stehen der Mensch und die Natur eindeutig im Dienste des Kapitals, menschliches Leid, z. B. als Folge der Massenerwerbslosigkeit und Klimazerstörung, erscheinen dagegen als Kollateralschäden des Systems.

»Stabilität« durch Externalisierung

Das Modell des finanzgetriebenen Kapitalismus bleibt, im Unterschied zum keynesianischen Vollbeschäftigungsmodell, das zwischen Instabilität und Gleichgewicht schwankt, in sich instabil und ungleichgewichtig. Seine Stabilität erkauft dieses Modell nur durch Herbeiführung von Ungleichgewichten in seinem Umfeld. Die sinkende Binnennachfrage, beispielsweise in Deutschland, und die daraus hervorgehende anhaltende Überproduktion kann nur durch eine Exportexpansion, vor allem innerhalb der EU und zu Lasten weniger wettbewerbsfähigen Ökonomien, wie die südeuropäischen und die französische, aufgefangen werden. Die deutsche Exportexpansion ruft aber in den EU-Südstaaten Leistungsbilanzdefizite hervor, die nur durch Kreditaufnahme zu überdurchschnittlichen Zinsen bei internationalen Banken gedeckt werden können. Dieser Vorgang wiederholt sich, solange diese Staaten ihre Produktivität und damit die Exporte nicht nennenswert erhöhen können. Daraus folgt, dass sich ihre Schulden auftürmen, die wiederum wegen sinkender Kreditwürdigkeit mit noch höheren Zinsen refinanziert werden müssen.

Aus dieser Verschuldungsspirale ist so kein Entrinnen möglich, eine Zahlungsunfähigkeit und ein Staatsbankrott, wie wir dies gegenwärtig bei den EU-Südstaaten erleben, ist dann unvermeidlich.

Damit ist der Zustand erreicht, dass eine kettenartige Bankenkrise ausgelöst wird, die schließlich, wie in der ersten Weltwirtschaftskrise, in einen Systemzusammenbruch einmünden könnte. Heute kann allerdings gerade vor dem Hintergrund der Erfahrungen der ersten Weltwirtschaftskrise und der Möglichkeiten von transnationaler Koordination zwischen den Regierungen der Systemkollaps verhindert werden. Dazu bietet sich vor allen Dingen an, den Weg eines Schuldenschnitts bei den Schuldnerstaaten zu gehen, der zu Lasten der Gläubiger stattfinden würde. Dieser Weg wurde aber nicht bestritten, weil er der finanzkapitalistischen Hauptintention der Umverteilung von unten nach oben diametral entgegen gesetzt ist und er den finanzkapitalistischen Kreislauf durchkreuzt.

Dagegen hat man sich für das Konzept »Rettungsschirme« entschieden, das den Zusammenbruch des Bankensystems vorerst verhindert und darüber hinaus auch die reichen Gläubigerstaaten in die Lage versetzt, den »Rettungsschirm« erpresserischer Weise als Instrument für eine Übertragung der Funktionsmechanismen des finanzgetriebenen Akkumulationskreislaufs einzusetzen: Schuldenabbau durch Ausgabenkürzungen und, wenn möglich, nach angebotsorientierten Rezepten auch Steuersenkung für die Unternehmer sowie Flexibilisierung der Arbeitsmärkte und Liberalisierung der Finanzmärkte sowie Privatisierung der öffentlichen Güter (wie die Privatisierung des Gesundheitssystems, der Transport- und Kommunikationssysteme, der Energie- und Wasserversorgung) in den EU-Südstaaten. Massenentlassungen, drastisch steigende Massenerwerbslosigkeit, sinkende Lohnquoten und Kürzungen sozialstaatlicher Leistungen sind dann, wie wir in allen südeuropäischen Staaten beobachten können, unvermeidliche Folgen und der Preis für die Rettung der Gläubigerbanken und für die Aufrechterhaltung und Erweiterung des finanzgetriebenen Akkumulationskreislaufs der Umverteilung von unten nach oben. Es ist unschwer zu erkennen: Hier schließt sich der Kreislauf eines finanzgetriebenen Kapitalismus in

Europa, der mit Massenerwerbslosigkeit in den EU-Nordstaaten beginnt und mit noch größerer Massenerwerbslosigkeit in den EU-Südstaaten endet.

Arbeitszeitverkürzung als Ausweg

Es gibt viele Gründe für eine drastische Arbeitszeitverkürzung, beispielsweise auf eine 30-Stundenwoche[6]. Diese bewirkt zusätzlich auch, dass durch steigende Löhne ein wichtiger Grund für die Entstehung von chronischen Kapitalüberschüssen und der Aufblähung des Finanzsektors verschwindet. Darüber hinaus entfallen auch die chronischen Handels- und Zahlungsbilanzüberschüsse mit ihren Nachteilen für andere Staaten, da die Binnennachfrage steigt und damit ein soziales Fundament entsteht, auf dem umfassende Reformen hin zu einer zukunftsfähigen Gesellschaft durchgeführt werden könnten.

---

6 Siehe ausführlicher dazu Heinz-J. Bontrup / Mohssen Massarrat: Arbeitszeitverkürzung und Ausbau der öffentlichen Beschäftigung. Manifest zur Überwindung von Massenarbeitslosigkeit. a. a. O.

Daniel Kreutz

Zur Kritik des »bedingungslosen Grundeinkommens«

Grundsätzliche Ausgangspunkte

Weil der Mensch ein gesellschaftliches Wesen ist, verletzt sozialer Ausschluss die Menschenwürde. Deshalb ist die Sicherung eines Mindestmaßes an sozialer Teilhabe, das die Sicherung der Existenz notwendig einschließt, ein »dem Grunde nach unverfügbares soziales Grundrecht« nach Artikel 1 Absatz 1 (Schutz der Menschenwürde) und Artikel 20 Abs. 1 (Sozialstaatsgebot) des Grundgesetzes, wie auch das Bundesverfassungsgericht in seinem Regelsatzurteil festgestellt hat. Und weil Menschenwürde jeder einzelnen Person Kraft ihres Mensch-Seins voraussetzungslos zukommt und nicht von Vorleistungen (»erwünschtem Verhalten«) abhängig gemacht werden kann, ist ein Sozialstaat eigentlich verpflichtet, die Teilhabesicherung immer dann zu gewährleisten, wenn und solange sie aus eigenen Mitteln tatsächlich nicht gewährleistet ist.

Daraus ließe sich ein Anspruch auf ein »bedingungsloses Grundeinkommen *für Bedürftige*« ableiten, dessen Höhe ausreicht, um sozialen Ausschluss in Folge von Einkommensarmut wirksam zu vermeiden. »Bedingungslos« bedeutet hier: ohne Leistungskürzungen und Leistungsentzug bei »unerwünschtem Verhalten«, weil sonst das Ziel des Schutzes vor sozialem Ausschluss in Frage stünde. Dies bedeutet nicht, dass die Gesellschaft »unerwünschtes Verhalten« hinzunehmen hätte. Doch um solchem wo nötig zu begegnen, müsste sich der Staat anderer Instrumente des Einwirkens bedienen.

Aus dem Menschenwürdegrundsatz *nicht* ableitbar ist dagegen der Anspruch auf eine teilhabesichernde staatliche Leistung *für alle*, einschließlich all derer, die ihre Teilhabe aus eigener Erwerbstätigkeit oder eigenem Vermögen sichern können. Gerade dies ist aber konstitutives Prinzip des »bedingungslosen Grundeinkommens« (BGE). Nach allgemeinem gesellschaftlichen Konsens – sehr ausgeprägt übrigens unter Erwerbslosen – ist aber soziale Teilhabe vorrangig durch Erwerbsarbeit zu sichern. Soziale Teilhabe vermittelt sich nicht zuletzt auch durch Erwerbstätig-Sein. Unfreiwillige Erwerbslosigkeit ist sozialer Ausschluss aus der Erwerbsgesellschaft und verletzt die Menschenwürde – auch dann, wenn der Ausfall des Erwerbseinkommens kompensiert werden kann. Artikel 23 der Allgemeinen Erklärung der Menschenrechte (1948) postuliert daher das *Menschenrecht auf Erwerbsarbeit,* einschließlich »gerechter und befriedigender Entlohnung«, die auch die Existenz der Kinder sichert. Strukturelle Massen- und Langzeiterwerbslosigkeit ist menschenrechtswidrig – und ebenso eine Wirtschaftsordnung, die derartige Zustände beständig reproduziert.

Aus dem Vorrang der Erwerbsarbeit als Mittel der Teilhabesicherung folgt als zweiter gesellschaftlicher Konsens, dass die basale, grundlegende Funktion des Lohnsystems in der Teilhabesicherung bestehen muss. Seit 1950 fordert Artikel 24 Abs. 2 der nordrhein-westfälischen Landesverfassung, dass »der Lohn den angemessenen Lebensbedarf des Arbeitenden und seiner Familie sichern muss«. Zwar ist »angemessener Lebensbedarf« eine unbestimmte Größe. Aber sie liegt jedenfalls über dem »notwendigen Lebensunterhalt« des Fürsorgerechts.

Reguläre Vollzeitlöhne basieren auf Teilhabesicherung, worauf dann andere Faktoren wie Qualifikation und Leistung aufbauen. Natürlich ist das keine Rechenaufgabe. Vielmehr hängt die Höhe der Löhne maßgeblich ab vom gesellschaftlichen Kräfteverhältnis zwischen Lohnarbeit und Kapital. Bekanntlich ist es der Kapitalseite mit Unterstützung der neoliberalen Politik gelungen, die Massenerwerbslosigkeit, das Überangebot an Arbeitskräften, auszunutzen, um die Preise der Ware Arbeitskraft teils unter ihren Wert und unter das Teilhabesicherungsniveau zu drücken. Dennoch gründet unsere Forderung nach einem armutsfesten, teilhabesichernden Mindestlohn auf dem Konsens, dass ein Vollzeitlohn zum anständigen Leben ausreichen muss – ein Konsens, der sich ausdrückt in den riesigen Umfragemehrheiten, die wir seit Jahren für diese Forderung verzeichnen können.

BGE und Lohnsystem

Was bedeutet es nun für das Lohnsystem, wenn ein Grundeinkommen für *alle* – ob bedürftig oder nicht – als staatliche Transferleistung eingeführt würde? Der Staat träte damit in die *vorrangige* Garantenpflicht für die Teilhabesicherung auch *aller Erwerbstätigen* ein. Wenn aber die Mindestteilhabe vor wie nach Abschluss eines Arbeitsvertrages immer schon bedingungslos durch den Staat gesichert wäre, könnte ein *zusätzlicher* Anspruch auf einen mindestens teilhabesichernden Lohn nicht mehr geltend gemacht werden. Vielmehr wären die Arbeitgeber berechtigt, die Löhne um den Betrag des Grundeinkommens zu vermindern. Lohnkürzungen um den Betrag des Grundeinkommens wären die *notwendige, unvermeidliche Folge* jener Übertragung der Teilhabesicherungsfunktion des Lohnsystems auf das staatliche Transfersystem. Dies ist aus meiner Sicht das harte und ziemlich folgenreiche Kernproblem der BGE-Idee.

Wir bekämen dann gleichsam *Kombilohn für alle*. Aber nicht in der Weise, dass der Staat unzureichende Löhne aufstockt, sondern dergestalt, dass der Lohn nur noch »Zuverdienst« zum Grundeinkommen ist. Ein Mindestlohn müsste in der »BGE-Gesellschaft« nur noch so hoch sein, dass er eine spürbare Verbesserung des Nettoeinkommens über das Grundeinkommen hinaus ermöglicht und dadurch einen hinreichenden Anreiz zur Aufnahme einer Erwerbstätigkeit bietet. Dazu könnte dann ein Euro pro Stunde womöglich schon ausreichen.

Denn zum einen würde man sich allein mit dem BGE auf dem untersten Rand der gesellschaftlichen Einkommenshierarchie bewegen. Darüber erhebt sich nach wie vor eine auf Erwerbstätigkeit beruhende Einkommensschichtung. Die allermeisten Menschen wären weiterhin bestrebt, ihre Einkommensposition mittels Erwerbstätigkeit möglichst nach oben zu bewegen und einen »Sicherheitsabstand« zum untersten Rand herzustellen. Zum anderen ändert das Grundeinkommen nichts an der hohen Erwerbslosigkeit, also an der Konkurrenz zu Vieler um zu wenige Arbeitsplätze, an der ungleichen Verteilung der Erwerbsarbeitszeit. Strukturelle Erwerbslosigkeit bedeutet ja immer, dass Menschen aus der Erwerbsgesellschaft ausgeschlossen werden, *weil* die Arbeitszeiten der Beschäftigten zu lang sind, und *damit* sie das auch bleiben können. Unverändert bleibt damit auch der arbeitsmarktbedingte Druck auf das Lohnniveau. Behauptungen, wonach Arbeitgeber in der BGE-Gesellschaft die Löhne insbesondere für unattraktive Arbeiten anheben müssten, um noch jemanden zu finden, der sie verrichtet, entbehren auch insoweit jeder Grundlage.

BGE und Sozialversicherung

Mit der Verminderung der Erwerbseinkommen vermindern sich zugleich die lohnbezogenen Sozialversicherungsbeiträge. Verminderte Sozialversicherungsbeiträge bedeuten bei allen *Lohnersatzleistungen* – Arbeitslosengeld I, Renten und Krankengeld – geringere Leistungsansprüche. Das wäre auch folgerichtig, weil ja das vorrangige Grundeinkommen alle Einkommensersatzleistungen bis zur Höhe des Grundeinkommens ablöst. Bei der lohn- und beitragsbezogenen Sozialversicherung fände also das Gleiche statt wie beim Lohnsystem selbst, und zwar gleichermaßen unvermeidlich und notwendig: Das Sozialversicherungssystem würde bei den Lohnersatzleistungen zu einem System der »Zusatzversicherungen« schrumpfen. Mit dem Ziel einer durchgreifenden Stärkung der Leistungsfähigkeit der Sozialversicherung bei Wiederherstellung ihrer paritätischen Finanzierung (die Hälfte der Beiträge bezahlt der Arbeitgeber) ist das BGE nicht vereinbar. Stattdessen bekämen wir einen Systemwechsel von der beitragsfinanzierten Sozialversicherung auf ein stark steuerfinanziertes (BGE-) Sozialsystem.

BGE und Steuersystem

Ob ein BGE unter dem Strich zu mehr Verteilungsgerechtigkeit führen würde, entscheidet sich *nicht* auf der Leistungsseite. Auch ein »hohes«, also tatsächlich armutsfestes BGE-Niveau könnte allein die Gerechtigkeitsfrage nicht beantworten. Diese entschiede sich vielmehr maßgeblich auf der Finanzierungsseite, im Steuersystem – nämlich an der Frage, wer das bezahlt, und in welchem Umfang Lohnarbeit und Kapital zum Steueraufkommen beitragen. Das Steueraufkommen stammt heute weit überwiegend aus Massensteuern, aus Lohn- und Konsumsteuern (Mehrwertsteuer). Dennoch will ein Teil der BGE-Gemeinde das Grundeinkommen ausgerechnet durch eine Erhöhung der sozial ungerecht wirkenden Mehrwertsteuer finanzieren.

Damit nicht weniger, sondern mehr Verteilungsgerechtigkeit herauskommt, müsste die Umwälzung des Lohn- und Sozialsystems verbunden werden mit einer *zeitgleichen* Umwälzung des Steuersystems, weil es sonst sehr rasch zu schweren Verwerfungen käme. Um die Primäreffekte einer gigantischen Umverteilung zugunsten der Arbeitgeber (Senkung der Löhne und Sozialversicherungsbeiträge) abzuwenden, müssten die ansonsten anfallenden Extraprofite sofort kassiert werden. Zugleich müssten die Mindereinnahmen bei der Lohn- und Einkommensteuer – auch dies Folge der Minderung der Arbeitsentgelte – ausgeglichen werden, um die Finanzierung der öffentlichen Haushalte nicht weiter abstürzen zu lassen. Drittens und überhaupt müsste das finanziert werden, was bei den Bedürftigen unter dem Strich mehr als bisher ankommen soll. Eine solche Umwälzung des Steuersystems ginge erheblich über das hinaus, was wir bei den Themen Vermögensteuer, Erbschaftssteuer, Spitzensteuersatz und Unternehmenssteuern auf dem Schirm haben.

Was wir (nicht) brauchen
Die Wirkungen der Lohnkürzung und der Schrumpfung der beitragsfinanzierten Sozialversicherungen sind der Grund, warum die Gemeinde der BGE-Befürworter auch einen »rechten« Flügel hat, inspiriert von Milton Friedman, dem Mentor des Neoliberalismus. Hierzu zählen etwa der Ökonom Thomas Straubhaar, der CDU-Politiker Dieter Althaus und vor allem das prominenteste Gesicht der BGE-Diskussion in Deutschland, der ehemalige Drogeriemarkt-König und Anthroposoph Götz Werner. Der möchte gar alle Gewinn- und Einkommensteuern abschaffen und den gesamten Staatsaufwand durch

eine drastisch erhöhte Mehrwertsteuer finanzieren. Was solche Interessenvertreter des Kapitals mit dem BGE bezwecken, ist interessenpolitisch nachvollziehbar. Was der »linke« Flügel der Gemeinde damit will, der glaubt, für mehr soziale Gerechtigkeit, wenn nicht gegen den Kapitalismus überhaupt zu streiten, jedoch kaum. Hier scheinen eher quasireligiöse Erlösungshoffnungen die kritische Vernunft verstummen zu lassen. In der realen Welt kann eine Forderung, die sich gegen das konkrete Elend des Hartz-Regimes zu richten scheint, deren Realisierung aber eine andere Gesellschaft mit »anders gestrickten« Menschen immer schon abstrakt voraussetzt, keinen gangbaren Weg bieten.

Was wir brauchen, ist die Überwindung der verhängnisvollen Spaltungen der Lohnabhängigen in regulär und prekär Beschäftigte und Erwerbslose, also die Verwirklichung des Menschenrechts auf Erwerbsarbeit zu auskömmlichen Einkommen für alle. Neben expansiven öffentlichen Investitionen in den un- und unterfinanzierten Bereichen gesellschaftlichen Bedarfs sind dazu allgemeine Arbeitszeitverkürzungen notwendig. Was wir brauchen, sind leistungsfähige, paritätisch finanzierte Sozialversicherungen, die unsere großen Lebensrisiken – nicht zuletzt das der Erwerbslosigkeit – verlässlich absichern. Und was wir brauchen, ist eine Mindestsicherung, die bedürftige Menschen wirksam und verlässlich vor sozialem Ausschluss durch Einkommensarmut schützt. Um all dies zu finanzieren, brauchen wir »Umfairteilung«, eine erheblich stärkere Heranziehung des privatisierten Reichtums vor allem der hiesigen Oligarchen. Der Streit um die Idee des »bedingungslosen Grundeinkommens« hilft uns bei alledem nicht weiter.

ACHIM VANSELOW

Niedriglohnarbeit in einem reichen Land

Deutschland sonnt sich im Glanz seiner im europäischen Vergleich positiven Wirtschafts- und Arbeitsmarktentwicklung. Die Wirtschaft hat sich, getrieben von den exportorientierten Branchen, nach der Krise 2008/2009 überraschend schnell erholt. Die Anzahl der Erwerbstätigen ist seit dem Jahr 2000 deutlich gestiegen. Die Arbeitslosenquote ist gesunken, auch wenn der Anteil der Langzeitarbeitslosen weiterhin zu hoch ist. Die Tatsache, dass die Arbeitslosigkeitsentwicklung deutlich günstiger ausfällt als im EU-Durchschnitt, weckt in Europa das Interesse am »deutschen Modell«. Dieses Interesse fand seinen sichtbarsten Ausdruck in den Auftritten von Peter Hartz, dem Namensgeber der deutschen Arbeitsmarktreformen, in Paris.

Taugt Deutschland tatsächlich als Vorbild für Europa? Seit Jahren nimmt die soziale Ungleichheit zu und die Wohltaten des ökonomischen Aufschwungs sind sehr ungleich verteilt. Einem massiven Anstieg bei Einkommen aus Vermögen und unternehmerischer Tätigkeit steht eine schwache Dynamik bei Arbeitseinkommen gegenüber. Auch die Einkommensentwicklung selbst ist dadurch gekennzeichnet, dass höhere und niedrigere Einkommen auseinanderdriften. Der Wohlstand wächst, aber immer weniger Menschen profitieren davon. Der Historiker Hans-Ulrich Wehler stellt fest: »Die deutschen Reichen waren in der unmittelbaren Gegenwart noch nie so reich«.

Auch das deutsche Beschäftigungswunder weist bei näherer Betrachtung Schattenseiten auf. Zwar ist die Erwerbstätigkeit absolut gestiegen, doch konnte das Arbeitsvolumen nicht Schritt halten. Die Anzahl der geleisteten Arbeitsstunden verteilt sich auf mehr Köpfe, eine Folge des Anstiegs im Bereich von Teilzeitarbeit und Minijobs. Mitte 1999 waren 5,8 Mio. Menschen in NRW sozialversicherungspflichtig beschäftigt, davon 84 % in Vollzeit. Mitte 2013 ist die sozialversicherungspflichtige Beschäftigung absolut auf 6,1 Millionen gestiegen, der Vollzeitanteil ist aber auf 75 % gesunken. Weniger Arbeitszeit heißt auch weniger Einkommen. Laut IT.NRW wird Teilzeitarbeit oft ausgeübt, weil keine Vollzeitstelle zur Verfügung steht: Etwa jeder dritte teilzeitbeschäftigte Mann (34,1 %) und jede siebte Frau (14,1 %) in Nordrhein-Westfalen geht unfreiwillig einer Teilzeitbeschäftigung nach.

Bis 2006 war ein starkes Wachstum atypischer Beschäftigung zu beobachten: neben Teilzeitarbeit und Minijobs nahmen auch befristete Beschäftigung und Leiharbeit sowie selbstständige Erwerbsformen zu. Viele Unternehmen nutzten den erweiterten gesetzlichen Spielraum durch die so genannten Hartz-Reformen und etablierten neue Personaleinsatzstrategien, um Arbeitskosten zu sparen und Beschäftigungsrisiken einseitig auf die Arbeitnehmerinnen und Arbeitnehmer abzuwälzen. Solche Strategien werden auch dadurch befördert, dass nur noch 29 % der Beschäftigten in Westdeutschland in privatwirtschaftlichen Betrieben mit Branchentarifvertrag und Betriebsrat arbeiten (2012, in Ostdeutschland sogar nur 15 %), aber auch durch die schwächelnden Arbeitgeberverbände, die mit Mitgliederaustritten oder ausbleibenden Eintritten zu kämpfen haben. Niedrige Tariflöhne und weniger allgemeinverbindliche Tarifverträge, die Privatisierung öffentlicher Dienstleistungen und ein Trend zur »permanenten Restrukturierung« von Unternehmen taten ein Übriges dazu.

Über viele Jahre waren die Arbeitnehmerinnen und Arbeitnehmer in Deutschland mit Reallohnverlusten konfrontiert. Der Europäische Tarifbericht des WSI weist aus, dass Deutschland zwischen 2001 und 2006 der einzige Mitgliedsstaat der EU war, dessen Reallohnniveau sank. Dieser Verlust wurde durch die Zuwächse nicht ausgeglichen. Die Hartz-Reformen haben – politisch gewollt – einen ohnehin schon bestehenden Lohndruck auf untere Lohngruppen noch einmal massiv verstärkt. Klarer Verlierer dieser Entwicklung waren die schwächsten Gruppen am Arbeitsmarkt. Berechnungen des Instituts für Arbeitsmarkt- und Berufsforschung haben gezeigt, dass die Reallöhne für Geringqualifizierte mittlerweile auf dem Stand von 1984 liegen. Auch der Lohn von Leiharbeitskräften sank im Anschluss an die Reformphase um über 10%.

Diese hier nur stichwortartig beschriebenen Entwicklungen haben die unteren Lohngruppen besonders hart getroffen. Im Folgenden skizziert der Beitrag aktuelle Entwicklungen der Niedriglohnbeschäftigung in Deutschland und benennt Reformalternativen.

Entwicklung der Niedriglohnbeschäftigung

Galt Deutschland bis Mitte der 1990er Jahre traditionell als Land mit einer relativ geringen Lohnspreizung, so hat die Etablierung eines breiten Niedriglohnsektors seit Anfang der 2000er Jahre dafür gesorgt, dass die Bundesrepublik heute den stärksten Anstieg der Lohnungleichheit aller OECD-Länder aufweist (IAB 2011).

Seit 2006 setzt sich der Anstieg nicht mehr in gleichem Tempo fort, doch stagniert der Anteil der Beschäftigten mit niedrigen Löhnen auf hohem Niveau (zum Folgenden vgl. Kalina/Weinkopf 2013 und 2014). Fast ein Viertel der Beschäftigten in Deutschland erhält für seine bzw. ihre Arbeit nicht mehr als einen Niedriglohn. Die Entlohnung von genau 24,3% aller abhängig Beschäftigten, inkl. sozialversicherungspflichtiger Teilzeit und Minijobs, lag 2012 unterhalb der bundeseinheitlichen Niedriglohnschwelle von 9,30 Euro. Damit ist die absolute Zahl der Niedriglohnempfänger seit 1995 (5,9 Millionen) um 2,5 Millionen auf 8,4 Millionen 2012 gestiegen. Das entspricht einer Zunahme von 42%. Betrachtet man die Entwicklungen in West- und Ostdeutschland gesondert, dann wird deutlich, dass der Anstieg der Niedriglohnbeschäftigung durch die Entwicklung in Westdeutschland getrieben wurde. Hier stieg der Anteil um 61% auf fast 6,1 Millionen.

Das zentrale politische Argument der Befürworter einer Ausweitung des Niedriglohnsektors war es, dass nur so Arbeitsplätze für Geringqualifizierte mit niedriger Produktivität geschaffen würden und Langzeitarbeitslose eine Chance auf die Rückkehr auf den ersten Arbeitsmarkt hätten. Die Analysen des Instituts Arbeit und Qualifikation, auf die wir uns hier stützen, zeichnen dagegen ein ganz anderes Bild. Die große Mehrheit der Niedriglohnbezieherinnen und -bezieher ist überhaupt nicht gering qualifiziert. 66,8 % verfügen über eine abgeschlossene Berufsausbildung, 8,6 % sogar über einen Universitäts- bzw. Fachhochschulabschluss. Dieses auf den ersten Blick überraschende Ergebnis wird plausibel, wenn nach den Anforderungen für die ausgeübte Tätigkeit gefragt wird. 2012 gaben fast 50 % der befragten Beschäftigten an, dass die von ihnen ausgeübte Tätigkeit eine Berufsausbildung oder sogar eine höherwertigere Ausbildung erfordert. Im Klartext: Diese Stellen können überhaupt nicht von Geringqualifizierten besetzt werden. Und auch Stellen, die keine Berufsausbildung erfordern, werden in der Praxis oft mit qualifizierten Beschäftigten besetzt. Es ist auch keineswegs so, dass ein Großteil der Niedriglohnbezieher besonders jung wäre. Die stärkste Altersgruppe aller Niedriglohnempfänger stellen die mittleren Altersgruppen.

Ein zweites zentrales Argument der Befürworter war es, dass solche Jobs nur als Brücke in besser entlohnte Tätigkeiten fungieren sollten. Auch diese These hält der empirischen Überprüfung nicht stand, wie etliche Studien in den letzten Jahren gezeigt haben. Einigen Beschäftigten ist dieser Sprung tatsächlich gelungen, insgesamt erweist sich ein Niedriglohnjob aber zu oft als Sackgasse. Die geringste Aufstiegsmobilität weisen Frauen, gering Qualifizierte und ältere Beschäftigte auf (Bosch/Weinkopf 2007).

Problemverschärfend kommt hinzu, dass niedrige Stundenlöhne im Zeitverlauf weiter nach unten ausgefranst sind. Von der Gesamtheit der Niedriglohnempfänger (Westdeutschland, 2011) erhielten rund 18 % weniger als 8,50 Euro, 4,5 % sogar weniger als fünf Euro Stundenlohn.

Zusammenfassend lässt sich feststellen: erstens, der in den 1990er Jahren von den Marktliberalen geforderte Niedriglohnsektor ist heute Realität, teils unter unwürdigen Umständen; zweitens: im Niedriglohnsektor stecken überwiegend Qualifizierte fest; drittens: der Aufstieg in besser entlohnte Jobs erfüllt sich für die meisten nicht. Daraus müssen politische Schlussfolgerungen gezogen werden.

Neue Ordnung der Arbeit

Die Ausweitung des Niedriglohnsektors lässt sich nicht auf nur eine Ursache begrenzen. Die arbeitsmarktpolitischen Rahmensetzungen der Agenda 2010 haben zwar eine wichtige Rolle gespielt, doch auch die industriellen Beziehungen, Entwicklungen auf den Produktmärkten und eine neoliberale Diskurshoheit (»Hauptsache Arbeit«) haben dazu beigetragen. Entsprechend gibt es auch nicht nur eine Stellschraube, um auf einen Kurs zu mehr Guter Arbeit umzuschwenken. Die Lösung der Arbeitsmarktprobleme geht über den Rahmen der Arbeitsmarktpolitik hinaus und berührt u. a. die Familien-, Bildungs-, Wirtschafts- und Strukturpolitik.

Der DGB Bundesvorstand hat in seinem Beschluss zur Bundestagswahl 2013 einen Politikwechsel für Arbeitnehmerinnen und Arbeitnehmer gefordert, eine neue Ordnung der Arbeit (DGB 2013). Politik darf ihr Augenmerk nicht nur auf die Zahl von Arbeitsplätzen richten, sondern auch auf die Qualität. Zu einer neuen Ordnung der Arbeit gehören u. a. eine Stärkung der Tarifautonomie und Sozialpartnerschaft, ein verbesserter Kündigungsschutz und die Abschaffung der sachgrundlosen Befristung, die Eindämmung des Missbrauchs von Leiharbeit und von Werkverträgen und die Neuordnung von Kleinarbeitsverhältnissen (bes. Minijobs).

Ein zentraler Baustein zur Verbesserung der Situation im Niedriglohnsektor ist die Einführung eines gesetzlichen Mindestlohnes. Nach jahrelangem gewerkschaftlichen Kampf stehen die Zeichen gut: Der Koalitionsvertrag der Großen Koalition sieht vor, dass zum 1.1.2015 ein flächendeckender gesetzlicher Mindestlohn von 8,50 Euro im gesamten Bundesgebiet eingeführt wird. Bis zum 1.1.2017 sind jedoch Ausnahmen für tariflich vereinbarte Entgelte unter 8,50 Euro möglich.

Im Jahr 2012 arbeiteten nach Angaben des IAQ 6,6 Millionen Menschen für weniger als 8,50 Euro in der Stunde. Die Reichweite des neuen gesetzlichen Mindestlohnes wird davon abhängen, welche Ausnahmen möglich sein werden. Aus gewerkschaftlicher Sicht müssen die Ausnahmen möglichst eng gehalten werden, um nicht sofort neue Umgehungsmöglichkeiten zu schaffen.

Wir wollen einen gesetzlichen Mindestlohn mit »Biss«, d.h. er darf nicht nur auf dem Papier stehen, sondern er muss auch bei den Menschen ankommen. Dafür muss das Gesetz auch durchgesetzt werden. Voraussetzung ist eine effektive Kontrolle und die Möglichkeit für die Beschäftigten, ihren Anspruch – auch aus zurückliegenden Beschäftigungszeiten geltend machen zu können (lange Verjährungsfristen, keine Ausschluss- und Verfallfristen). Bei der Fortentwicklung des Mindestlohnes sollte sich die noch einzurichtende Mindestlohnkommission sowohl an der Lohnentwicklung wichtiger Branchen orientieren als auch am Ziel, die Lohnspreizung innerhalb des Niedriglohnsektors zu reduzieren.

Die Einführung des allgemeinen gesetzlichen Mindestlohnes ist ein großer gewerkschaftlicher Erfolg. Geschäftsmodelle, die auf Hungerlöhnen basieren, haben in einer nachhaltigen Wirtschaft keinen Platz. Insofern ist der gesetzliche Mindestlohn ein wichtiger Schritt auf dem Weg zu einer neuen Ordnung der Arbeit. Klar ist aber auch: der Mindestlohn löst nicht die Armutsfrage in diesem Land, es wird weiterhin einen Niedriglohnbereich geben und die Verteilungsfrage ist nicht gelöst.

»Gute Arbeit für alle« bleibt eine Gestaltungsaufgabe für die Gewerkschaften.

Literatur

Bosch, Gerhard / Weinkopf, Claudia (2007): Arbeiten für wenig Geld. Niedriglohnbeschäftigung in Deutschland. Frankfurt a. M. / New York.

DGB (2013): Neue Ordnung der Arbeit. Berlin.

IAB (2011): Broterwerb. Lohnentwicklung und Lohnpolitik – Analysen, Vergleiche, Denkanstöße. Institut für Arbeitsmarkt- und Berufsforschung. Nürnberg.

Kalina, Thorsten / Weinkopf, Claudia (2014): Niedriglohnbeschäftigung 2012 und was ein gesetzlicher Mindestlohn von 8,50 Euro verändern könnte. IAQ-Report 02/2014. Institut Arbeit und Qualifikation. Duisburg.

Kalina, Thorsten / Weinkopf, Claudia (2013): Beschäftigung im unteren Stundenlohnbereich in Nordrhein-Westfalen 1995–2011. Auswertung auf Basis des sozio-ökonomischen Panels (SOEP). Institut Arbeit und Qualifikation. Duisburg.

Wehler, Hans-Ulrich (2013): Die neue Umverteilung. Soziale Ungleichheit in Deutschland. München.

JOSEPHAT SYLVAND

Fairer Handel – machen Sie mit![1]

Einführung
Mit Hilfe des fairen Handels ist es für viele Produzenten möglich geworden, zahlreiche Entwicklungsprojekte – einschließlich Schulnahrung, -uniformen oder Lernmaterialien in ländlichen Gebieten – aufzubauen. Die wirtschaftlichen, sozialen und ökologischen Vorteile des fairen Handels und gerechterer Handelsbedingungen sind für die gesamte Gesellschaft von Vorteil gewesen, weil durch sie die Bauern und unsere Organisation »Kagera Cooperative Union Ltd.« (KCU) gestärkt wurden.

KCU ist ein freiwilliger Zusammenschluss von 126 Organisationen, welche mehr als 60.000 Kleinbauern der Region Kagera im Nord-Westen Tansanias an den Ufern des Viktoria-Sees vertreten, die hauptsächlich Robusta-Kaffee anbauen. Die Aufgabe der Organisation besteht in der Verbesserung der Lebensbedingungen der Bauern, indem sie ihnen hilft, ein qualitativ hohes Produkt zu erzeugen, das kontinuierlich die Kunden zufrieden stellt und somit die Rückzahlung von hohen Prämien erbringt.

Die Mitglieder von KCU sind Kleinbauern mit sehr wenig Land. Durchschnittlich verfügt ein Hof über einen halben bis ganzen Hektar. Der Lebensstandard der Bauern lässt sich vielleicht durch die Tatsache verdeutlichen, dass 66 Prozent in provisorischen Unterkünften wohnen, während nur einige Wenige Vieh, Ziegen und Hühner besitzen.

---

1   Übersetzt von Bernd Büscher; die englischsprachige Originalfassung kann über hagen@dgb.de angefordert werden.

KCU hat sich 1990 der Bewegung für fairen Handel angeschlossen, zwei Jahre nach dem Kollaps der Internationalen Kaffee-Organisation (International Coffee Organization = ICO) von 1989. Als Ergebnis dieses Zusammenbruchs der ICO waren zu diesem Zeitpunkt die Kaffeepreise auf einem enttäuschend niedrigen Niveau, weil der Kaffeemarkt komplett liberalisiert war und für eine verstärkte Unbeständigkeit der Preise sorgte.

Kaffee-Vermarktung von KCU vor und nach dem Beitritt zum fairen Handel 1990

Der Kaffee wurde vor allem von kooperativen Zusammenschlüssen gesammelt, zur Weiterverarbeitung in eine Fabrik und dann per Zug zum Exporthafen transportiert. Dort wurden Proben ausgewählt und der tansanischen Kaffee-Kontrollbehörde zur Versteigerung präsentiert. An diesem Punkt endete für die Bauern in der Regel das Wissen darüber, was weiter mit dem Kaffee geschah.

1990 besuchte die erste faire Handels-Organisation der Niederlande (damals bekannt als »S.O.S. Wereldhandel«) KCU und regte die Idee an, sich an direkten Kaffee-Exporten zu beteiligen. Zu diesem Zeitpunkt zog sich außerdem gerade die Regierung von der Preisfestsetzung für die Bauern zurück. Vorher hatte die Regierung die Kaffeepreise bestimmt und den Betrieb der Kooperativen durch Subsidierungen sichergestellt, falls der festgelegte Preis höher als der spätere Marktpreis war.

Es war ein Glücksfall, dass KCU schon dabei war, sich der Bewegung für fairen Handel anzuschließen. Die Kaffee-Kooperativen, die nicht mit dem fairen Handel verbunden waren, kollabierten unter diesen Veränderungen, hauptsächlich weil sie die Produktionskosten durch die Preise, die sie auf dem konventionellen Markt erzielten, nicht abdecken konnten.

Die Kooperativen, die sich dem fairen Handel angeschlossen hatten (unter ihnen KCU), überlebten, weil die Waren, die sie auf den fairen Handelsmarkt brachten, zumindest faire Mindestpreise erzielten, die leicht die Produktionskosten wieder einbrachten; erzielte Gewinne wurden in verschiedene sozial-ökonomische gemeinschaftliche Entwicklungsprojekte investiert. Wegen des fairen Handels hat KCU bis heute überlebt. Ohne den fairen Handel hätte KCU nicht gewusst, wie der Kaffee weiter gehandelt oder exportiert werden konnte; und ohne die Orientierung an fairen Handels-Standards oder -Erfordernissen hätte es auch sonst Vermarktungsschwierigkeiten im Export gegeben.

Errungenschaften
Die Fair-Handels-Zertifizierung für KCU ist bis heute ein Meilenstein im Kaffee-Export-Geschäft. Seitdem hat es massive Verbesserungen im Leben der Bauern und für die Organisation selber gegeben. Dazu gehören:
- Eine höhere Beteiligung an der TANICA-Fabrik, von 7 Prozent (1990/91) auf 53 Prozent (2013). TANICA ist die einzige Fabrik in Ost- und Zentral-Afrika, die Instantkaffee herstellt;
- Übernahme der Kaffee-Mahl-Anlage »Bukop« zu 100 Prozent. Mit dieser eigenen Fabrik konnte die Qualität des Kaffees verbessert werden;
- Förderung der Bildung: Investitionen in Schulen;
- Umweltschutz: die Etablierung eines Projekts für organisch angebauten Kaffee;
- bessere Bezahlung der Bauern: sie bekommen bis zu 100 Prozent mehr als herkömmlich;
- Einführung verschiedener weiterer Zertifizierungen: organisch (22), organisch-UTZ-Zertifikat (6), Hand-in-Hand (4), FLO (Fairtrade Labelling Organizations International) und 4C (Common Code for the Coffee Community) (125);
- Teilnahme an internationalen und nationalen Ausstellungen: EAFCA (East African Fine Coffees Association), Biofach, WFTO (World Fair Trade Organization) usw.;
- Investitionen in kommerzielle Projekte: das Betreiben von Hotels, beispielsweise das Coop-Hotel und das Lake-Hotel in Bukoba, ein vierstöckiges Gebäude im Zentrum, das ein markantes Wahrzeichen der Stadt darstellt;
- Nutzung eines Teils der Fair-Handels-Gewinne, um die Bauern zu unterstützen und die Größe von Bankkrediten zu reduzieren: große Kredite belasten die Farmer durch übermäßige Zinszahlungen;

- Vergrößerung des Fonds für die Startkosten des Projekts zur Abmilderung des klimatischen Wandels, des »Projekts für energieeffiziente Kochherde«, für das immer noch Sponsoren gesucht werden;
- Bereitstellung von krankheitsresistentem und dürretolerantem Saatgut für Mitglieder, die Anbau betreiben;
- Rückzahlung des Anfangskapitals für den fairen Handel an Mitglieder, die in verschiedene ökonomische Projekte in den jeweiligen Regionen entsprechend ihrer Bedürfnisse investieren: z. B. Schulen, Krankenhäuser, Wasserversorgung, Straßen und Brücken, Übernahme von Schulgebühren, Innovation von Einkaufsgremien, Einrichtung von Baumschulen, Anpflanzungen usw.;
- nach Abschluss des Liquidationskontos für Kaffee zahlt KCU seine Bauern aus; die Größe der Summe wird letztendlich durch die Wirtschaftserträge des jeweiligen Jahres bestimmt.

Herausforderungen
- Der begrenzte Markt für freien Handel: der Verkauf von fair gehandeltem Kaffee macht immer noch weniger als 5 Prozent des globalen Export-Volumens aus, und die zertifizierten Bauern verkaufen im Durchschnitt nur 35 Prozent ihrer Erträge unter den Bedingungen fairen Handels;
- Verminderung des Landbesitzes: die Höfe werden kleiner und kleiner. Der durchschnittliche Besitz an Boden beträgt einen halben Hektar, aber die Mehrheit der Bauern arbeitet auf Feldern, die erheblich kleiner sind;
- eine große Unbeständigkeit der Preise: Fluktuationen des Endmarktpreises;
- geringes Interesse der Jüngeren an Landwirtschaft und Kaffeeanbau: Kaffeebauern sind ältere Menschen, und der Kaffeeanbau erscheint den meisten Jüngeren nicht als attraktive berufliche Option;
- hohe Kosten für die Zertifizierungen;
- der klimatische Wandel;
- die Erfüllung der Zertifizierungs-Standards: ein zu niedriges Bildungsniveau, um die Standards anzuwenden;

- Unzuverlässigkeit der Transportschiffe: der Kaffee verbleibt manchmal drei Monate im Hafen;
- Überlastung der Häfen: unsere Häfen sind zu klein, um mehr als ein Schiff gleichzeitig aufzunehmen.

Schlussfolgerung

Fairer Handel funktioniert als Auffangnetz gegenüber dem unkalkulierbaren Markt. Er hat den Kaffeebauern Sicherheit gebracht, damit sie einen Preis bekommen, der die durchschnittlichen Kosten für nachhaltige Produktion abdeckt – die Umweltstandards des fairen Handels begrenzen den Gebrauch von Agro-Chemikalien und fördern Nachhaltigkeit.

Außerdem bestärken diese Standards fairere Verhandlungen, klären die Rolle der Festsetzung von Preisen und reduzieren Spekulationen. Dadurch wurden langfristige Handelsbeziehungen mit Importeuren in anderen Ländern geschaffen.

Somit wird KCU als Pionier und hervorragendes Mitglied des fairen Handels in Tansania sich auch zukünftig aktiv an ihm beteiligen, sich dabei auf höhere Verkäufe und bessere Entlohnung der Bauern konzentrieren und gleichzeitig dauerhaft Kaffee von hoher Qualität bereitstellen.

Außerdem wird KCU weiterhin innovative und ökologisch unbedenkliche Anbautechniken fördern, um die Umwelt für gegenwärtige und zukünftige Generationen zu schützen.

Peter Hennicke / Dorothea Hauptstock

Die Energiewende erfolgreich gestalten

Außer der Vereinigung beider deutscher Staaten gab es in der Nachkriegsgeschichte Deutschlands kein gesellschaftliches Zukunftsprojekt mit vergleichbarer Dimension wie die Energiewende.

Eine Energie*wende* ist von den Zielen und der Geschwindigkeit des *Wandels* abhängig. Das heißt, eine wirkliche Energiewende wird davon bestimmt, wie schnell und wie umfassend das Energiesystem im Strom-, Wärme- und Verkehrssektor aus nachhaltigen Ressourcen gespeist werden kann, damit Deutschland unwiderruflich aus der Atomenergie aussteigen kann und nicht mehr auf fossile Ressourcen angewiesen ist. Es ist bemerkenswert, dass ein anspruchsvolles Tempo durch eine CDU/CSU/FDP-Regierung beschlossen wurde – nämlich durch die Zielvorgabe eines Atomausstiegs bis 2022 und vor allem durch das Energiekonzept der schwarz-gelben Koalition von September 2010 mit quantifizierten und ambitionierten Etappenzielen für 2020 und für 2050. Gesetzlich verankert wurden diese Ziele bisher jedoch noch nicht, und auch im Koalitionsvertrag von Dezember 2013 werden sie nicht genannt. Eine gesetzliche Verankerung ist jedoch unerlässlich, um die Planungssicherheit für Investitionen sicherzustellen und die vielfältigen Chancen der Energiewende nutzen zu können.

Damit die Energiewendeziele mit der gebotenen Schnelligkeit auch umgesetzt werden können, sind einerseits Voraussetzungen technisch-ökonomischer Natur notwendig. Andererseits ist die Akzeptanz und Mitgestaltung durch die Zivilgesellschaft zentrale Voraussetzung.

Die Energiewende als »Gemeinschaftswerk« (Ethikkommission) zielt auf Transparenz, Fairness, Demokratisierung und aktive Teilhabe aller gesellschaftlichen Akteure. Nahezu 900 Energiegenossenschaften (Januar 2014) und unzählige Bürgerfinanzierungsmodelle sind ein Spiegelbild dieser Transformationsprozesse. Es wäre wünschenswert, dass die Gewerkschaften eine wesentlich aktivere Rolle bei dieser *Re-Vergesellschaftung* des Energiesystems, bei der Regionalisierung und bei der Gestaltung einer ökologischen Industrie- und Dienstleistungspolitik spielen als bisher. Denn als wesentliche und stark betroffene Akteure müssen Gewerkschaften den Wandel des Energiesystems – und das heißt einen drastischen wirtschaftlichen Strukturwandel – nicht nur »mittragen« (wie es oft beschönigend heißt), sondern ihn so mitgestalten, dass breite Bevölkerungskreise davon profitieren können.

Die aktuelle kritische Unternehmensentwicklung von RWE, E.ON, Vattenfall und EnBW zeigt sehr deutlich: Strukturkonservatives Beharren auf einem unhaltbarem Status quo vernichtet Arbeitsplätze *und* Renditen. Dem sollten die Gewerkschaften nicht Vorschub leisten, z. B. durch Verteidigung überholter fossiler Energieträgerstrukturen. Vorausschauende ökologische Industrie- und Dienstleistungspolitik ist das Stichwort, wenn Arbeitsplätze gesichert werden sollen.

Dazu gehört auch, Zukunftsverantwortung zu übernehmen: Mit der Energiewende gestaltet und finanziert die heutige Generation einen ökologischen Umbau des gesamten Energiesystems, um unsere Kinder und Enkel vor existenziellen Risiken zu schützen: Vor den (externen) Kosten eines fossil-nuklearen Energiesystems, vor den Risiken des nuklearen Brennstoffzyklus und des Klimawandels sowie vor Energieimportabhängigkeit, Energiepreisschocks und nationaler Verwicklung in weltweite Ressourcenkriege. Diese Risiken haben eine oft vernachlässigte Verteilungswirkung: Werden sie nicht schon heute drastisch begrenzt, trifft es nicht nur spätere Generationen, sondern generell die Schwachen der Gesellschaft mit besonderer Wucht – unabhängig vom Entwicklungsstand im globalen Norden wie im Süden. Der neue IPCC-Bericht sagt deutlicher als alle frühere Berichte: *die Risiken sind ungleich verteilt und sie sind generell größer für ohnehin benachteiligte Bevölkerungsschichten und Gemeinschaften in Ländern auf allen Stufen der Entwicklung*[1]. Damit wandelt sich auch Anspruch und Mitgliederauftrag an die zukünftige nationale und internationale Gewerkschaftspolitik: Neben dem Kampf um Rechte, gesellschaftliche Teilhabe und besseren *Lebensunterhalt* für Arbeitnehmer gewinnt der Kampf um die natürlichen *Lebensgrundlagen* immer mehr an Bedeutung.

Eine Energiewende und deren gerechte Kostenverteilung ist nicht nur Garant für den Abbau von Zukunftsrisiken, sondern auch für positive gesamtwirtschaftliche Auswirkungen, gerade auch für die heutige Generation. Eine erfolgreiche Energiewende schafft nachweislich neue Geschäftsfelder, einen Schub an qualifizierten Arbeitsplätzen und steigende Wettbewerbsfähigkeit auf Zukunftsmärkten, allen voran Leitmärkte für Effizienztechnik und erneuerbare Energien.[2]

Technisch-ökonomische Voraussetzungen

Energie- und Szenarienexperten sind sich einig, dass die im Energiekonzept dargestellten ambitionierten (Etappen-)Ziele der Energiewende für die Jahre 2020 bis 2050 in Deutschland sinnvoll und machbar sind. Es ist bis zum Jahr 2050 aus Gründen des Klima- und Ressourcenschutzes notwendig und technisch möglich, den gesamtwirtschaftlichen Energieverbrauch mit der unterstellten drastischen Effizienzsteigerung absolut zu halbieren und zusammen mit den – auch dadurch – rascher steigenden Deckungsanteilen der erneuerbaren Energien die CO_2-Emissionen in Deutschland um 80 bis 95 % zu reduzieren. Dies ist laut Szenarien trotz einem angenommenen Wirtschaftswachstum von (real) etwa 1 % pro Jahr möglich.

Die Ziele werden allerdings nur dann realisiert werden können, wenn eine über den Trend deutlich hinausgehende Steigerung der

---

1 Übersetzung aus dem Beitrag »Risks are unevenly distributed and are generally greater for disadvantaged people and communities in countries at all levels of development«, vgl. IPCC (2014): Climate Change 2014: Impacts, Adaptation, and Vulnerability, Summary for Policymakers, abrufbar unter: www.ipcc.ch

2 Vgl. Wuppertal Institut für Klima, Umwelt, Energie (2013): Vorschlag für eine Bundesagentur für Energieeffizienz und Energiesparfonds (BAEff). Wie die Ziele der Energiewende ambitioniert umgesetzt und die Energiekosten gesenkt werden können. Als PDF abrufbar unter: http://wupperinst.org

Energieeffizienz bei der Energieumwandlung auf der Angebots- und insbesondere auf der Nachfrageseite tatsächlich erreicht wird und der forcierte Ausbau der Bandbreite erneuerbarer Energien verbunden mit einem drastischen Strukturwandel des Energiemarktes (z. B. zunehmende Dezentralität) gelingt. Hinzu kommt, dass durch aktive Suffizienzpolitik[3] vermieden werden muss, dass Wachstums-, Komfort- und Rebound-Effekte die erzielte spezifische Effizienzsteigerung bei Produkten, Geräten, Gebäuden, Prozessen und Fahrzeugen gesamtwirtschaftlich und im Gegensatz zum notwendigen Klima- und Ressourcenschutz wieder reduzieren. Damit Suffizienzpolitik auch im Arbeitnehmerinteresse umgesetzt wird und für einkommensschwache Haushalte nicht bedeutet, den ohnehin angespannten Gürtel noch enger zu schnallen, ist gewerkschaftliches Engagement, politische Einmischung und vorausschauende Aufklärungsarbeit notwendig.

Die durch die Energiewende beabsichtigte absolute Entkopplung von wirtschaftlicher Entwicklung und drastisch sinkendem Energieverbrauch ist historisch beispiellos und stellt vor allem die Energieanbieter und die dort Beschäftigten vor gewaltige Herausforderungen. Wenn Klima- und Ressourcenschutz Wirklichkeit werden sollen, dann wird im 21. Jahrhundert in allen Industrieländern ein absolut reduzierter fossil-nuklear Energiemarkt von immer mehr, vor allem auch dezentralen, Akteuren »beliefert« werden. »Plus-Energie«-Gebäude werden zu Kraftwerken sowie dezentralisierte Eigenversorgung und Netzeinspeisung (»Prosumer«), Smart Grids und die Integration der E-Mobilität werden den Markt für Energiedienstleistungen revolutionieren. Aus Gründen gesamtwirtschaftlicher Vernunft und gesellschaftlicher Akzeptanz sowie in Hinblick auf den notwendigen Klima- und Ressourcenschutz wäre aber das Ziel illusionär, den Energiemarkt der Zukunft als einen – womöglich mit steigendem monetären Volumen – reinen Substitutionsprozess von nicht erneuerbaren fossil-nuklearen Energieträgern durch Erneuerbare gestalten zu wollen. Der *Imperativ für heutige Energieanbieter* zur Kompensation zukünftig rückläufiger

---

3 Vgl. Zahrnt/Schneidewind (2013): Damit gutes Leben einfacher wird – Perspektiven einer Suffizienzpolitik. München.

Energieverkäufe und schrumpfender Margen lautet daher: Diversifizierung zum Energiedienstleister entlang der langen Wertschöpfungskette bis hin zum eigentlichen Kundennutzen, d. h. bis hin zur preiswürdigen Bereitstellung von Energiedienstleistungen wie zum Beispiel warmer Wohnraum, nachhaltige Mobilität, Beleuchtung, Kommunikation oder elektromotorische Kraft.

Besonders in ökonomischer Hinsicht, aber auch aus Gründen der Ressourcenschonung kommt daher – neben den erneuerbaren Energien – einer wesentlich ambitionierteren Energieeffizienzpolitik und der damit einhergehenden absoluten Energieeinsparungen sowie wegen einzel- und gesamtwirtschaftlichen Vorteilen eine prioritäre Rolle zu. Dazu gehört auch, für bisherige Energieanbieter Rahmenbedingungen zu schaffen, dass sie mit dem Verkauf von »Negawatts« (energieeffiziente Dienstleistungen) an ihre Kunden Geld verdienen können, wenn dies für ihre Kunden wirtschaftlicher ist als Energie zu kaufen.[4]

Von diesem notwendigen Paradigmenwechsel ist das auf Energieangebot fixierte Denken in Wissenschaft, Politik und Wirtschaft aber noch weit entfernt. Eine veritable Energie*wende* setzt eine effektive *polyzentrische Struktur der Energiespar-Governance* und *institutionelle Innovationen* voraus: Zur Wahrnehmung der Prozesssteuerung und -verantwortung beim überaus komplexen Strukturwandel auf der *Nachfrageseite* des Energiemarkts schlägt das Wuppertal Institut die Einrichtung einer »Bundesagentur für Energieeffizienz und Energiesparfonds (BAEff)« vor, die als nationaler und von Angebotsinteressen unabhängiger »Kümmerer« die Markttransformation zur rationelleren Energienutzung konzipiert, koordiniert und durch marktorientierte Anreize in Abstimmung mit vorhandenen Institutionen (z. B. Ministerien, KfW, BAFA, UBA) vorantreibt.[5]

---

4   Vgl. Thomas (2006): Aktivitäten der Energiewirtschaft zur Förderung der Energieeffizienz auf der Nachfrageseite in liberalisierten Strom- und Gasmärkten europäischer Staaten: Kriteriengestützter Vergleich der politischen Rahmenbedingungen. Band 13. In: Gottschalk (Hg.): Kommunalwirtschaftliche Forschung und Praxis. Frankfurt a. M. u. a.

5   Vgl. Wuppertal Institut für Klima, Umwelt, Energie (2013), a. a. O.

Um es ganz einfach zu sagen: Häufig wird im öffentlichen Diskurs vernachlässigt, dass für einen Haushalt oder einen Industriebetrieb nicht die Energie*preise* allein über teuer und günstig entscheiden, sondern die anfallenden Energie*kosten*, also das Produkt aus Energiepreis und Energiemenge. Ambitioniertere Energieeffizienzpolitik kann daher aufgrund der Rentabilität vieler Energieeffizienzmaßnahmen nach Abbau von Hemmnissen gesamt- und einzelwirtschaftlich zur massiven Senkung des Energieverbrauchs und damit der Energiekosten führen. Mehr noch: Für Energieverbraucher in den Hauptsektoren Wärme und Strom ist die Vermeidung einer Kilowattstunde Energieeinsatz durch Energieeffizienztechniken (bei ohnehin anstehender Anschaffung) kostengünstiger als der Kauf der jeweiligen Energieträger (z. B. Strom, Erdgas oder Heizöl). In aller Regel liegen die Kosten pro Kilowattstunde eingesparte Energie (für die gleiche Energiedienstleistung) zwischen 2 bis 8 Cent pro kWh, d. h. der Verbraucher zahlt – bei gleichem Nutzen – erheblich weniger als zum Beispiel beim Kauf von Strom.

Wenn durch Effizienzmaßnahmen Energiekosten eingespart werden, hat dies aus gesamtwirtschaftlicher Perspektive in der Regel positive Effekte auf Wirtschaft und damit Arbeitsplätze: Eine Studie im Auftrag von Agora Energiewende zeigt zum Beispiel, dass bei einer ambitionierten Energieeffizienzpolitik die Kosten des deutschen Stromsystems deutlich gesenkt werden können. Eine Senkung des Stromverbrauchs um 10 bis 35 Prozent im Vergleich zur Referenzentwicklung verringert die Kosten für Brennstoffe, CO_2-Emissionen, fossile und erneuerbare Kraftwerksinvestitionen sowie Netzausbau im Jahr 2035 um 10 bis 20 Mrd. Euro. Durch die Reduktion des Stromverbrauchs um mehr als 15 Prozent gegenüber einer Referenzentwicklung können im Jahr 2020 die Importausgaben allein für Steinkohle und Erdgas um 2 Mrd. Euro pro Jahr und damit auch die Importabhängigkeit (z. B. von Russland) reduziert werden.[6]

---

6 Vgl. Prognos AG; Institut für Elektrische Anlagen und Energiewirtschaft (IAEW) (2014): Positive Effekte von Energieeffizienz auf den deutschen Stromsektor. Als PDF abrufbar unter: www.agora-energiewende.de

Eine Berechnung der bereits oben genannten Studie des Wuppertal Instituts zeigt, dass bis 2020 mit 13 ausgewählten Energieeffizienzprogrammen zusätzlich zum bisherigen Trend fast 10 Prozent des Stromverbrauchs und 8 Prozent des Brennstoffverbrauchs (Heizenergie und Prozesswärme) kosteneffizient eingespart werden. Private Haushalte und Unternehmen können dadurch um mehr als 15 Mrd. Euro pro Jahr von Energiekosten entlastet werden und über die nächsten 35 Jahre um insgesamt fast 240 Milliarden Euro (Barwert).

Öffentliche Haushalte und Wirtschaft können bei forcierter Energieeffizienzpolitik durch sinkende Belastungen des Staatshaushalts sowie durch Steuereinnahmen aus Mehrinvestitionen, neuen Geschäftsfeldern und steigende Binnenkaufkraft profitieren. Die *Netto-*Arbeitsplatzeffekte (nach Abzug verlorener Arbeitsplätze durch den Strukturwandel) belaufen sich laut einer Studie[7] allein für die erneuerbaren Energien auf 140.000 bis 170.000 Beschäftigte für das Jahr 2030, 2010 waren es 80.000 Netto-Beschäftigte. Volkswirtschaftlich noch vorteilhafter ist der Netto- Arbeitsplatzeffekt von Effizienzinvestitionen: Nach einer Daumenregel wird pro eingespartem Petajoule Endenergie eine zusätzliche Beschäftigung in Höhe von durchschnittlich rund 100 Personenjahren ausgelöst[8].

Arbeitsplatzverluste im bisherigen Kraftwerkspark werden andererseits dadurch verursacht, dass Kraftwerke auf Basis von Erdgas, aber auch von Stein- und Braunkohle gegenüber den Technologien der erneuerbaren Energien auf einem liberalisierten Strommarkt mit Vorrangeinspeisung von fluktuierenden Energiequellen (Wind, Photovoltaik) oft nicht mehr rentabel sind. Das würde auch für Braunkohle gelten, wenn wenigstens ein Teil der externen Kosten der Braunkohle-

---

7   Vgl. Institut für Energie- und Umweltforschung Heidelberg (ifeu); Gesellschaft für Wirtschaftliche Strukturforschung mbH (GWS) (2012): Volkswirtschaftliche Effekte der Energiewende: Erneuerbare Energien und Energieeffizienz. Als PDF abrufbar unter: www.bmub.bund.de

8   Vgl. Irrek/Thomas (2006): Der EnergieSparFonds für Deutschland. Im Auftrag der Hans-Böckler-Stiftung. Als PDF abrufbar unter: www.boeckler.de
    – Personenjahre sind definiert als Arbeitsplatz x Jahre.

verstromung (etwa 9 Cent pro kWh[9]) im Rahmen des EU-Emissionshandels durch einen angemessener Preis pro Tonne CO_2 (mindestens 20 bis 30 Euro pro t CO_2) einbezogen würden. Dass auch bestehende Atomkraftwerke ökonomisch unter Druck geraten, zeigt das Beispiel Grafenrheinfeld. E.ON will das Kraftwerk vorzeitig bereits im Frühjahr 2015 abschalten, da der anstehende Ersatz der Brennelemente aufgrund der Brennelementesteuer nicht mehr lohnend ist. Setzt man die Strommenge, die das Kraftwerk bis zur bisher geplanten Außerbetriebnahme in sieben Monaten noch produzieren würde ins Verhältnis zur anfallenden Brennelementesteuer ergibt sich ein Kosteneffekt von 1,4 Cent pro kWh.[10] Bereits bei diesen geringen Zusatzkosten ist demnach das Kraftwerk aus Sicht des Betreibers nicht mehr wirtschaftlich. Werden die geschätzten *Gesamtsubventionen* für die Atomkraft in Höhe von 4 Cent pro kWh berücksichtigt[11], dann wird deutlich, dass die Kernkraft nur durch massive staatliche Förderung in »den Markt« gedrängt werden konnte. Industriepolitisch stehen die hierdurch ausgelösten Effekte im Gegensatz zur Markteinführung erneuerbarer Energien. Deren über die Umlagen des EEG von Haushalten und Kleinverbrauchern finanzierte Marktexpansion hat zu einer *fulminanten Kostendegression* bei Photovoltaik- und Windkraftstrom geführt. Die Vollkosten pro Kilowattstunde (ohne Speicher) aus Windkraft und Photovoltaik in Deutschland werden für 2015 auf durchschnittlich zwischen 7 und

---

9   Vgl. Bundesministerium für Umwelt, Naturschutz und Reaktorsicherheit (2011): Umweltwirtschaftsbericht 2011. Daten und Fakten für Deutschland. Als PDF abrufbar unter: www.umweltbundesamt.de

10   Durch die frühere Abschaltung kann Brennelementesteuer in Höhe von ca. 80 Mio. Euro eingespart werden. Dafür geht das Kraftwerk sieben Monate früher als geplant vom Netz (tagesschau.de, Beitrag vom 28.03.2014). Rechnet man die Stromerzeugung des Kraftwerks von ca. 10 Mrd. kWh pro Jahr (Homepage des Konzerns) auf die sieben Monate um ergeben sich 5,8 Mrd. kWh, die der Konzern dadurch nicht mehr an Strom bereitstellt.

11   4 Cent pro kWh ist ein ermittelter Wert für den Zeitraum 1970–2012. Siehe: Forum Ökologisch-Soziale Marktwirtschaft e.V. (FÖS) (2012): Was Strom wirklich Kostet: Vergleich der staatlichen Förderungen und gesamtgesellschaftlichen Kosten von konventionellen und erneuerbaren Energien. Studie im Auftrag von Greenpeace Energy eG; WindEnergie e.V. Als PDF abrufbar unter: www.greenpeace-energy.de

10 Cent pro kWh geschätzt[12]. Global gesehen bedeutet dies, dass bezahlbare, universell und dezentral verwendbare »Power for the World« verfügbar ist, sie wird in Verbindung mit Backup-Kapazitäten und Speichern in zwei Jahrzehnten das Energieangebot nicht nur in Deutschland und Europa, sondern weltweit revolutionieren.

Die Atomtechnik war und bleibt dagegen eine hochriskante Großtechnik, geprägt durch Kostenexplosion und mit nur marginalem Marktpotenzial. Dass auch europäische und an Europa angrenzende Länder noch immer darauf setzen (z. B. Russland, Ukraine, Weißrussland, Großbritannien, Polen, Finnland oder Ungarn) kann im besten Fall geostrategisch (Reduzierung vom Importabhängigkeit) nachvollzogen werden, langfristig handelt es sich in wirtschaftlicher, industriepolitischer und hinsichtlich der Risikominimierung um einen tragischen Irrweg.

Besonders sinnfällig wird die pervertierte ökonomische Logik von Kernenergiebefürwortern am Beispiel des geplanten Neubaus des AKWs Hinkley Point C in England. EdF und China General Nuclear Power Group sollen über 35 Jahre zu Lasten der Steuerzahler eine gigantische öffentliche Subvention durch einen Garantiepreis von 11 Cent pro kWh (mit Inflationsausgleich) erhalten – das heißt etwa das Doppelte des Strompreises an der Leipziger Strombörse. Die potentiell exorbitanten monetarisierten Unfallrisiken von Atomkraftwerken sind hier noch nicht berücksichtigt.

Offene Strategiefragen

Trotz der nachgewiesenen ökonomischen Vorteile der Energiewende aufgrund langfristig sinkender volkswirtschaftlicher Energierechnung, einem dringend notwendigen Innovations- und Investitionsschub im Industriestandort Deutschland, neuer Geschäftsfelder, zusätzlicher Arbeitsplätze und anderer bereits oben genannter Chancen, ist die Energiewende beileibe kein Selbstläufer. Sie ist noch nicht als »Gemeinschaftswerk« und als positive Zukunftsvision in der Mitte der Ge-

---

12 Agora Energiewende (2012): 12 Thesen zur Energiewende. Berlin: Agora Energiewende. Als PDF abrufbar unter: www.agora-energiewende.de

sellschaft angekommen. Die alte und die neue Bundesregierung haben zum Beispiel bisher keine *Antworten* auf die entscheidende Frage geliefert, wie der beschriebene revolutionäre technische Strukturwandel in eine gesellschaftliche Transformationsstrategie eingebettet, in der Realität einer auseinanderdriftenden Gesellschaft implementiert und als Lösungsbeitrag für soziale und wirtschaftliche Probleme konzipiert werden kann. Derzeit wird die Energiewende völlig verengt als reine Stromwende oder – noch begrenzter – als Reformdebatte um das EEG kommuniziert.

Mit einem Satz: Es wird verdrängt, dass die Umsetzung einer Energiewende im Strom-, Wärme- und Verkehrssektor ein hoch ambitioniertes, aber vielversprechendes gesellschaftliches Lernfeld darstellen kann, bei dem es letztlich auch um den Nachweis der Reformfähigkeit eines hoch entwickelten Industrielandes im Zeitalter der Globalisierung geht. Noch kann die Energiewende auf die Unterstützung durch die große Mehrheit der Bevölkerung sowie großer Teile von Wissenschaft und Wirtschaft setzen. Zugleich ruft ein solches Zukunftsprojekt naturgemäß Interessenkonflikte und Ungewissheiten hervor, und es sieht sich vielfältigen politischen, wirtschaftlichen, (infra-)strukturellen, technischen und psychologischen Hemmnissen gegenüber. Die hohe Zustimmung wird daher nur dann bestehen bleiben, wenn die Energiewende ein von der Bevölkerungsmehrheit getragenes und positiv besetztes gesellschaftliches Projekt wird – transparent, demokratisch und gerecht.

Es geht daher bei der Energiewende nicht um einige wenige Kurskorrekturen der Energiepolitik. Die im Zentrum stehende sozialökologische Transformation muss unter der Bedingung knapper öffentlicher Mittel und gegen kontraproduktive makroökonomische Wirkungen der sogenannten Schuldenbremse bewältigt werden. Eine Energiewende bedarf in ihrer Anfangsphase zusätzliche Mittel, andernfalls besteht die Gefahr, dass sie zur Umverteilung zu Lasten sozial schwächerer Einkommensgruppen wird. Erst mittel- und längerfristig kann die Ernte diese (Vor-) Finanzierung, eine sinkende gesamtwirtschaftliche Energiekostenrechnung, eingefahren werden.

Die Energiewende wird daher auch zu einem Test, ob die Politik zu einer auf Dauer angelegten sozialökologischen Transformation überhaupt fähig ist. Mit einem Wort: Durch eine vorausschauende ökologische Industrie- und Dienstleistungsstrategie muss das Primat von Politik neu belebt werden. Deren Charakteristika sollen am Beispiel der folgenden, keineswegs erschöpfenden Aufzählung von notwendigen Richtungsentscheidungen und Strategieschritten verdeutlicht werden[13]:

- Ein Klima- und Energiewende-Gesetz vorlegen, das die langfristigen Ziele des Klimaschutzes und des Energiekonzepts (2020/2050) verbindlich festschreibt.
- Eine Roadmap mit quantifizierten Eckpunkten für nachhaltige Mobilität entwickeln, z. B. für Verkehrsvermeidung und Verkehrsverlagerung auf Schienen- und Rad- und Fußverkehr.
- Eine Strategie für die tiefgreifende energetische Sanierung des Gebäudebereichs (Sanierungsfahrplan zum Niedrig- bis Plusenergiehausstandard im Bestand, auch für Nichtwohngebäude) und die Verdopplung der Sanierungsrate vorlegen sowie das notwendige Fördervolumen für Investitionen und Beratung, die dezentralen Netzwerkknoten sowie die Aus- und Weiterbildung für die Umsetzung sicherstellen.
- Die zunehmenden Integrationsfelder (z. B. E-Mobilität, nachhaltige Treibstoffe, Power to Gas, Power to Heat) zwischen dem Strom-, Wärme- und Verkehrssektor in Forschung und Entwicklung nachhaltig entwickeln und identifizierte Synergien durch Pilot- und Demonstrationsprojekte fördern.
- Die Prozess- und Steuerungsverantwortung für die absolute Reduktion des Energieverbrauchs durch Energieeffizienz und -suffizienz auf nationaler Ebene institutionell absichern (Effizienzagentur/Energiesparfonds) und mit einem gesetzlichen Steuerungsmandat und angemessenen Personalressourcen ausstatten.
- Ein erheblich aufgestocktes und verlässliches jährliches Gesamtfördervolumen der Energiewende auflegen und aus einem Mix von Subventionsstreichungen, Budgetmitteln, Umlagefinanzierung, etc. finanzieren.

---

13 Vgl. Bartosch/Hennicke/Weiger (2014): Gemeinschaftsprojekt Energiewende: Der Fahrplan zum Erfolg. München.

- Steuerfinanzierte und investiv verausgabte Haushaltsmittel für die Energiewende ausdrücklich aus der Schuldenbremse ausnehmen, weil Selbstfinanzierungseffekte von Energiewende-Investitionen für den Bundeshaushalt nachgewiesen sind.
- Eine die Effizienzstrategie flankierende Suffizienzpolitik entwickeln und fördern, um einen Wiederanstieg des Energieverbrauchs durch Wachstums-, Komfort- und Rebound-Effekte vorausschauend zu dämpfen.
- Die Mobilisierung von Regionen, Kommunen und Bürgerfinanzierungsmodellen vor Ort (z. B. Energiegenossenschaften) durch Dezentralisierung, Demokratisierung und Bürgerbeteiligung fördern.

Gestalten die Gewerkschaft im Bündnis mit der Umweltbewegung und zusammen mit an der Energiewende interessierten Unternehmen diesen Transformationsprozess mit, dann kann die Energiewende ein gesellschaftspolitisches Erfolgsmodell in Richtung auf eine »Große Transformation« (WBGU) werden. Die Phase der marktradikalen Wirtschaftsdoktrin und der Aushöhlung des Primats der Politik könnte gestoppt und durch eine Strategie der ökologischen Modernisierung ersetzt werden.

CARMEN TIETJEN

Reine Frauensache?

Vereinbarkeit von Familie und Beruf

Frauen können Ministerpräsidentin, Bundeskanzlerin oder gar Bischöfin werden, nur eines geht fast überhaupt nicht: Topmanagerin oder Aufsichtsrätin. Der Frauenanteil in den Vorstandsetagen stagniert, in den Top-Positionen der DAX-Unternehmen bleiben die Herren weiterhin unter sich. Die alljährliche Bestandsaufnahme des DIW hat jetzt wieder festgestellt, dass Deutschland damit hinter Schweden, Frankreich und den USA wie auch hinter China, Brasilien und Russland zurückbleibt.

Freiwillige Selbstverpflichtungen und gute Absichtserklärungen helfen offensichtlich nicht. Auch wenn mittlerweile nachzulesen ist, dass Managerinnen die Bilanzen aufwerten, hat sich diese Erkenntnis in den Chefetagen noch nicht durchgesetzt. 2011 sind von den insgesamt 154 Frauen in den 160 börsennotierten deutschen Unternehmen 115 Frauen von der ArbeitnehmerInnenseite in den Aufsichtsrat entsandt worden.

Aber darauf wollen und dürfen sich die Gewerkschaften nicht ausruhen. Eine Erklärung für die mangelnde Repräsentanz von Frauen ist, dass das Aufsichtsrat-Mandat zum Teil aus einer vorangegangenen Position innerhalb des Unternehmens begründet wird. Diese Positionen sind überproportional mit Männern besetzt, als Beispiel: Gesamtbetriebsratsvorsitzender.

Weitere Ursachen liegen im Fehlen jeglicher gesetzlicher Regelungen in den männlich dominiert ausgerichteten Netzwerken der Wirtschaft, die in Verbindung mit entsprechenden Mentalitätsmustern männlicher Führungskräfte letztlich den Aufstieg von Frauen in Führungspositionen verhindern sowie in den strukturellen Ungleichheiten am Arbeitsmarkt, die die Positionen von Frauen bestimmen und damit ebenfalls ihren Aufstieg verhindern. (Stichworte: unterschiedliche Arbeitszeitvolumen, fehlende Infrastruktur für Vereinbarkeit von Familie und Beruf)

Hier können Regelungen Abhilfe schaffen, z.B. durch die Einführung einer gesetzlichen Frauenquote für Aufsichtsräte. Aus gewerkschaftlicher Sicht ist eine Quote auch nicht als Quote gut. Eine Quote ist vielmehr deshalb gut, weil dadurch Unternehmen gezwungen werden, einmal darauf zu schauen, unter welchen Bedingungen Menschen sowohl im Topmanagement als auch in den Aufsichtsräten arbeiten.

Es scheint notwendig, dass diese Bedingungen verändert werden, damit auch Menschen mit anderen Werten, nämlich Frauen, bei ihnen ihren Ort finden können und gerne dort arbeiten. Wer etwas für die Frauen tut, macht die Arbeitswelt menschlicher und genau dieses muss auch bei den Topmanagern und Aufsichtsräten geschehen.

Ein weiterer Bereich ist die Situation von Frauen auf dem Arbeitsmarkt. So weist der Zugang zum Arbeitsmarkt auch in NRW geschlechtsspezifische Unterschiede auf. Der Bogen spannt sich über die Berufswahl, die Entlohnung für gleiche Arbeit, die Unterbrechung für Familienzeiten und auch Pflegearbeit für Angehörige, den beruflichen Wiedereinstieg bis hin zur beruflichen Entwicklung und der »Karriere«. Frauen sind auch heute noch in nahezu allen Bereichen des Arbeitsmarktes in Führungspositionen unter-, jedoch bei prekärer Beschäftigung überrepräsentiert. Das in Deutschland immer noch vorherrschende Familienfinanzierungsmodell ist ein Erklärungsansatz für die fehlende Chancengleichheit für Frauen auf dem Arbeitsmarkt.

Damit ließe sich aber nur erklären, warum Frauen – mehr oder weniger – freiwillig in bestimmten Bereichen unterrepräsentiert sind. Ungeachtet dessen gilt, dass Frauen, die sich bewusst von diesem Familienfinanzierungsmodell lösen wollen – auch das zeigt die Praxis –, anders behandelt werden als Männer.

So gab es 2010 in NRW ca. 5,8 Mio. sozialversicherungspflichtige Beschäftigte. Davon sind 2,5 Mio. weiblich. Von diesen arbeiteten 1,6 Mio. in Vollzeit und fast 900.000 in Teilzeit. Oder anders: Fast 84% der Teilzeitkräfte in NRW waren und sind Frauen.

Es ist zwar so, dass immer mehr Frauen in den letzten Jahren erwerbstätig wurden, aber zugleich das Arbeitszeitvolumen von Frauen insgesamt nicht zugenommen hat. Die Arbeitszeit wurde also unter den Frauen nur anders verteilt.

Viele der Frauen sind mittlerweile nicht mehr vollzeitbeschäftigt, sondern haben ihre Arbeitszeit reduziert. Von diesen Teilzeitbeschäftigten leben in Deutschland – nach Untersuchungen des Statistischen Bundesamtes – zwei Drittel überwiegend von ihrem Einkommen aus der Teilzeitarbeit. Nur bei weniger als einem Viertel der Teilzeitkräfte stellt der Unterhalt durch Angehörige die wichtigste Quelle des Lebensunterhalts dar. Diese Daten widersprechen der weitverbreiteten Annahme, dass Teilzeitkräfte in der Regel anderweitig finanziell und sozial abgesichert sind und lediglich dazu verdienen. Doch im Gegenteil hat es diese Entwicklung mit sich gebracht, dass eine wachsende Zahl der Betroffenen kein existenzsicherndes Einkommen erzielt und nicht in ausreichendem Umfang für die Absicherung im Alter vorsorgen kann.

Eine weitere Beschäftigungsform hat in den vergangenen Jahren stark zugenommen. So gab es 2010 in NRW 1,7 Mio. Minijobs. Darunter 1,3 Mio., die nur diesen Minijob haben. Und es sind wieder die Frauen, die mit fast 70% hier »zulangen«.

Mini-Jobs sind durch niedrigste Löhne, hohe Fluktuation und sehr geringe berufliche wie betriebliche Aufstiegschancen gekennzeichnet. In den Minijobs arbeiten zum größten Teil gut bis sehr gut qualifizierte Beschäftigte und nicht, wie oft behauptet wird, geringqualifizierte.

Als arbeitsmarktpolitisches Instrument schuf die geringfügige Beschäftigung weder in großem Umfang neue Arbeitsplätze, noch wurde sie, wie angestrebt, zur Brücke in den ersten Arbeitsmarkt. Im Gegenteil: durch die Minijobs wird Beschäftigung im Niedrigstlohnbereich nach wie vor massiv subventioniert und ausgebaut.

Hinzu kommen noch die Befristungen. So hat die Zahl der befristeten Arbeitsverträge in den vergangenen zwei Jahrzehnten deutlich zugenommen. Fast jeder zweite neu geschlossene Arbeitsvertrag ist inzwischen zeitlich begrenzt. Rund 634.000 Beschäftigte hatten 2008 in NRW einen Vertrag auf Zeit. Hiervon waren auch 292.000 Frauen betroffen. Fest steht: Seit dem Jahr 2000 sind Frauen häufiger als Männer in befristeten Beschäftigungsverhältnissen zu finden.

Ganz zu schweigen vom Niedriglohnsektor. Auch hier waren 2011 die Frauen mit 69,4 % beteiligt – obwohl ihr Anteil an den Beschäftigten nur 49,5 % betrug. Inzwischen ist mehr als jede vierte weibliche Beschäftigte in NRW von Niedriglöhnen betroffen. Bei den Männern ist es demgegenüber »nur« gut jeder Zehnte.

Bei den Frauen in NRW kommt es insgesamt häufiger als in Westdeutschland vor, dass niedrige Stundenlöhne und kurze Arbeitszeiten zusammenkommen. Die Frauen sind diejenigen mit Niedrigstlöhnen von Stundenlöhnen unter 5 oder 6 Euro.

Nur ein Teil dieser Geschlechterdifferenz bei den Löhnen lässt sich durch Unterschiede wie z. B. Qualifikationen, Erwerbserfahrungen oder Branchenzugehörigkeit erklären. Nach wie vor umfasst die Lohnlücke auch einen – schwer zu quantifizierenden – Anteil an Diskriminierung. Der Grundsatz »gleicher Lohn für gleichwertige Arbeit« ist nach wie vor nicht flächendeckend umgesetzt.

Insgesamt bleibt festzuhalten, dass die Chancen der nordrhein-westfälischen Frauen auf eine eigenständige Existenzsicherung besonders ungünstig sind.

Auf der Suche nach Ursachen machen sich weitere Themenfelder auf, die sich an den Rollenbildern und dem geltenden Recht festmachen lassen. Denn Recht prägt, Recht stützt, Recht verstärkt und kann Rollenbilder abmildern oder verschärfen. Auf der anderen Seite prägen Rollenbilder die Handlungsoptionen.

In der frühen BRD verstand z. B. das Bundesverfassungsgericht »Gleichberechtigung« zunächst als Gleichwertigkeit von Männern und Frauen bei Anerkennung ihrer Andersartigkeit und formulierte im Verhältnis von Frauen und Männern zunächst das Prinzip der Arbeitsteilung. Obwohl das Gleichberechtigungsgebot später als Gebot rechtlicher Gleichheit angesehen wurde, gingen die Leit- und Rollenvorstellungen im Recht der frühen BRD von der Andersartigkeit von Männern und Frauen aus. Ebenso von der Trennung der Erwerbs- und Familienarbeit und von einem auf Ehelichkeit und Rollenteilung gegründeten Partnerschaftsmodell. Während also in der früheren Bundesrepublik die auf Rollenteilung basierende Ehe Leitbild blieb, etablierte die DDR einen »historisch neuen Familientyp« und richtete den weiblichen Lebensverlauf am Leitbild der »werktätigen Mutter« aus. Gleichwohl blieb Familienarbeit aber auch hier rechtlich Frauensache. Hinter dem Leitbild der »werktätigen Mutter« verbarg sich auch hier das tradierte Leitbild der »sorgenden Hausfrau«.

Zwar ist die Ehe – in der gesamten Bundesrepublik – nach wie vor eine wichtige Form partnerschaftlichen Zusammenlebens, aber es hat Veränderungen gegeben. Das Leitbild der Haus- und Sorgearbeit übernehmenden Frau, die auch nach der Scheidung der Ehe auf finanzielle Versorgung zählen kann, findet in der Realität und auch im geltenden Recht immer weniger Entsprechung. Verheiratete Frauen und Männer werden nach der Scheidung auf die Sicherung der eigenen materiellen Existenz verwiesen.

Das Recht regelt nicht mehr die nacheheliche Statussicherung, sondern häufig die Aufnahme einer – gegebenenfalls sogar im Verhältnis zur eigenen beruflichen Qualifikation geringwertigen – Erwerbstätigkeit. Auch im Sozialrecht wurde – durch Hartz IV – das Rollenbild der »sorgenden Frau, die zu Hause bleibt«, verändert. So wird auch bei den verheirateten ALG-II-BezieherInnen genau hingeschaut, wer alles erwerbsfähig ist. Sorgearbeit wird zunehmend als »Phase« im Lebensverlauf angesehen.

Viele Frauen wollen aber auch ihren Lebensunterhalt selbst verdienen. Sie profitieren auf der einen Seite vom Ausbau der Ganztagsschulen und Kindertagesstätten. Auf der anderen Seite aber setzen das Ehegattensplitting, die abgeleiteten Sozialversicherungen (wie die Familienmitversicherung in der Krankenversicherung oder in der Rentenversicherung) sowie die Minijobs starke Anreize für verheiratete Frauen, nicht oder nur in geringfügiger Beschäftigung tätig zu sein.

Dabei können sich Frauen heute immer weniger darauf verlassen, dass sie als Hausfrauen oder Zuverdienerinnen über den gesamten Lebensverlauf sozial abgesichert sind. Sie sind aber in ihrem Handlungsspielraum eingeschränkt.

Die Erwerbsbiografien von Frauen sind immer noch viel stärker von Diskontinuitäten geprägt als diejenigen von Männern. Erwerbsunterbrechungen und Teilzeitphasen hinterlassen »Narben« in weiblichen Erwerbsverläufen. Diese »Narben« schlagen sich in verminderten Einkommens- und Karrierechancen nieder und wirken im restlichen Erwerbsverlauf negativ nach. Da Arbeitgeber diese »Ausstiege« meistens nur bei den Frauen erwarten, investieren sie weniger in die Weiterbildung und Entwicklung weiblicher Beschäftigter.

Die Notwendigkeit von Bildung und Qualifizierung ist auch den Frauen durchaus bewusst. In kaum einem gesellschaftlichen Bereich haben Frauen in den letzten 40 Jahren so aufholen können wie in der Bildung. Mädchen und junge Frauen waren die Gewinnerinnen der Bildungsexpansion seit den 1970er Jahren. Heute erreichen sie im Durchschnitt höhere und bessere schulische Bildungsabschlüsse als junge Männer. Durch die Ausweitung der Dienstleistungsbranchen mit den traditionell hohen Frauenanteilen haben sich auch die Chancen auf einen erfolgreichen Berufseinstieg verbessert. Doch haben auch diese Erfolge für keine grundlegende Veränderung gesorgt. Ihre Anstellung in den Dienstleistungsberufen haftet häufig immer noch das Ansehen als »Zuverdienerinnen«-Berufe und dementsprechend wird hier wenig Geld wird hier.

Leider ist es auch so, dass die Berufswahl immer noch wesentlich geschlechtsspezifisch erfolgt. Dieses wirkt sich für Frauen – bezogen auf spätere Verdienst- und Karrierechancen – nach wie vor als nachteilig aus. Bundesweit liegt der Bruttostundenverdienst der Frauen um 23 Prozent niedriger als bei den Männern. Europaweit verdienen Frauen 17,4 Prozent weniger als Männer.

In Nordrhein-Westfalen beträgt der Verdienstabstand zwischen Frauen und Männern 25 Prozent und liegt – wie in den meisten westdeutschen Bundesländern – über dem Bundesdurchschnitt. Und dann ist es auch nicht verwunderlich, dass die Altersarmut hierzulande überwiegend die Frauen betrifft. Der Grund für die sehr niedrigen Frauenrenten sind vor allem die geringen Einkommen und die geringen Versicherungsjahre. Betrachtet man die Rentenansprüche von Frauen und Männern, so zeigt sich, dass Frauen heute noch nicht einmal die Hälfte der Männerrenten erreichen. Damit sind nicht die Rentenansprüche aus der Witwenrente gemeint, sondern die Rentenansprüche aus der eigenständigen Altersvorsorge. NRW-Männer bekommen durchschnittlich 1.120 Euro Rente, die Witwe davon 60 Prozent. Aus der eigenständigen Rentenversicherung beziehen die NRW-Frauen noch nicht einmal 500 Euro. Das heißt, die Witwenrente ist im Durchschnitt höher, als die eigenständige Frauenrente.

Das wiederum bedeutet, dass die Alterssicherung der Frauen in hohem Maße immer noch vom Einkommen ihrer Ehemänner abhängig ist. Oder anders ausgedrückt: Bei einer eigenständig erwirtschafteten Rente erwartet die Frauen höchstwahrscheinlich die Altersarmut.

Viele Untersuchungen zeigen leider, dass sich der Einfluss von Ehe, Partnerschaften und Kindern auf den Umfang der Erwerbsarbeitszeiten von Frauen in den letzten Jahren sogar noch verstärkt hat. Frauen mit Kindern sind zwar heute häufiger erwerbstätig als vor zehn Jahren. Sie investieren aber deutlich weniger Stunden pro Woche in eine Erwerbstätigkeit. Im internationalen Vergleich fällt zudem auf, dass es kein anderes europäisches Land gibt, in dem die in Teilzeit arbeitenden Frauen, vor allem aufgrund des hohen Anteils von Minijobs, mit durchschnittlich 18,2 Wochenstunden, so kurze Arbeitszeiten haben wie in Westdeutschland.

Kurzfristig mag ja die Aufnahme eines Minijobs wegen der Mitversicherung in der gesetzlichen Krankenversicherung über den Ehepartner und der Erhalt des Einkommensvorteils infolge des Ehegattensplittings vorteilhaft sein. In der Lebensverlaufsperspektive erweisen sich Minijobs jedoch häufig als Sackgasse, da der Übergang in eine sozialversicherungspflichtige Beschäftigung nur in ganz seltenen Fällen gelingt.

Damit ist es offensichtlich, dass Veränderungen nötig sind und diese werden zunächst auch Geld kosten. Denn es entstehen selbstverständlich Kosten durch die gleiche Bezahlung von Frauen oder durch die Schaffung einer Infrastruktur für Kinderbetreuung und Pflege, die bislang unbezahlt in Haushalten erledigt wurden.

Dabei wird aber gerne übersehen, welch hohes wirtschaftliches Potenzial in einer Gleichstellung der Geschlechter liegt. Bislang liegen die Investitionen in die Bildung von Frauen, die die Gesellschaft aufgebracht hat, brach oder sind in unterwertige Beschäftigung fehlgeleitet.

An dieser Stelle der Hinweis auf den ersten Gleichstellungsbericht der Bundesregierung, der am 25. Januar 2011 von einer unabhängigen Sachverständigenkommission vorgelegt wurde.

In diesem Gutachten wird darauf hingewiesen, dass es der Gleichstellungspolitik in Deutschland an Konsistenz fehlt. Die Empfehlungen, die von der Kommission ausgesprochen wurden, fanden bei der damaligen Bundesfrauenministerin Kristina Schröder wenig Begeisterung. Denn sie wichen zu deutlich von der schwarz-gelben Regierungspolitik ab.

Aber viele der Forderungen sind auch Positionen von Gewerkschaftsfrauen. Neben der Abschaffung des Ehegattensplitting zu Gunsten einer Individualbesteuerung und der Einführung einer Quote zur Erhöhung des Frauenanteils in Führungspositionen fordern die Sachverständigen die Einführung eines gesetzlichen Mindestlohnes. Und zwar deshalb, »damit auch für Haushalte ohne Zugang zu einem klassischen ›Familienlohn‹ eine Existenzsicherung ohne aufstockende Grundsicherungszahlungen möglich ist«. Darüber hinaus plädiert die Kommission für die Abschaffung der Minijobs, da hier sowohl für die Beschäftigten als auch für die Unternehmen die falschen Anreize gesetzt würden. Ziel müsse es sein, alle Erwerbsverhältnisse sozialversicherungspflichtig zu machen.

Auch die Gewerkschaftsfrauen haben sich immer wieder für die Abschaffung von Minijobs und für die Sozialversicherungspflicht ausgesprochen. Ebenso, wie die Sachverständigenkommission, fordern sie die Geschlechterquote für Aufsichtsräte. So hat die IG Metall auch jetzt den Beschluss gefasst, dass 30 Prozent der von ihnen benannten Aufsichtsratsmitglieder weiblich sein müssen. Auch fordert die Sachverständigenkommission hinsichtlich ungleicher Bezahlung von

Frauen und Männern Regulierungen. Insgesamt brauchen Frauen existenzsichernde und nachhaltige Beschäftigung – und nicht die Reduzierung auf Minijobs.

Die Gewerkschaftsfrauen fordern schon lange die Abschaffung der Minijobs und die Einführung eines gesetzlichen Mindestlohns. Sie wollen Regulierungen bei der Entgeltgleichheit, die Abschaffung des Ehegattensplittings. Sie wollen auch die Quote für die Aufsichtsräte und Führungspositionen. Sie wollen eine Politik in der es nicht heißt: Frauen stehen hinten an! Das Motto der letzten internationalen Frauentage: »Heute für morgen Zeichen setzen« macht deutlich, dass viele kleine Schritte heute von Frauen getan werden müssen, damit sich morgen etwas für die Frauen verändert.

AXEL TROOST

Stadt, Land, Bund: Die Finanzkrise wirkt vor Ort

UmSteuern für zukunftsfähige Bundesländer und Kommunen

Seit vielen Jahren stellt die Arbeitsgruppe Alternative Wirtschaftspolitik eine Vielzahl von Forderungen auf, die die Staatsausgaben z. B. in den Bereichen Soziales, Öffentlicher Dienst, öffentliche Investitionen, Bildung etc. deutlich erhöhen würden. Gleichzeitig wird ein Konzept zur Finanzierung dieser Mehrausgaben vorgelegt, das vor allem auf zusätzliche Steuereinnahmen setzt.

Wie so oft wird auch in diesem Fall das Steuerkonzept vor allem als Mittel zum Zweck der Finanzierung politisch gewollter Ausgaben wahrgenommen. Viele Interessierte wollen vor allem sicher sein, dass die Forderungen seriös durchgerechnet und finanziert sind. Viel zu wenig wird dabei wahrgenommen, dass Steuern mehr als nur Staatseinnahmen sind. Mit Steuern lässt sich – wie der Name schon sagt – steuern. Und unsere Forderungen zur Ausweitung bestimmter öffentlicher Ausgaben sind eben nur eine Facette eines viel grundlegenderen Paradigmas: Umverteilen! Steuern sind eines der zentralen Instrumente, um Mittel von privat nach öffentlich umzuverteilen. Die Ausgabenstruktur des Staates wiederum ist selbst ein Verteilungsinstrument, denn es macht einen großen Unterschied, ob der Staat die Renten und Sozialtransfers erhöht oder ob er sein Geld lieber als Forschungsförderung und Subventionen an die die Atom- oder Gentechnikindustrie durchreicht. Das Steuersystem seinerseits entscheidet, welche Bevölkerungsgruppen wie viel zur Finanzierung des Öffentlichen beitragen müssen, von daher kann auch ein Steuersystem in erheblichem Maße Einfluss auf die Einkommens- und Vermögensverteilung nehmen.

Der Blick in die steuerpolitischen Vorstellungen der Arbeitsgruppe Alternative Wirtschaftspolitik lohnt daher nicht nur im Hinblick darauf, wie viel zusätzliche Staatseinnahmen generiert werden, sondern wie ihre Umverteilungswirkungen insgesamt ausfallen.

Verteilung und Finanzkrisen
Umverteilung – und damit Steuerpolitik – ist im Übrigen keineswegs auf die Frage der Verteilungsgerechtigkeit begrenzt, denn die Verteilung hat dramatische Folgen für die ökonomische Stabilität. Zugespitzt ausgedrückt: Umverteilen ist die beste Prävention gegen Finanzkrisen.

Die großen Geldsummen in den Händen von wenigen wurden den Finanzmärkten zugeführt, weil diese sich dort höhere Renditen als in der »Realwirtschaft« erhofft haben. Hier wird sofort das mangelhafte Verständnis der meisten Anleger und Investoren für ökonomische Zusammenhänge deutlich: Renditen auf Finanzmärkten müssen in letzter Konsequenz immer durch realwirtschaftliche Produktion von Gütern und Dienstleistungen erwirtschaftet werden. Wo dem nicht so ist, ist die Wertentwicklung bei Finanztiteln schlicht und ergreifend eine spekulative Blase, die früher oder später platzen muss: Immer mehr Reiche stecken immer größere Geldvermögen in einen kaum wachsenden Bestand an Vermögensanlagen (Immobilien, Unternehmen, Anleihen, diverse davon abgeleitete Finanzprodukte). Da die Einkommen der breiten Bevölkerungsmehrheit stagnieren und teilweise sogar fallen, lohnt der Ausbau von Produktionskapazitäten (zusätzliche oder größere Unternehmen, d. h. zusätzliche Aktien) und anderer Kapitalgüter (z. B. Vergrößerung des Immobilienbestandes) kaum, weil es dafür aufgrund fehlender Kaufkraft kaum Nachfrage gibt. Die Folge: Die Preise für Vermögensanlage steigen, ohne dass dem ein ernsthafter Wertzuwachs entspricht. Umverteilung von unten nach oben ziehen daher regelmäßige Finanzblasen nach sich. Wenn die Blase platzt, dann – so hat es die Finanzkrise seit 2007 gezeigt –

werden die drohenden Vermögensverluste der Reichen nicht selten durch staatliche Rettungsmaßnahmen auf Kosten der breiten Bevölkerungsmehrheit weitgehend abgefedert, so dass die Krise den Umverteilungsprozess von unten nach oben weiter antreibt.

Wachsende Ungleichverteilung von Einkommen und Vermögen
Seit über 15 Jahren findet eine Umverteilung von unten nach oben bei den Einkommen statt. Laut Berechnungen des Deutschen Instituts für Wirtschaftsforschung (DIW) sanken die Reallöhne im Zeitraum zwischen 2000 und 2010 insgesamt um über vier Prozent. Am unteren Ende, bei den ärmsten zehn Prozent der Lohnempfängerinnen und -empfänger sanken sie im selben Zeitraum sogar real um über 19 Prozent.[1] Die Unternehmens- und Vermögenseinkommen stiegen dagegen im selben Zeitraum jedes Jahr um durchschnittlich vier Prozent. Preisbereinigt nahmen diese über den ganzen Zeitraum um knapp 31 Prozent zu.[2] Giacomo Corneo beschreibt die Entwicklung der letzten Jahre so: »Die deutsche Entwicklung ist aber extrem: Die rund 5.000 Haushalte mit den höchsten Einkommen konnten seit Mitte der neunziger Jahre ihren Anteil am Gesamteinkommen um rund 50 Prozent steigern. Die Realeinkommen aller Deutschen sind in dieser Zeit stagniert. Wir erleben eine gewaltige Spaltung.«[3]

Die immer weiter auseinanderklaffende Schere bei der Einkommensentwicklung ist auch die primäre Ursache für die ähnlich verlaufende Entwicklung bei der Vermögensverteilung. So verfügen rund zwei Drittel der Bevölkerung über kein oder nur ein sehr geringes Vermögen. Das reichste Zehntel hält dagegen über 66 Prozent und das reichste Prozent 36 Prozent des Geld- und Sachvermögens.[4]

---

1 Vgl. Karl Brenke/Markus M. Grabka (2011): Schwache Lohnentwicklung im letzten Jahrzehnt, in: DIW Wochenbericht, Nr. 45/2011, Tabelle 4.

2 Vgl. DGB (2011): Aufschwung für Alle sichern! Verteilungsbericht 2011.

3 Giacomo Corneo (2011): »Die Reichen kommen zu leicht davon«, in: Zeit Online vom 6. Juli 2011 (vgl. www.zeit.de).

4 Vgl. Stefan Bach, Martin Beznoska (2012): Vermögensteuer: Erhebliches Aufkommenspotential trotz erwartbarer Ausweichreaktionen, in: DIW Wochenbericht Nr. 42/2012.

Die Steuersünden der Vergangenheit

In den vergangenen 14 Jahren sind alle größeren Steuerreformen nach demselben Muster vorgenommen worden. Während es für niedrige und mittlere Einkommen bestenfalls Almosen gab, durften sich Reiche und Vermögende über zahlreiche kräftige Steuergeschenke freuen. Die hervorstechendsten Beispiele sind die Nichterhebung der Vermögensteuer seit 1999, die Senkung des Spitzensteuersatz von 53 auf 42 Prozent durch Rot-Grün und die Einführung der Abgeltungsteuer und die Erbschaftsteuerreform durch die große Koalition. Letztere ermöglicht nicht nur die steuerfreie Vererbung von Betriebsvermögen, sondern auch durch entsprechende Gestaltung die von Privatvermögen. Diese werden z. B. in ein Unternehmen eingebracht und dann als Betriebsvermögen vererbt (sogenannte »Cash-GmbHs«). Die schwarz-gelbe Koalition hat diese Privilegierung noch weiter ausgebaut. Derzeit können Vermögen im Bereich von zwei- bis dreistelligen Millionenbeträgen steuerfrei oder nur mit niedrigen Belastungen vererbt werden. Insgesamt sind durch diese Maßnahmen Mindereinnahmen für den Zeitraum von 2000 bis 2011 von 235,5 Milliarden Euro entstanden.[5]

Obwohl die Reichen immer reicher wurden, blieb ihr Anteil am Steueraufkommen blieb weitgehend konstant. Das bedeutet aber nichts anderes, als dass die reale Steuerbelastung der Superreichen in Deutschland deutlich gesunken ist. Demgegenüber weist die Organisation für wirtschaftliche Zusammenarbeit und Entwicklung (OECD) regelmäßig darauf hin, dass Deutschland im internationalen Vergleich vor allem Geringverdienerinnen und -verdiener sehr hoch belastet.[6]

Daran ändern auch die Meldungen über Rekordsteuereinnahmen nichts. Steuerliche Rekordeinnahmen sind, bedingt durch Wirt-

---

5 Vgl. Barbara Höll / Richard Pitterle / Axel Troost (2013): »Staatsschuldenkrise« und Handlungsfähigkeit der öffentlichen Hand, Fassung vom 8. Januar 2013 (http://dokumente.linksfraktion.net/download/staatsschuldenkrise.pdf)

6 Vgl. z. B. OECD (2012): Taxing Wages: Trend zu niedrigen Steuern und Abgaben in Deutschland gebrochen, Pressemitteilung vom 25. April 2012 (www.oecd.org).

schaftswachstum und Inflation, nichts Außergewöhnliches, sondern der Regelfall. In 52 von 61 Jahren seit Gründung der Bundesrepublik wurden Rekorde bei den Steuereinnahmen erzielt.[7]

Die öffentliche Hand braucht mehr Einnahmen
Für die Arbeitsgruppe Alternative Wirtschaftspolitik steht außer Frage, dass die öffentliche Hand mehr Einnahmen braucht. Dies ist vor allem aus drei Gründen notwendig: Erstens haben die Steuermindereinnahmen der Vergangenheit zu ökonomisch schädlichen Ausgabenkürzungen geführt. So fahren die Kommunen, als wichtigste Träger der öffentlichen Investitionen, ihre Investitionen, z. B. in Schulen und Straßen, seit Jahren zurück. Die KfW schätzt den dadurch verursachten Investitionsstau auf 100 Milliarden Euro.[8] Zweitens hat die Banken- und Eurorettung bereits jetzt immense Kosten verursacht. Drittens braucht die Volkswirtschaft einen ökologisch-sozialen Umbau, um ein neues nachhaltiges Wirtschaftswachstum anzustoßen.

Die Finanzierung der bisherigen Kosten von Finanz- und Eurokrise erfolgte zunächst überwiegend durch öffentliche Kreditaufnahme. Durch die »Selbstfesselung« der Politik in Form einer im Grundgesetz verankerten Schuldenbremse wollen CDU-CSU-SPD-FDP-Grüne die Verschuldung vorzugsweise über Ausgabensenkungen begrenzen. Eine Politik des Schuldenabbaus über Ausgabenkürzungen macht die Schuldenbremse aber zur Zukunftsbremse. Statt in die Zukunft zu investieren und höheres Wirtschaftswachstum zu ermöglichen, schwächen Ausgabenkürzungen die ohnehin schon laue Binnennachfrage und fördern höhere Arbeitslosigkeit und Reallohneinbußen. Daher muss die politische Antwort auf die Schuldenbremse – neben ihrer grundsätzlichen Ablehnung – höhere Steuereinnahmen sein.

---

7   Vgl. IMK (2012): IMK-Steuerschätzung 2012–2016, IMK Report 76, Oktober 2012.

8   Vgl. Spiegel Online vom 4. Januar 2013: Investitionsstau von 100 Milliarden Euro: Kommunen sparen sich kaputt (www.spiegel.de).

Reform der Einkommensteuer

Durch eine Reform der Einkommensteuer will die Arbeitsgruppe Alternative Wirtschaftspolitik die Umverteilung von unten nach oben umkehren. Geringe und mittlere Einkommen sollen stark entlastet werden, indem der Grundfreibetrag auf 9.300 Euro erhöht und der bislang steile Anstieg der Steuersätze für mittlere Einkommen deutlich gesenkt wird. Der Spitzensteuersatz soll ab einem zu versteuernden Jahreseinkommen in Höhe von 65.000 Euro wieder wie zu Helmut Kohls Zeiten auf 53 Prozent erhöht werden. Ein zu versteuerndes Einkommen über einer Million jährlich (nach Abzug aller Sozialversicherungsbeiträge) wollen wir zusätzlich mit einer Reichensteuer von 75 Prozent besteuern. Im Ergebnis wird jede Person, die weniger als 5.700 Euro pro Monat zu versteuern hat, entlastet. Alle anderen werden belastet. Durch eine starke Mehrbelastung zehntausender Reicher wird eine deutliche Steuerentlastung für Millionen finanziert. Für deutliche Mehreinnahmen des Staates, also eine Umverteilung von privat nach öffentlich bleiben bei der Einkommensteuer leider kaum Spielräume. Dies wird eher durch die Millionärs- und Erbschaftsteuer erreicht (s. u.).

Abschaffung der Abgeltungsteuer

Ein elementarer Bestandteil der Reform der Einkommensteuer hin zu einer höheren Besteuerung von hohen Einkommen muss die Abschaffung der Abgeltungsteuer für Kapitalerträge sein. Die Arbeitsgruppe Alternative Wirtschaftspolitik fordert, dass künftig Kapitalerträge zum persönlichen Steuersatz statt pauschal mit einem Satz in Höhe von 25 Prozent versteuert werden.

Die Abgeltungsteuer ist ein klarer Verstoß gegen die steuerliche Gleichbehandlung aller Einkunftsarten und stellt eine deutliche Privilegierung von hohen Kapitalerträgen dar. Die Begründung der asozialen Abgeltungsteuer durch den damaligen Bundesfinanzminister Peer Steinbrück (SPD) (»Lieber 25 Prozent von x als 45 Prozent von nix«; er meinte damit, die Abgeltungsteuer würde die Anreize zur Steuerhinterziehung vermindern) ist von der Realität längst widerlegt.

Höhere Besteuerung von Vermögen: Erbschaftsteuer und Vermögensteuer

Kaum ein Land erzielt bei den vermögensbezogenen Steuern (Grund-, Vermögen-, Erbschaft- und Schenkungs- sowie Vermögensverkehrssteuern) so geringe Einnahmen wie Deutschland – laut OECD betrug deren Anteil am Bruttoinlandsprodukt im Jahr 2010 0,8 Prozent. Das ist nicht einmal die Hälfte des Durchschnitts der OECD-Länder (1,8 Prozent).[9] Zur gezielten Besteuerung hoher Vermögen fordert DIE LINKE die Wiederhebung der Vermögensteuer in Form der Millionärssteuer sowie eine Reform der Erbschaftsteuer.

Vermögensteuer

Die Vermögensteuer bezieht sich ausschließlich auf Nettovermögen von Vermögensmillionären. Vermögen unter einer Million Euro sind als Freibetrag freigestellt. Der Teil des Vermögens von Millionären, welcher oberhalb von einer Million Euro liegt, wird mit ein Prozent besteuert.

Erbschaft- und Schenkungsteuer

Mit einer Reform der Steuersätze und der Steuerbefreiungen will die Arbeitsgruppe Alternative Wirtschaftspolitik die Einnahmen aus der Erbschaftsteuer deutlich erhöhen. Eckpunkte sind: Alle Begünstigten erhalten einen einheitlichen Freibetrag in Höhe von 150.000 Euro. Für Erben/-innen, die das 60. Lebensjahr vollendet haben, minderjährige Kinder, Hinterbliebene aus einer Ehe oder einer eingetragenen Lebenspartnerschaft oder alternativ für eine von der Erblasserin oder dem Erblasser benannte Person verdoppelt sich der Freibetrag auf 300.000 Euro. Damit ist sichergestellt, dass das durchschnittliche Wohneigentum nicht besteuert wird. Darüber hinaus gehende Erbfälle werden mit einem Eingangssteuersatz von 6 Prozent bis hin zu einem Spitzensteuersatz von 60 Prozent (ab einem zu versteuerndem Erbe von drei Millionen Euro) besteuert. Großzügige Stundungsregelungen verhindern, dass das Fortbestehen von kleinen und mittleren Unternehmen gefährdet wird.

---

9 Daten abgerufen über http://stats.oecd.org am 1. März 2013.

Unternehmensbesteuerung

Die Arbeitsgruppe Alternative Wirtschaftspolitik will die zahlreichen Steuersenkungen für Unternehmen aus den letzten zehn Jahren zurücknehmen. Wichtigste Maßnahme ist die Anhebung des Körperschaftsteuersatzes für Kapitalgesellschaften von 15 auf 25 Prozent.

Fazit

Eine höhere Besteuerung von Reichen und Vermögenden ist aus verteilungs-, haushalts-, finanz- und wirtschaftspolitischen Gründen notwendig. Wir haben hierfür konkrete und umsetzbare Vorschläge vorgelegt. Die Erzielung zusätzlicher Staatseinnahmen (»Umverteilung von privat nach öffentlich«) ist dabei ein wichtiger, aber keineswegs der einzige Aspekt. Das Steuerkonzept zieht seine Berechtigung auch aus seiner Umverteilungswirkung zwischen den Einkommensteuerzahlerinnen und -zahlern, weil im Gegensatz zum Steuerkonzept der SPD eine Entlastung der niedrigen und mittleren Einkommen zulasten der Reiche vorgesehen ist bzw. um ein vielfaches Höher als im Steuerkonzept der Grünen ausfällt. Wie nicht zuletzt der Fall Uli Hoeneß gezeigt hat, sind zur Durchsetzung und Eintreiben der bestehenden – und erst recht höherer – Steuern auch erhebliche Anstrengungen bei der Bekämpfung von Steuerbetrug und beim Steuervollzug durch die Länderfinanzverwaltungen erforderlich.

Abschließend sei noch ein Hinweis auf die stets wiederkehrende Diskussion um Primär- und Sekundärverteilung erlaubt. Es ist völlig selbstverständlich, dass Umverteilung durch ein Steuersystem (d.h. die Beeinflussung von Nettoeinkommen) völlig ungerechte Bruttoeinkommen (»Primärverteilung«) bestenfalls korrigieren kann. Umverteilen durch Um-Steuern ist daher keine Alternative zur Durchsetzung höherer Löhne und Gehälter für die niedrigen und mittleren Einkommensgruppen zulasten von unverschämten Managergehältern und Kapitaleinkommen. Der Kampf um die Lohntüte muss daher mindestens ebenso hart geführt werden, wie der Kampf um Steuergerechtigkeit. Umgekehrt ist Steuerpolitik aber keineswegs ein naiver, kosmetischer Reparaturbetrieb und verdient daher den vollen politischen Einsatz.

HAJO SCHMIDT

Krieg und Frieden

Problemaufriss

»Ein weites Feld«, könnte man mit Theodor Fontane unser Thema kommentieren, und das bleibt es auch, präzisiert man den Titel durch einen Zeitindex: Krieg und Frieden zu Beginn des dritten Jahrtausends. Bei dieser Beschränkung durch Aktualisierung wird es nicht bleiben. Weder interessieren im Folgenden Bemühungen um kriegs- und friedenstheoretische Grundlagen, noch werde ich die für die Zeit nach dem Zusammenbruch des Ost-West-Konflikts charakteristischen Versuche bilanzieren, durch die Ablösung einer wenig aussagekräftigen Kriegsursachenforschung durch eine Friedensursachenforschung der Friedens- und Konfliktforschung größere wissenschaftliche und politische Relevanz zu verschaffen. Die hier einschlägige internationale Debatte um den Demokratischen Frieden hat sehr zwiespältige Resultate gezeigt, und schon die Diversität der im Folgenden angesprochenen Kriegs- und militärischen Gewaltformen wie die Zerrissenheit und »Zerklüftung« (D. Senghaas) der globalisierten Weltverhältnisse verbieten, in einer, für die OECD-Länder gewiss fruchtbaren, Friedensursachenforschung den Generalschlüssel für unseren friedenspolitischen Aufklärungsversuch zu sehen.

Werfen wir also stattdessen, bescheidener, aber dem Motto dieses Sammelbandes verpflichtet, einen kritischen Blick auf aktuelle Kriegs- und Gewaltformen im internationalen System und deren Diskurse, rücken dabei einige unangemessene Bewertungen und Akzente zurecht und benennen zugleich einige realpolitische Entwicklungen und Möglichkeiten eines friedlicheren Zusammenlebens der Menschheit.

Alte oder Neue Kriege?

Krieg werde allgemein, erinnert Sven Chojnacki, dessen Arbeiten die wissenschaftliche wie konflikt- und friedenspolitische Fruchtbarkeit überzeugender Kriegs- und Gewalttypologien aufgezeigt haben, »definiert als Extremform militärischer Gewalt zwischen mindestens zwei politisch organisierten Gruppen.« Mit dem bekannten britischen Kriegsforscher Hedley Bull sieht Chojnacki hiermit zentrale Elemente des Krieges bezeichnet: »so ist erstens die Gewaltanwendung nicht zufällig bzw. spontan, sondern organisiert und gerichtet, auf Regeln und Gewohnheiten aufbauend; zweitens haben wir es mit politischen Einheiten zu tun, die nicht zwingend der Organisations- und Herrschaftsform moderner Staatlichkeit folgen müssen; drittens handelt es sich um wechselseitige Gewalt, d. h. mindestens zwei Akteursgruppen kämpfen gegeneinander, was einseitige, terroristische Anschläge, Massenmorde oder widerstandslose Besetzungen ausschließt.« (Chojnacki 13)

Zum Ausgeschlossenen komme ich ein wenig später; halten wir zunächst nur fest, dass vorgenannte Definition zwar einleuchtend, aber nicht konkurrenzlos ist. So verwendet die für ihre Kriegsstatistiken geschätzte Arbeitsgemeinschaft Kriegsursachenforschung (AKUF) eine ähnliche, aber umfänglichere Definition, die sich (wie manche andere) vor allem in einem Punkt von der obigen abhebt: in der Bestimmung nämlich, dass es sich bei den kämpfenden Gruppen »mindestens auf einer Seite um reguläre Streitkräfte (Militär, paramilitärische Verbände, Polizeieinheiten) der Regierung handelt.« (Zit. bei Unterseher 14) Chojnackis Definition scheint mir deswegen vorzuziehen, weil der ihr abgehende Staats-/Regierungsbezug erlaubt, auch die Mehrzahl der sog. Neuen Kriege in seiner Kriegstypologie unterzubringen und damit aufschlussreichen Vergleichen mit anderen Kriegsformen auszusetzen.

»Neue Kriege« erregten, vor allem durch Untersuchungen von Mary Kaldor in England, Herfried Münkler in Deutschland, in Politik und Wissenschaft seit Anfang des Jahrtausends Aufsehen, ja schienen überkommene Kriegsformen aufs historische Abstellgleis zu schieben. Als »historisches Auslaufmodell« qualifizierte Münkler etwa den zwischenstaatlichen Krieg (Münkler 7), während er die neue Kriegsrealität geprägt sah vor allem durch die Asymmetrie seiner Protagonisten. Spielt eine Asymmetrie der Stärke – hinsichtlich Status, Strategie, Ausrüstung – zunächst den überlegenen Kräften in die Karten, so kontern die dies betreffend Unterlegenen mit einer überlegten Asymmetrisierung durch systematische Ausnutzung der Verwundbarkeit und zivilen Schwachstellen des Gegners und dessen Gesellschaft. Kein Wunder, dass in dieser Sicht auch der aktuelle, transnationale Terrorismus zu einem Paradefall des Typus Neuer Kriege wird.

Häufig allerdings, bemerkt der skeptischere Beobachter, scheint mit ›Asymmetrie‹ eher »das Irreguläre, Normenlose, Unkontrollierbare« der – generell in der einschlägigen Literatur durch die Privatisierung der Gewalt, die Ökonomisierung der Kriegsziele und die Brutalisierung der Kriegsführung gekennzeichneten – Neuen Kriege gemeint (Unterseher 148); als Kriege von Warlords gegen Warlords, von Sicherheitsunternehmern gegen zerfallende Regierungen dürften sie eher als symmetrische gelten.

Nachdem der Pulverrauch verzogen, die Debatten um die Neuen Kriege deren ›steilsten‹ Thesen – Ersetzung der Politik durch Ökonomie, unvergleichliche Brutalität der Kriegführenden, Ablösung des Staates als Gewaltmonopolist – arg relativiert haben, entpuppt sich die Überschrift dieses Abschnitts als Scheinalternative: Nicht alte *oder* neue, sondern alte *und* neue Kriege haben wir zu betrachten. Insofern es nun Sinn hat, bestimmte, allenfalls durch residuale Staatlichkeit (in »failing« oder »failed states«) gekennzeichnete und zumal für die Zivilbevölkerung höchst problematische Kriege zu einer eigenen Gruppe zusammenzufassen, andere vorgeblich »neue« Kriegsformen herkömmlichen Kriegsklassen zuzuordnen, wiederum andere, die – z.B. als Terrorismus, globaler Antiterrorkrieg, Militärinterventionen – unserer Kriegsdefinition nicht entsprechen, könnten wir mit Chojnacki (11) »vier Kerntypen kriegerischer Gewalt« unterscheiden.

Ein Gesamtpanorama kriegerischer und kriegsaffiner Gewalt
Somit hätten wir
1. zwischenstaatliche Kriege (zwischen souveränen Staaten oder Staatenbündnissen);

2. extrastaatliche Kriege (zwischen Staaten und nichtstaatlichen Akteuren jenseits staatlicher Grenzen);
3. innerstaatliche Kriege (zwischen staatlichen und nichtstaatlichen Akteuren innerhalb bestehender Staatsgrenzen), klassischerweise unterteilt in (3a) Anti-Regimekriege zwecks Ablösung des Regimes und/oder Systems sowie (3b) Autonomie/Sezessionskriege zur Erlangung von Autonomie oder Unabhängigkeit für die Insurgenten;
4. substaatliche Kriege (zwischen nichtstaatlichen Akteuren inner- wie außerhalb formaler Staatsgrenzen).

Einige Kommentare zur vorstehenden Auflistung mögen die aufgeführten Gewaltverhältnisse im internationalen System konkretisieren und ergänzen.

Herausgehobene Bedeutung im Gesamtkriegsgeschehen kommt den innerstaatlichen Kriegen zu – und das seit Jahrzehnten. Aufgrund ihrer Anzahl – 143 zwischen 1946 und 2006, Tendenz zuletzt wieder steigend – wie ihrer langen Dauer beherrschen sie die Statistik. Letzterer Faktor verbindet sie mit den extrastaatlichen Kriegen, deren Hochzeit allerdings die Phase der Dekolonisierung darstellte, ohne dass sie danach gänzlich verschwunden wären (etwa Israel/Palästina). Vergleichbar abnehmend die Anzahl zwischenstaatlicher Kriege, von denen es seit zwei Jahrzehnten nur noch eine Handvoll gegeben hat. Wichtiger noch: »In den letzten fünfzig Jahren eskalierte kein Großmachtkonflikt mehr zum Krieg.« (Chojnacki 15)

Dennoch irrte, wer diesen Kriegstypus als überholt oder gar bedeutungslos abtäte. Unterschätzt würde erstens das eminente Ausmaß der zur Verhinderung dieses Kriegstypus weltweit aufgebrachten Finanzmittel. Ausgeblendet blieben aber auch, zweitens, bestehende, jederzeit auch anderenorts mögliche, gewaltträchtige »Konfrontationen«, etwa: Südkorea/USA vs. Nordkorea; VR China vs. Taiwan; VR China vs. Vietnam; Indien vs. Pakistan; USA/Israel vs. Iran; Israel vs. Syrien. (Unterseher 154) Und welche militärpolitische Dynamik könnte der sich abzeichnende Hegemonialkonflikt zwischen den USA und China entwickeln?!

Gänzlich unthematisiert aber bliebe, drittens, die nukleare Dimension zwischenstaatlicher Problemlagen, die nicht zuletzt auch das Agieren der in die gegenwärtige Ukraine-Krise involvierten Großmächte und Bündnisse (mit)bestimmt. Um die Abschreckungsproblematik auf nuklearer Grundlage ist es seit dem Ende des Ost-West-Konflikts in unseren Breitengraden (in Medien, Politik und Zivilgesellschaft) seltsam ruhig geworden, obwohl doch die Anzahl nuklear ausgerüsteter Akteure gestiegen, die allgemeine Nichtbeachtung des auf globale militärische De-Nuklearisierung verpflichtenden Nichtverbreitungsvertrages (NVV) offensichtlich und die (vor allem US-amerikanische) entschlossene Arbeit an der »Konventionalisierung«, also Einsatzfähigkeit entsprechend miniaturisierter nuklearer Systeme notorisch ist. Jede Aktivierung nuklearer Bestände, geplant oder aufgrund soziotechnischen Versagens, könnte eine Katastrophe geschichtlich unvergleichlichen Maßes auslösen.

Bleibt die Kategorie der substaatlichen Kriege, in der bei Chojnacki die Neuen Kriege aufgegangen sind. Quantitativ noch weit unterhalb der der innerstaatlichen Kriege angesiedelt, sind sie gleichwohl sehr ernst zu nehmen, aufgrund ihrer stetigen Zunahme wie ihrer Eigenarten: Ohne den Rückgriff auf klassische Schlachten und mit oft wechselnden politisch-militärischen Frontlinien, an Hauptstädten weniger interessiert als an ökonomischen Ressourcen und Handelswegen, eher nicht bedacht auf den Schutz der Zivilbevölkerungen, verdankt sich dieser Kriegstyp vor allem dem Tatbestand erodierter Gewaltmonopole bzw. schwindender Staatlichkeit in »gescheiterten Staaten« – ein Modell, das leider Zukunft hat!

Aus bereits genannten Gründen verzichtet die hier vorgestellte Kriegstypologie auf den Transnationalen Terrorismus wie den Globalen Krieg gegen den Terror, der auch darum kaum ›Krieg‹ heißen darf, weil er de facto nicht den Terrorismus, sondern immer nur Terroristen beseitigen will, alle aber nie beseitigen und darum (nicht nur keinen legitimen Kriegsanlass benennen, sondern auch) kein Ende finden kann! Bei den ebenso ausgeklammerten Militärinterventionen interessieren heutzutage weniger die überkommenen militärischen Eingriffe überlegener Staaten in Kriege bzw. kriegsaffine Situationen oder die klassisch-konsensualen Blauhelm- bzw. Peacekeeping-Missionen der Vereinten Nationen als die meist mit deren Segen durchgeführten Militärmissionen zu Menschenrechtsschutz und der Durchsetzung humanitärer Normen. Präsentieren die oft mit Mandat der Vereinten Nationen durchgeführten sog. Humanitären Interventionen aufgrund der Kampfmethoden, Opferzahl und chaotischer Nachkriegsverhältnisse ein höchst widersprüchliches Bild, so erscheinen die meisten Friedensmissionen der Vereinten Nationen, zur Friedensdurchsetzung (Peace-Enforcement) wie zur Absicherung nachhaltiger Nachkriegsverhältnisse, »insgesamt wirksamer und kostengünstiger als Kampfeinsätze ... und sie mindern das Risiko des Rückfalls in bewaffneter Auseinandersetzungen.« (Friedensgutachten 10; Globale Trends 105 ff)

Die hier aufscheinende ›Schokoladenseite‹ militärisch-polizeilicher Gewalteinsätze bleibt ein selten eingelöstes Versprechen. Und lang ist es her, dass Immanuel Kant für bürgerliche Staaten einen engen Zusammenhang von personellen wie materiellen Verlustängsten ihrer Bürgerinnen und Bürger und deren Kriegsabstinenz behauptete. Umgekehrt scheint mittlerweile eher ein Schuh daraus zu werden, wenn man nämlich überlegene Waffen und Strategien besitzt, um dadurch eigene Schäden zu vermeiden, und die des Gegners umso sicherer zu besorgen versteht. Als aktuellste Umsetzung dieses Kalküls imponiert der besonders für die Aufstands- und Terroristenbekämpfung einschlägige Einsatz von Drohnen. »Waren sie anfangs reine Aufklärungsgeräte, lassen aktuelle bewaffnete Drohnen den sofortigen Angriff zu – die für das Militär kritische Zeitspanne zwischen Aufklärung und Angriff ist praktisch eliminiert.«[1]

Die Tendenz dieser mehrerer Stränge der »Revolution in Military Affairs« (u.a. Kommandokräfte, computergesteuerter Geräteeinsatz mit Cyberwar-Aspekten) zusammenführenden Entwicklung geht in Richtung perfektionierender Vernetzung und Autonomisierung der Geräte – der Zeitpunkt selbstständiger Entscheidung dieser Systeme über Leben und Tod scheint nicht fern. Aber schon jetzt gilt: »Die Grenzen zwischen Kampf und Exekution verschwimmen.«[2]. Da mitt-

---

1 Schörnig in Heinrich Böll Stiftung 83

2 Friedensgutachten 3

lerweile bereits die Hälfte der UN-Mitgliedsstaaten über Drohnen verfügt, zehn von ihnen (Tendenz steigend!) über Kampfdrohnen, und da zeitgleich an der Entwicklung einer entsprechenden Kampfrobotik für Land und See fleißig gearbeitet wird, könnten wir uns binnen kurzem mit wirklich neuen Kriegen konfrontiert sehen, die uns vor schwer lösbare Probleme politischer, rechtlicher und ethischer Provenienz stellen dürften. Höchst zustimmungswürdig erscheint daher die Forderung des letzten Friedensgutachtens, »Kampfdrohnen völkerrechtlich zu ächten.« Mit der beherzigenswerten Begründung: »Die Einsicht des Nuklearzeitalters, dass Sicherheit nicht gegen andere, sondern nur noch gemeinsam zu haben ist, darf nicht verloren gehen.«[3]

Gegenführungen – friedenspolitische Alternativen

Wir stehen hiermit vor der Frage nach Alternativen zum militärisch-eskalierenden Umgang mit gewaltträchtigen Konflikten. Grundsätzlich sind ja Konflikte, auf allen Ebenen menschlichen Daseins und somit auch zwischen sozialen Großgruppen und Staaten, nicht nur unvermeidlich, sondern unverzichtbar. Ohne sie gäbe es weder individuelle noch soziale Entwicklung. Bedrohlich allerdings, und dies seit Hiroshima in der Perspektive der möglichen Selbstauslöschung der Gattung, ist ihre gewalttätige Entgleisung – und dem gilt es dauernd und überall kreativ entgegenzusteuern. Hieran erinnerte der letzte Abschnitt, und dies in doppelter Weise – konkret wie grundsätzlich.

Konkret votierte er für das Verbot bestimmter Waffensysteme, kurz: des Drohnenkriegs. Solcher Abmachungen gibt es bereits einige, man erinnere sich an die Ächtung von Landminen und Streumunition, und dies auch für Waffen und Systeme in voller Entwicklung bzw. vor ihrer kriegerischen Nutzung (B- und C-Waffen-Konventionen; Verbot von Laserwaffen).

Vergleichbare konkrete Abmachungen gibt es aber auch bereits für die oben beklagte Nuklearwaffen-Bedrohung, und so sollten wir uns der gegebenen völkerrechtlichen Instrumente erinnern, die die

---

3   Friedensgutachten 6

Vision von Gorbatschow und Obama (und bedeutender ehemaliger nuklearer Hardliner) von einer atomwaffenfreien Welt in Realpolitik verwandeln (können). Kann der umfassende Nukleare Teststoppvertrag (CTBT) mit seinem gediegenen organisatorischen Unterbau aufgrund noch fehlender Ratifizierungen (u. a. der USA, Chinas, Indiens, Israels) leider nur provisorisch betrieben werden, so schreibt der seit langem rechtsverbindliche Nichtverbreitungsvertrag (NPT) allen Unterzeichnern ein nuklearpolitisch klares Verhalten vor: den nuklearen Habenichtsen, keine Atomwaffen zu erwerben, den Staaten mit Atomwaffen, diese nicht zu verbreiten, sondern sukzessive abzuschaffen! Ein Fall für eine weltweite Denuklearisierungsbewegung?

Im Grundsätzlichen erinnerte das vorige Abschnittsende an ein Prinzip, das im Kalten Krieg wechselseitige Anwendung und Bestätigung gefunden hat, und dessen Aktualisierung die gegenwärtige Ukraine-Krise auf der zwischenstaatlichen (wie grundsätzlich auch auf der innerstaatlichen) Ebene entschärfen könnte: dass unter nuklearen Bedingungen der Erwerb eigener Sicherheit zwingend gebunden ist an die Berücksichtigung der Sicherheit der anderen Seite(n). Bleiben wir im Folgenden im Bereich des Grundsätzlichen.

Die Bedeutung des vorgenannten Prinzips der Sicherheitspartnerschaft verlangt und belohnt einen produktiven Umgang mit dem sog. Sicherheitsdilemma im – prinzipiell anarchischen, mit keiner Letztentscheidungsinstanz versehenen – Staatensystem. In diesem muss jedes Mitglied fürchten, dass Rüstungsbemühungen oder militärische Aktivitäten anderer Systemteilnehmer gegen seine Existenz und Sicherheit gerichtet sind. Dieses immer wieder für Rüstungswettläufe und präventive Gewaltausübung Veranlassung bietende Prinzip und Strukturmoment hat vor allem durch das zunehmende Zusammenwirken der Staaten in internationalen Organisationen an Einfluss verloren und kann in mehreren Gegenden der Welt, etwa der OECD-Welt, als eine zu vernachlässigende Größe betrachtet werden. Für andere, weniger befriedete und wirksam interdependent gestrickte Teile der globalisierten Welt sowie für den Umgang der OECD-Länder mit deren Mitgliedern gilt dies aber weit weniger, und so ist das Prinzip der Sicherheitspartnerschaft eine wichtige Ergänzung zu dem der Unsicherheitsreduktion durch Mitarbeit in internationalen Organisationen.

Der Gedanke gemeinsam zu besorgender Sicherheit lässt sich aber in mehrfacher Hinsicht weiterspinnen und verdichten, bedenkt man, dass die angemessene Reaktion auf eine gefühlte, letztlich militärisch induzierte Unsicherheit ja nicht notwendigerweise im Streben nach – letztlich machtbasierter – Überlegenheit besteht, sondern sich als Abbau dieser Unsicherheit durch den Aufbau von Vertrauen, Kooperation o.ä. äußern könnte.

Dieser – im Übrigen die militärpolitisch-strategischen Innovationen in Gorbatschows Politik von Glasnost und Perestroika prägende und so das unblutige Ende des Ost-West-Konflikts ermöglichende – Ausweg würde wahr in einer militärischen Sicherheits- bzw. Verteidigungsstruktur, deren Ausgestaltung wechselseitige Unsicherheits- als Bedrohungsgefühl reduzieren oder verschwinden ließe. Diese Vorstellung hat Lutz Unterseher, Gründer und Mentor der Studiengruppe Alternative Sicherheit (SAS), ausgeformt zum Leitbild einer vertrauensbildenden Verteidigung, die ihrer Bevölkerung wirksamen Schutz, ihren Nachbarn wie potenziellen Gegnern aber Bedrohungsfreiheit und Erwartungsverlässlichkeit gewährt: durch die Beseitigung offensiver Potenziale zumal und eines entsprechenden, dezentralisierenden Umbaus der Armee, die sie ihrerseits in Krisenzeiten für präventive Schläge und Eskalationsneigungen eines Gegners unattraktiv erscheinen lässt. (Unterseher, 80 ff.) Erwähnenswert in Zeiten eines lebhaften Interventionismus zu hehren Zwecken (Menschenrechte, internationale Rechtsnormen) erscheint nicht zuletzt die Aussicht, dass strukturell defensiv ausgerichtete Armeen weit besser als gängige Eingreiftruppen zweckangepasst sowie gewalt- und opfersensibel zu intervenieren vermögen. All dies wird Machtpolitiker und Strategen kaum überzeugen, die auf weitreichende Machtprojektion und die Verteidigung ihrer eigenen Sicherheit auch in entlegenen Weltregionen setzen. Aber entsprächen vertrauensbildende Verteidigung sowie defensiv eingestellte Armeen nicht bestens dem Ist-Zustand des Völkerrechts und der Charta der Vereinten Nationen, die – bis auf zwei Ausnahmen: den Verteidigungs- und den vom Sicherheitsrat mandatierten Krieg zur Aufrechterhaltung des internationalen Friedens – den Krieg, ja bereits die Drohung mit diesem, abgeschafft haben?

Aus anderen Gründen dürften strenge Pazifisten auch einem defensiven Militär ihren Segen verweigern. Mit diesen aber ließe sich auf die zunehmende realpolitische Bedeutung und Ausdifferenzierung einer »zivilen« Konfliktbearbeitung verweisen. Unter dieser können wir mit dem Bund für Soziale Verteidigung (BSV) eine Bearbeitung sozialer Konflikte verstehen ohne die Anwendung von Gewalt und mit dem Ziel, eine Konflikttransformation zu erreichen, welche die als berechtigt angesehenen Interessen aller Konfliktparteien berücksichtigt und zu einem nachhaltigen friedlichen Zusammenleben in Gerechtigkeit führt.

Diese Zivile Konfliktbearbeitung eignet sich auch und gerade für internationale Kontexte und dort für sehr unterschiedliche Akteure:
- Etwa die Vereinten Nationen, die ihr reichhaltiges gewaltpräventives Maßnahmenrepertoire dadurch ausbauen und – z. B. im vielversprechenden, aber zurecht umstrittenen Konzept der »Schutzverantwortung« – wirksam vernetzen könnten;
- etwa die Europäische Union, die von einer gerechtigkeitsorientierten Außenwirtschaftspolitik über die Entmilitarisierung ihrer Sicherheitspolitik und die Humanisierung ihrer Asylpolitik viel tun könnte, um ihrem Selbstverständnis als Zivil- bzw. Friedensmacht Europa (wieder) näher zu kommen;
- etwa die Bundesregierung, die ihren beispielhaften »Aktionsplan Zivile Krisenprävention, Konfliktlösung und Friedenskonsolidierung« von 2004 bisher kaum umgesetzt hat, und die von ihrem erklärten Ziel, in der Friedens-, Sicherheits- und Entwicklungspolitik »vorrangig zivile Mittel« einsetzen zu wollen, noch weit entfernt ist.

Ausblick: Friede und Entwicklung
An realistischen Alternativen zum allfälligen Kriegsgebaren besteht nach allem Gesagten kein Mangel – in Theorie und Praxis, im Friedensvölkerrecht wie im Ausbau globaler und regionaler, staatlicher

wie zivilgesellschaftlicher Organisationen, als gegnerische Belange mitbedenkende Militärstrategie wie als Konfrontation in Kooperation verwandelnde Konflikttransformation. Gut möglich im Übrigen, darauf verweisen ja auch die Bemühungen um eine problembezogene »Weltinnenpolitik«, dass globale Krisen und gattungsbezogene Problemdrücke (Finanzen, Klima, Umweltvernutzung, Ressourcenverknappung, Bevölkerungswachstum) deren Umsetzungschancen eher stärken denn mindern. An dieser Stelle spätestens verlangt die Entwicklungsproblematik Erwähnung, gehört sie doch selbst zu den großen Herausforderungen der Menschheit und ist mit allen vorgenannten Krisen sowie mit dem Aufbau friedensverträglicher Strukturen engstens verbunden.

Die Gewissheit Kants wie der europäischen Aufklärung, der »Handelsgeist« bzw. der ökonomische Austausch zwischen Staaten und Regionen sei schon als solcher friedensfördernd, lässt sich empirisch nur für den Grenzfall vergleichbar entwickelter Ökonomien bestätigen (symmetrische Interdependenz etwa der OECD-Staaten, vgl. hierzu und zum folgenden Senghaas, bes. 205ff, 254ff). Im Falle von Abhängigkeit (asymmetrischer Interdependenz), misslingender nachholender Entwicklung und manifester Armut (nicht nur) des globalen Südens bieten gestörte Reproduktions- und Austauschverhältnisse Grund und Anlass für vielfältige Gewalt. Dieter Senghaas' Sozioanalysen einer zerklüfteten und mannigfach abgeschichteten globalisierten Welt lassen daher das hier in den Mittelpunkt von Friedenspolitik gestellte Sicherheitsdilemma als grundsätzlich überformt und geprägt durch das Entwicklungsdilemma (‹niederkonkurriert werden oder vorbeiziehen›) erkennen. Die Ökonomie entpuppt sich damit, for better or worse, als ein entscheidender Konflikttransformator, und diese Einsicht muss besonders ernst genommen werden für die und in den Armutszonen der Dritten und Vierten Welt. Hier hängen echte (pazifizierende) Verbesserungen davon ab, dass die betroffenen Länder den erfahrungswissenschaftlich ermittelten »Wegen aus der Armut« folgen, dass aber auch die politisch und ökonomisch hoch positionierten Länder bereit sind, die aufstrebenden Gesellschaften selektiv (sektoral) und temporär vom Druck der Weltmärkte zu entlasten (selektive Dissoziation).

Dass dies alles nicht ausreichen könnte, gibt der Nestor der modernen Friedens- und Konfliktforschung, der Norweger Johan Galtung, zu bedenken, der grundsätzlich markt- und kapitalförmige Produktion und Handel mit stärker staats- bzw. planorientierten sowie lokal ausgerichteten («grünen») ökonomischen Systemen zu konfrontieren und dadurch zu kontrollieren vorschlägt. (Galtung 247ff) Für die fast schicksalshaft daherkommende Dauerarmut macht er nicht allein die ungerechten Austauschbedingungen, die terms of trade des imperialistischen Tausches, verantwortlich, sondern vor allem dessen unthematisierten Implikationen. Sind es doch bestimmte Tauschbedingungen und -konsequenzen, die als – weder in der Wissenschaft noch in der ökonomischen Praxis beachtete – Externalitäten die stärkere, entwickeltere Seite weiter stärken (z. B. als Herausforderung, Forschungsimpulse, Professionalisierung), die schwächere Seite aber (z. B. als Routinisierung, Ressourcenverschleiß, Naturvernutzung) weiter schwächen. Hier muss grundsätzlich entgegengesteuert und ein beide Seiten nachhaltig begünstigender Ausgleich (durch beiderseitige »progressive Anhäufung positiver Externalitäten«, Galtung 300) gefunden werden, um strukturell und dauerhaft der Armutsfalle zu entkommen.

Ansätze hierzu sind in der ökonomischen Praxis durchaus erkennbar und ausbaufähig. Unerlässlich aber bleiben, und dies gilt zweifellos für alle hier angesprochenen Gewaltausgänge und -alternativen, die ehrgeizige friedensfokussierte Zielsetzung und der lange Atem; unverzichtbar darüber hinaus, zumal auf Seiten der Mitglieder durch Frieden und Wohlstand scheinbar von der Geschichte bestätigter Gesellschaften, die Tugenden der Solidarität und Selbstkritik.

Literatur

Chojnacki, Sven: Wandel der Gewaltformen im internationalen System 1946–2006, Osnabrück (Deutsche Stiftung Friedensforschung: Forschung DSF Nr. 14) 2008

Friedensgutachten 2013. Hg. Von Mark von Boemcke et al., Berlin 2013

Galtung, Johan: Frieden mit friedlichen Mitteln. Friede und Konflikt, Entwicklung und Kultur, Münster 2007

Heinrich Böll Stiftung (Hg.): High-Tech-Kriege. Frieden und Sicherheit in den Zeiten von Drohnen, Kampfrobotern und digitaler Kriegsführung, Berlin (Heinrich Böll Stiftung: Schriften zur Demokratie, Band 36) 2013

Münkler, Herfried: Die neuen Kriege. Reinbek bei Hamburg 2002

Senghaas, Dieter: Zum irdischen Frieden. Erkenntnisse und Vermutungen, Frankfurt a. M. 2004

Stiftung Entwicklung und Frieden / Institut für Entwicklung und Frieden: Globale Trends 2013. Frieden – Entwicklung – Umwelt, Frankfurt a. M. 2012

Unterseher, Lutz: Frieden schaffen mit anderen Waffen? Alternativen zum militärischen Muskelspiel, Wiesbaden 2011

MECHTHILD SCHROOTEN

WestLB und kommunale Haushalte

Hintergrund

2011: Die WestLB ist eine Landesbank. Landesbanken waren in der Vergangenheit als Förderbanken für die jeweilige Region und als Hausbank für die Bundesländer konzipiert. Zudem übernehmen Landesbanken die Funktion einer Zentralbank der Sparkassen und ermöglichen dadurch auch die Vergabe von Großkrediten, die über kleinere Sparkassen nicht abgewickelt werden können.[1] In Deutschland spielen Landesbanken und Sparkassen neben privaten und genossenschaftlichen Geschäftsbanken eine herausragende Rolle bei der Bereitstellung von Finanzmarktprodukten. Die Gewinnorientierung ist für traditionelle Landesbanken und Sparkassen zumindest formal nachgeordnet.

Die WestLB agierte jedoch als eine Großbank, die als Aktiengesellschaft aufgestellt ist; über Jahre konkurrierte sie mit privaten Geschäftsbanken um attraktive Finanzprodukte. Dieses Konzept der WestLB ist gescheitert. Ihr Kollaps setzt den Landeshaushalt in NRW bis heute stark unter Druck. Aber nicht nur das, Finanzprodukte der WestLB haben auch einzelne Kommunen in den Abgrund gerissen.

Seit 2012 ist denn auch die WestLB selbst Geschichte. Die Bank wurde aufgeteilt. Die im Zuge der internationalen Finanzkrise gegründete Bad Bank der WestLB, die Erste Abwicklungsbank (EAA), fing

---

1   Sparkassen sollten in erster Linie den Sparsinn der Bevölkerung stärken und eine flächendeckende Versorgung mit elementaren Finanzprodukten ermöglichen.

faule Kredite in Höhe von ca. 200 Mrd. Euro auf.[2] Das Sparkassengeschäft ging an die Helaba (Hessische Landesbank). Das allgemeine Bankgeschäft wird nun unter dem Namen Protigon fortgesetzt.

Die Geschichte der WestLB kommt also nicht nur dem Land NRW, sondern auch den dortigen Kommunen teuer zu stehen. Zum einen war die WestLB auch maßgeblich an dem Vertrieb fragwürdiger Finanzprodukte an Kommunen beteiligt. Zum anderen stehen durch die verschiedenen Banksanierungsansätze im Landeshaushalt weniger Finanzressourcen zur Verfügung – auch als Mittelzuweisung an die Kommunen.

Finanzprodukte für Kommunen – WestLB

Die WestLB veranstaltete regelmäßig auf Schloss Krickenbeck Bürgermeisterseminare.[3] Hier präsentierte sich die WestLB vor der internationalen Finanzkrise als eine europäische Geschäftsbank mit Sitz in NRW, die im Wettbewerbsgeschäft tätig ist, und weiterhin als Sparkassenzentralbank und Kommunalbank fungiert. Von einem öffentlichen Auftrag der Bank war hier schon keine Rede mehr. Vielmehr wurden die öffentlichen Haushalte als Kunden begriffen, durch deren Transaktionen der Gewinnorientierung der Bank nachgekommen werden konnte.

Auf solchen Bürgermeisterseminaren wird auch die teilweise katastrophale Lage der kommunalen Haushalte thematisiert. Tatsächlich befinden sich bis heute zahlreiche kommunale Haushalte in einer Schieflage. In der Vergangenheit, d.h. insbesondere wohl ab 2004, hatte die WestLB ein Rezept zur Haushaltssanierung im Programm, das eindeutig weit über die Standardansätze hinausging. Ausgaben- und Leistungs-Kürzungen ebenso wie Einnahmesteigerung sind die einfachen Ideen der vielzitierten Schwäbischen Hausfrau. Die män-

---

2 Inzwischen kommt der Abbau der faulen Kredite deutlich voran. Die EAA verkauft die notleidenden Wertpapiere und bereinigt so ihre Bilanz. Dabei ist es offenbar 2013 durch einen Produktmix sogar gelungen, einen Gewinn zu erwirtschaften. Vgl. Die Welt: »Bad Bank« der WestLB treibt Abbau der Altlasten voran. 10.04.2014. (www.welt.de, Zugriff: 11.04.2014).

3 Eine eindrucksvolle Dokumentation bietet: WestLB (o.J.): Bürgermeisterseminar des STGB NW in Krickenberg. WestLB AG – Bank der Kommunen.

nerdominierte WestLB hatte jedoch noch einen anderen Vorschlag: Haushaltssanierung durch Zins-SWAPS! Diese waren im Rahmen des WestLB-Produkts »Schuldenportfoliomanagement« den Kommunen vielfach als Zaubermittel empfohlen worden. Und viele der Kommunen schlugen zu.

Zins-SWAPS sind relativ einfache Instrumente. Sie gehören in die Gruppe der Derivate. Das Grundmuster ist folgendes: Zwei Vertragsparteien vereinbaren Zinszahlungen zu bestimmten Zeitpunkten. Die Summe, auf deren Grundlage (z. B. 500.000 Euro) die Zinszahlungen geleistet werden, wird in der Regel nicht zwischen den beiden Vertragsparteien transferiert. Es ist also ein fiktiver beidseitiger Kredit. Die eine Partei vereinbart einen fixen Zins, die andere einen variablen. Der variable Zins richtet sich in der Praxis oft nach dem Libor (London Interbank Offered Rate). Letztendlich ist das Geschäft eine Zins-Wette. Lehrbuchmäßig ist das Ganze ein Nullsummenspiel. Das Geschäft kommt dadurch zustande, dass beide Seiten unterschiedliche Erwartungen an die zukünftige Zinsentwicklung haben. Soweit so gut. Fixe Verzinsungen wurden gegen flexible getauscht. Das Ganze lässt sich solange überblicken, wie das Zinsänderungsrisiko gering ist. Das war tatsächlich über eine relativ lange Zeit so. Solange die Kommunen auf der Gewinnerseite standen, sahen sie in dem Produkt kein Problem. Mit der Gewinnerfahrung steigt sogar der Anreiz, noch größere SWAP-Geschäfte einzugehen.[4]

---

4 Selbstverständlich wurden nicht nur Zins-SWAPs, sondern auch Wechselkurs-SWAPs bzw. eine Kombination von beiden getätigt. Die Funktionsweisen der unterschiedlichen SWAP-Geschäfte ähneln sich. Wechselkurs-SWAPs und Zins-SWAPs führen bei einer unerwarteten Änderung grundlegender Parameter rasch zu einem erheblichen Verlust. Dies war z. B. bei Transaktionen der Fall, die in Schweizer Franken (SFr) abgewickelt wurden. Vor der Finanzkrise bestand ein erhebliches Zinsgefälle zwischen der Schweiz und der Eurozone. Um die geringeren Zinsen in der Schweiz zu nutzen, wurden Geschäfte in SFr eingegangen. Als sich dann der Wechselkurs zwischen Euro und SFr änderte und der Euro an Wert verlor, wurden diese Geschäfte notleidend. Der angenommene Vorteil wurde zum Nachteil. Vgl. dazu z. B. Erste Abwicklungsanstalt (o. J.): Faktencheck. Kommunale Derivateklagen. Auch die Bank, die den SWAP verkauft, kann selbst gegen das Geschäft des Kunden wetten. Spätestens hier ergeben sich nennenswerte Interessenkonflikte.

Komplizierter als diese einfachen SWAPS sind die so genannten SPREAD LADDER SWAPS, bei denen nicht mehr einfach ein fester gegen einen variablen Zins steht, sondern auf den Zinsabstand etwa von zwei- und zehnjährigen Staatsanleihen gewettet wird. Hier reicht schon eine Zinsstrukturänderung aus – und aus vermeintlichen Gewinnern werden Verlierer. Dann ist eine der beiden Vertragsparteien dauerhaft auf Verlust gebucht! Und diese Verluste sind entsprechend des Vertrages zu zahlen.

Unter diesen Umständen kann rasch aus einem attraktiven Finanzprodukt ein notleidendes werden. Solche Finanzprodukte wurden indes nicht nur von der WestLB vertrieben, vielmehr hatten alle größeren Banken hier ihre Finger im Spiel.

Mit der internationalen Finanzkrise sind die Zinswetten unter Druck geraten, es kam zu unvorhersehbaren Zinssenkungen und damit zu neuen Konstellationen auf dem Finanzmarkt. Inzwischen haben etliche Kommunen sich über die unzureichende Aufklärung seitens der WestLB, aber auch anderer Banken beklagt. Dabei allerdings erscheinen auch die Verantwortlichen auf der kommunalen Ebene nicht gerade in einem guten Licht. Denn oft wird ins Feld geführt, dass die angebotenen Finanzprodukte zu komplex und die durchgeführten Beratungen unzureichend waren. Das lässt nicht gerade auf umfassende Finanzkompetenz auf der Ebene der kommunalen Entscheidungsträger schließen.

Inzwischen gibt es etliche Gerichtsverfahren gegen die WestLB und ihre Nachfolgeinstitute. 2013 urteilte das Düsseldorfer Landgericht z. B. zugunsten der Gemeinden Ennepetal-Ruhr-Kreis, Übach-Palenberg und Kreuztal.[5] Ein wichtiger Punkt neben der ausführlichen Beratung ist demnach, ob die Bank die Fachkompetenz der Entscheidungsträger auf kommunaler Ebene – in der Regel Kämmerer – überprüft hat. Nicht alle Prozesse gegen die Bank werden gewonnen.

---

5   Vgl. dazu etwa Tobias Blasius (2013): Kommunen gewinnen im Streit um riskante Zinswetten gegen die WestLB (www.derwesten.de, Zugriff: 26.05.2014)

Das Grundproblem: Die Schuldenlast

Das eigentliche Problem hinter der gesamten Misere ist die hohe Schuldenlast vieler Kommunen. Hieraus erwächst schnell der Gedanke, durch geschicktes Schuldenportfoliomanagement die Zinszahlungen zu reduzieren, um so den fiskalischen Handlungsspielraum zu erhöhen. Tatsächlich wurden die Kommunen vom Land NRW angehalten, bei ihrem Schuldenmanagement auf Derivate zu setzen, und so die Zinszahlungen zu begrenzen. Es war den Kommunen erlaubt, derartige Papiere zu kaufen. Sie bewegten sich keineswegs im rechtsfreien Raum.

In NRW erreichte die Verschuldung der Kommunen (einschließlich Bürgschaften) zum Jahresende 2012 die Größenordnung von knapp 60 Mrd. Euro. Das ergibt einen Pro-Kopf-Wert von mehr als 3.300 Euro. Bezieht man öffentliche Unternehmen, Einrichtungen und Fonds etc. ein, so liegt die Verschuldung der Kommunen in NRW bei gut 99 Mrd. Euro (mit Bürgschaften) und damit noch einmal deutlich höher. In einer solchen Situation können Verluste aus SWAP-Geschäften kaum bewältigt werden. Das Land NRW hat einen Stärkungspakt Stadtfinanzen initiiert, um so besonders notleidenden Gemeinden unter die Arme zu helfen. Immerhin wird deren Zahl in NRW mit 61 beziffert. Letztendlich sollen die Kommunen mithilfe dieses Paktes in Zukunft einen ausgeglichenen Haushalt vorlegen – das ist die Auflage an die betroffenen Gemeinden.

Greift erst einmal die Schuldenbremse für die Bundesländer, dann dürfte der Spielraum für solche Finanzzuweisungen von der Landesebene auf die kommunale Ebene weiter sinken. Dazu kommt, dass das Bundesland erhebliche Zahlungsverpflichtungen, die aus der Abwicklung der vormaligen Landesbank resultieren, zu verkraften hat. Unter diesen Umständen kann es sogar dazu kommen, dass die Schuldenbremse zu einem Ausgabenexport auf die Kommunalebene führt.

Kurzum: Die Geschichte der WestLB ist für die Gemeinden in NRW ein riesiges Desaster. Es war die vermeintlich vertrauenswürdige Landesbank, die einem Teil der Kommunen zu hochspekulativen Papieren riet. Die eigene Kompetenz der Bank im Umgang mit hochspekulativen Finanzprodukten unterschied sich offenbar nur marginal von dem Wissen der heute vor Gericht ziehenden kommunalen Entscheidungsträger! Nur die WestLB kann eben niemanden dafür verklagen, dass sie selbst in solche Papiere investierte. Ihre Existenz ist bereits heute Vergangenheit. Die Kommunen aber existieren weiter und müssen mit den Folgen der eigenen Spekulation leben. Aber nicht nur das, die Gemeinden werden direkt oder indirekt auch noch an den Sanierungskosten der Krisenbank beteiligt! Denn das Geld, das öffentliche Haushalte in die Banksanierung stecken müssen, fehlt anderswo. Die WestLB ist ein Beispiel dafür, wie die eigentliche Funktion einer Landesbank ausgehöhlt werden kann! Solche Banken braucht niemand.

CHRISTOPH BUTTERWEGGE

Armut in Deutschland und in der Europäischen Union

Armut, in der sog. Dritten und Vierten Welt eine traurige Alltagsrealität, hält seit geraumer Zeit auch Einzug in europäische Wohlfahrtsstaaten, wo sie zumindest als *Massen*erscheinung lange weitgehend unbekannt war. 2010 war das »Europäische Jahr zur Bekämpfung von Armut und sozialer Ausgrenzung«. Fungierte der zuletzt genannte Begriff anfänglich als Ersatz für den zuerst genannten und bemühten sich manche Regierungen während der 1990er Jahre, den Terminus »Armut« aus europäischen Dokumenten fernzuhalten, indem sie lieber von »sozialer Ausgrenzung« sprachen, so wird mittlerweile ein Strukturzusammenhang zwischen beiden Phänomenen hergestellt.

Armut – eine Folge der Transformation des europäischen Sozialmodells

Sucht man nach den Ursachen für die eher halbherzige Armutsbekämpfung im EU-Bereich, stößt man trotz einer keineswegs unwichtigen Symbolpolitik gegen Armut und soziale Ausgrenzung nicht zuletzt auf Reformmaßnahmen der Brüsseler wie der nationalstaatlichen Institutionen. Gerade die EU-Kommission leistete Prekarisierungs- und Pauperisierungsprozessen etwa durch die nach dem damaligen niederländischen EU-Kommissar Frits Bolkestein benannte Dienstleistungsrichtlinie systematisch Vorschub. Ungefähr seit der Jahrtausendwende befindet sich das europäische Sozialmodell in einem tiefgreifenden Erosions- und Transformationsprozess, der als neoliberal zu bezeichnen ist, weil seine Träger der Standortlogik folgen und die Wettbewerbsfähigkeit des »eigenen« Wirtschaftsstandortes durch marktkonforme Strukturreformen zu steigern suchen.

Die auf einem EU-Sondergipfel der Staats- und Regierungschefs am 23./24. März 2000 in der portugiesischen Hauptstadt verabredete »Lissabon-Strategie« sollte Europa befähigen, seinen Bürger(inne)n dadurch Wohlstand zu sichern, dass die US-Hegemonie auf dem Weltmarkt gebrochen und eine wissenschaftlich-technisch begründete Führungsrolle übernommen würde. Die umfassende »Modernisierung« und Anpassung der Sozialstaaten an Markterfordernisse bzw. mächtige Wirtschaftsinteressen galt als Verwirklichung des in Lissabon beschlossenen Ziels. Hatte der damaligen Ratspräsidentschaft noch das Ziel vorgeschwebt, die Armut bis 2010 zu »überwinden«, so beschränkte sich der EU-Gipfel vom 7. bis 11. Dezember 2000 in Nizza bereits auf die Forderung, »die Beseitigung der Armut entscheidend voranzubringen.« Statt bis zum Jahr 2010 wenigstens eine Halbierung der Armut zu erreichen, verzeichnete die EU eine weitere Steigerung der sozialen Ungleichheit. Sehr viel weniger ambitioniert fiel denn auch das entsprechende Kernziel im Rahmen der EU-Agenda 2020 aus. In der laufenden Dekade soll die Armut mittels einer »Leitinitiative« (z. B. »Maßnahmen zur Modernisierung und Intensivierung der Beschäftigungs- und Bildungspolitik sowie der sozialen Sicherung durch vermehrte Beteiligung am Arbeitsleben und den Abbau der strukturellen Arbeitslosigkeit sowie die Stärkung der sozialen Verantwortung der Unternehmen«) nur mehr um ein Viertel, also immerhin noch ca. 20 Mio. Betroffene, verringert werden. Dass diese Marke nicht erreicht wird, zeigen die neuesten Zahlen: Mittlerweile sind sogar mehr, nämlich rund ein Viertel aller 500 Millionen EU-Bürger/innen von Armut und sozialer Ausgrenzung betroffen. Hinzu kommt eine durch die Austeritätsprogramme der EU-Kommission im Rahmen ihrer »Euro-Rettungspolitik« forcierte sozialräumliche Spaltung (»Nord-Süd-Gefälle«).

Beschleunigt und verstärkt wurde die Armutsentwicklung von der globalen Finanz-, der Weltwirtschafts- und der europäischen Währungskrise. Die staatlicherseits geförderte Ungleichheit in der Einkommens- und Vermögensverteilung bildete zugleich eine wichtige Krisenursache: Da die Reichen immer reicher und die Armen zahlreicher geworden sind, haben die spekulativen Anlagen auf den Finanzmärkten neue Rekordhöhen erreicht, während die zur Stärkung der Binnenkonjunktur in Krisenphasen nötige Massenkaufkraft fehlt. Ähnliches gilt für die Schuldenproblematik im Euro-Raum: Da die Bundesrepublik durch jahrzehntelange Reallohnsenkungen noch exportstärker geworden ist, haben andere EU-Länder, besonders die an der südlichen Peripherie gelegenen, ihr gegenüber so drastisch an Wettbewerbsfähigkeit eingebüßt, dass sie ihre wachsenden Importe über Kredite finanzieren mussten.

Die soziale Frage blieb umso mehr auf der Strecke, je stärker »Rettungsschirme« für die Banken und den Euro (genauer: die Kapitalanleger) ins Zentrum der Politik rückten. Mittlerweile beherrscht die Sorge um die Stabilität der europäischen Währung den öffentlichen Diskurs so einseitig, dass die soziale Gerechtigkeit unter die Räder zu geraten droht. Auf der politischen Agenda steht *weniger,* jedoch auch ein *anderer* Wohlfahrtsstaat. Zusammen mit dem Ab- findet ein Umbau des Sozialstaates statt. Es geht keineswegs um die *Liquidation* des Wohlfahrtsstaates, vielmehr um seine *Reorganisation* nach einem Konzept, das neben unzähligen Leistungskürzungen auch *strukturelle* Veränderungen wie die Reindividualisierung sozialer Risiken bzw. die (Teil-)Privatisierung der staatlichen Altersvorsorge, die Erhöhung des administrativen Kontrolldrucks und die drastische Ausweitung der Sanktionsmöglichkeiten gegenüber Leistungsempfänger(inne)n beinhaltet.

Das karitative Engagement, die ehrenamtliche Tätigkeit in der »Bürger-« bzw. »Zivilgesellschaft«, die wohltätigen Spenden sowie das Stiftungswesen haben offenbar gerade deshalb wieder Hochkonjunktur, weil man den Sozialstaat demontiert und dafür gesellschaftliche Ersatzinstitutionen braucht. Ginge es nach den neoliberalen Kräften innerhalb der EU, würden die meisten Bildungs-, Wissenschafts-, Kultur-, Umweltschutz-, Freizeit-, Sport- und Wohlfahrtseinrichtungen, kurz: fast alle Bereiche des öffentlichen Lebens, die nicht hoheitlicher Natur sind, noch stärker als bisher vom Kommerz beherrscht bzw. von der Spendierfreude privater Unternehmen, Mäzene und Sponsoren abhängig gemacht. An die Stelle des Sozialstaates träte letztlich quasi ein Staat der Stifter, privaten Spender und Sponsoren. Mit etwas

Sarkasmus kann man durchaus einen politischen Hintersinn darin erkennen, dass dem Europäischen Jahr zur Bekämpfung von Armut und sozialer Ausgrenzung 2011 das Europäische Jahr der Freiwilligenarbeit folgte.

Migration und Armut

Schlagzeilen wie »Osteuropäer sitzen auf gepackten Koffern« oder »Europas Ärmste auf dem Weg nach Deutschland« schüren Ängste vor einer Massenzuwanderung und Wohlstandsverlusten für die Einheimischen: Viele hunderttausend Bulgaren und Rumänen, suggerieren manche Presseberichte, seien auf dem Sprung, um die seit dem 1. Januar 2014 ohne Beschränkungen für sie geltende EU-Arbeitnehmerfreizügigkeit auszunutzen und Transferleistungen des deutschen Sozialstaates abzugreifen. Dass dieser nach unzähligen Reformen während der vergangenen Jahrzehnte längst nicht mehr so generös wie auf dem Höhepunkt seiner Entwicklung vor der Weltwirtschaftskrise 1974/75 ist, sondern den meisten Zuwanderern durch eine nicht bloß europarechtlich umstrittene Bestimmung im Sozialgesetzbuch (SGB) II jeglichen Leistungsanspruch vorenthält, wird häufig verschwiegen. Bei den bulgarischen und rumänischen Hartz-IV-Empfänger(inne)n handelt es sich fast durchgängig um »Aufstocker/innen«, d. h. Menschen, die von ihrer Arbeit nicht leben können. Über den Skandal, dass Bulgar(inn)en und Rumän(inn)en als Leih- bzw. Werkvertragsarbeiter/innen etwa in Schlachthöfen unter sklavenähnlichen Bedingungen und zu Hungerlöhnen tätig sind, spricht kaum jemand. Dabei boomt die Ausbeutung dieser Zuwanderer/innen durch Unternehmen der Fleischindustrie – der Entwicklung vom Rheinischen zu einem schweinischen Kapitalismus entsprechend – genauso wie durch skrupellose Immobilienhaie, die ihnen primitive Behausungen zu Horrormieten überlassen.

Parallelen der medialen Migrationsberichterstattung fallen ins Auge. So schrieb der *Spiegel* über die »Gastarbeiter« in den 1970er Jahren: »Fast eine Million Türken leben in der Bundesrepublik, 1,2 Millionen warten zu Hause auf die Einreise. Der Ansturm vom Bosporus verschärft eine Krise, die in den von Ausländern überlaufenen Ballungszentren schon lange schwelt. Städte wie Berlin, München oder

Frankfurt können die Invasion kaum noch bewältigen: Es entstehen Gettos, und schon prophezeien Soziologen Städteverfall, Kriminalität und soziale Verelendung wie in Harlem.« Zeitschriftenartikel wie dieser bestätigten Regierungspolitiker und -parteien nicht bloß in dem Bestreben, der Zuwanderung durch den »Anwerbestopp« möglichst umgehend Einhalt zu gebieten, sondern legitimierten auch den kurz darauf beginnenden »Um-« bzw. Abbau des Wohlfahrtsstaates.

Fungierte seinerzeit der Bosporus als Bedrohungskulisse, so löste ihn der Balkan als Inbegriff einer unruhigen Region mit einer als »tickende Zeitbombe« geltenden Bevölkerung, die zur »Armutsmigration« neigt, später ab. Erwähnt sei nur die Debatte über »Klau-Kids« aus Roma-Familien des früheren Jugoslawien und eine sog. Balkan-Bande in Köln um die Jahrtausendwende. Die neurechte Wochenzeitung *Junge Freiheit* skandalisierte den nach Geltung der vollen Arbeitnehmerfreizügigkeit vermeintlich drohenden »Sozialtourismus« (Unwort des Jahres 2013) schon, bevor Hartz IV am 1. Januar 2005 in Kraft trat, und griff dieses Thema auch danach wiederholt auf. Da sich Armuts-, Migrations- und Kriminalitätsdiskurs überlappten, gelangte das rechtsextreme Narrativ über Roma, die arbeitsscheu sind, Banden bilden, betteln und den deutschen Sozialstaat ausplündern, nach längerer Zeit seiner Verbreitung und Vertiefung in die gesellschaftliche Mitte.

Wenn ein Arbeitsmigrant auswandert, um in einem anderen Land erwerbstätig zu sein, und ein Armutsmigrant, um der Not in seiner Heimat zu entkommen, ist der Streit darüber müßig, worum es sich bei den Bulgaren und Rumänen in Deutschland handelt. Ignoriert wird die starke Fragmentierung dieser Bevölkerungsgruppe, in der sich die Polarisierung der Lebenslagen im Zeichen der Globalisierung bzw. der neoliberalen Modernisierung manifestiert. Geboten wäre daher eine differenzierte Sicht auf die Lebenslagen der Zuwanderer: Ärzten, Technikern und Ingenieuren, die ihre Heimat verlassen, weil sie woanders mehr Geld zu verdienen hoffen, stehen Menschen gegenüber, die krassestem Elend, rassistischer Diskriminierung und totaler Perspektivlosigkeit zu entfliehen suchen. Selbst zwischen bulgarischen und rumänischen Zuwanderern gibt es erhebliche beruflich-qualifikatorische und soziale Unterschiede. Man kann nicht alle Migranten derselben geografischen oder ethnischen Herkunft über einen Kamm scheren, zumal die Grenzen zwischen Arbeits-, Armuts- und Fluchtmigration fließend sind. Augenscheinlich werden die Zuwanderer nicht von einem großzügigen Sozialstaat, vielmehr von einem weniger angespannten Arbeitsmarkt in dem am meisten prosperierenden EU-Land angezogen.

Nimmt man Daten und Fakten zur Kenntnis, erweist sich das Klischee der Masseneinwanderung von Südosteuropäern in die deutschen Sozialsysteme als unzutreffend. Nur in Städten wie Berlin, Duisburg und Dortmund, wo die Arbeitslosigkeit überdurchschnittlich hoch ist, sind auch Bulgar(inn)en und Rumän(inn)en davon sehr stark betroffen. In den Boomtowns des Südwestens der Bundesrepublik und des Rhein-Main-Gebietes hingegen ist auch die entsprechende Quote der osteuropäischen Migrant(inn)en niedrig, was dafür spricht, dass diese genauso wie arbeitslose Deutsche nach einer Stelle suchen, aber nur dann Erfolg haben, wenn genügend Arbeitsplätze zur Verfügung stehen.

Aufgrund des enormen Wohlstandsgefälles innerhalb der EU dürften die Wanderungsbewegungen zwischen den Mitgliedstaaten anhalten, zumal die meisten Beitrittskandidaten (z. B. Albanien, Montenegro, Mazedonien und Serbien) ähnliche ökonomische Probleme wie Bulgarien und Rumänien haben. Umso notwendiger ist die Verringerung der sozialen Ungleichheit, national ebenso wie international, und die Verwirklichung von mehr Gerechtigkeit hier wie dort.

Literatur

Butterwegge, Christoph / Hentges, Gudrun (Hrsg.): Rechtspopulismus, Arbeitswelt und Armut. Befunde aus Deutschland, Österreich und der Schweiz, Opladen/Farmington Hills 2008

Butterwegge, Christoph / Hentges, Gudrun (Hrsg.): Zuwanderung im Zeichen der Globalisierung. Migrations-, Integrations- und Minderheitenpolitik, 4. Aufl. Wiesbaden 2009

Butterwegge, Christoph: Armut in einem reichen Land. Wie das Problem verharmlost und verdrängt wird, 3. Aufl. Frankfurt a. M. / New York 2012

Butterwegge, Christoph: Krise und Zukunft des Sozialstaates, 5. Aufl. Wiesbaden 2014

Werner Rügemer

Freiheit der Arbeit!

Die universellen Menschenrechte gelten auch für die Arbeitsverhältnisse

Die gegenwärtig vorherrschende Kapitalmacht agiert, wenn sie es für passend hält, bekanntlich außerhalb des Rechtsstaats, außerhalb der parlamentarischen Demokratie und nicht zuletzt außerhalb der universellen Menschenrechte. Diese Feststellung ist banal. Sie wird allerdings dadurch kompliziert (scheinbar), dass gerade Vertreter dieser Kapitalmacht sich weltweit für den Rechtsstaat, für die parlamentarische Demokratie und neuerlich wieder besonders heftig für die Menschenrechte einsetzen.

Dabei werden »die Menschenrechte« bekanntlich selektiv und widersprüchlich reklamiert, ganz nach dem verschiedenen US-Präsidenten zugeschriebenen Ausspruch: »Er ist ein Schweinehund, aber er ist unser Schweinehund.« So wird in Peking und Moskau die Meinungs- und Demonstrationsfreiheit für Personen und Gruppen reklamiert, deren politischer Hintergrund im Dunkeln gehalten wird. Gleichzeitig werden im Westen Blockupy-Manifestationen gnadenlos abgeräumt. Im Protokoll der Frankfurter Polizei nach den verbotenen Demonstrationen gegen die Bankenmacht stand als Grund für Festnahmen: Antikapitalismus. Freiheit der Meinung? »Rebellen« wie die Taliban sind einmal gut, wenn es passt, und dann sind sie böse, wenn es auch wieder passt. Libyens Gaddafi wurde hofiert, als es passte und dann zum Mord freigegeben, als es auch wieder passte.

Die neoliberale Theorie und Praxis kennt keine Menschenrechte. Sie anerkennt ernsthaft nicht einmal die bürgerlichen Gesetze der klassischen Kapitaldemokratien. Ihr oberstes Prinzip ist die »Freiheit des Einzelnen«, wobei es in der Praxis nur die einzelnen Privateigentümer sind, die diese Freiheit wahrnehmen können. Die abhängig Beschäftigten können diese Freiheit bekanntlich nicht wahrnehmen. Wenn deshalb etwa Gewerkschafter in den Hinterhöfen und sweat shops des Westens verfolgt und getötet werden, wenn hunderttausende junge Frauen kaserniert werden, um unter menschenunwürdigen Bedingungen Jeans, Computerteile und iPhones für westliche Konzerne zu montieren und nach einigen Jahren gesundheitlich verschlissen sind – da werden keine Menschenrechte reklamiert. Wenn in Deutschland unliebsame Beschäftigte und Betriebsräte ausspioniert und entlassen werden – da bleiben unsere Menschenrechtler taub, blind und stumm.

Der UNO-Sozialpakt ist auch in den westlichen Kapitaldemokratien bekanntlich bzw. unbekanntlich unmittelbar geltendes Recht und zwar seit über drei Jahrzehnten. Auch in der Bundesrepublik Deutschland. Der Sozialpakt, auf der Erklärung der universellen Menschenrechte fußend, enthält soziale und Arbeitsrechte: das Recht auf Arbeit, auf gewerkschaftliche Organisierung, auf angemessene Entlohnung, auf gleiche Bezahlung von Mann und Frau, auf Wohnung, auf Gesundheitsversorgung, auf Schutz vor Armut. »Universell« bedeutet: der Staat, wenn er Menschenrechte verletzt, kann sich nicht auf seine Souveränität berufen.

Für die bundesdeutsche Unternehmerschaft, die sich nach dem Ende des Faschismus zu christlich und liberal firmierenden Parteien bekannte beziehungsweise sie finanzierte, legal und illegal, galten auch nach 1945 die Beschäftigten nicht als handelnde und schon gar nicht als frei handelnde Subjekte. Unbarmherzig lehnten Unternehmer und ihre Parteien den Vorschlag ab, die Industrie- und Handelskammern abzuschaffen. Die hatten sich begeistert in das unfreie und deshalb gewerkschaftsfreie NS-Wirtschaftssystem integriert. Sie halfen bei der Arisierung. Sie halfen bei der Zwangsvermitgliedschaftung auch der Kleinstgewerbetreibenden wie der Markthändler und Scherenschleifer. Der alternative Vorschlag nach 1945 lautete: Ersetzt die Industrie- und Handelskammern durch Wirtschaftskammern, in denen auch die lohnabhängig Beschäftigten vertreten sind! Das wurde abgelehnt. Und alle Groß- und Kleinunternehmen sind bis heute Zwangsmitglieder. Freiheit?

Die heute von den Vertretern der dominierenden Kapitalmacht reklamierten Menschenrechte sind ein eingeschrumpfter Restbestand der Grundrechte, die im Ersten Zusatz zur US-Verfassung (»First Amendment«) aus dem Jahre 1791 festgehalten wurden: Freiheit der Rede, der persönlichen Meinung, der Presse und der Religionsausübung. Doch inzwischen hat sich der Kapitalismus entwickelt und fortentwickelt, und die kapitalistische Führungsmacht hantiert immer noch mit dem Grundrechtsverständnis aus der kapitalistischen Vorgeschichte.

Es kann zudem gefragt werden, ob wenigstens diese Rechte im eigenen Staat realisiert werden. Freiheit der persönlichen Meinung und der Presse – herrscht nicht stattdessen die von wenigen Konzernen oktroyierte Gleichmacherei und professionelle Desinformation? Diffamierung des Islam – Freiheit der Religionsausübung? Allerdings ist die Diffamierung des Islam außenpolitisch auf solche Staaten wie den Iran begrenzt – die islamistischen Diktaturen sind dagegen enge Verbündete des Westens. Dass sich die reiche Oberschicht dort von hunderttausenden Tagelöhnern bedienen lässt, das stört die herrschenden Kreise des Westens nicht.

Die Hartz-Gesetze I bis IV als Gesamtmachwerk sind nicht nur ein Bruch mit dem Grundgesetz der Bundesrepublik Deutschland (Menschenwürde, Schutz des Eigentums und der Privatsphäre, Berufsfreiheit). Sie brechen auch weitergehend die universellen Menschenrechte (Recht auf Arbeit, Verbot der Zwangsarbeit). Die Finanz- und Wirtschaftskrise wurde nicht nur durch die Deregulierung des Finanz- und Wirtschaftsrechts befördert. Die Krise wurde auch durch die Deregulierung des Sozial- und Arbeitsrechts vorangetrieben. Nicht zufällig wurden in den Vorreiterstaaten des Neoliberalismus, USA und Großbritannien, gleich zu Beginn Gewerkschaften überwacht, geschwächt und auch zerschlagen. So konnten die privaten Kapitalakteure mächtiger und freier werden, auf Kosten der Freiheit derer, die vom Lohnsystem abhängen.

Es wird in Europa und insbesondere in der Bundesrepublik Deutschland verdrängt, dass die Vereinigten Staaten von Amerika der Arbeits-Unrechtsstaat Nummer 1 in der Welt sind. Die USA stehen weltweit einsam an der Spitze der Nichtanerkennung der Kern-Normen der Internationalen Arbeitsorganisation (International Labour Organisation, ILO). Die ILO hat die UNO-Arbeitsrechte in 8 Kern-Normen präzisiert. Von diesen acht Normen haben die USA bis heute sechs nicht ratifiziert: 1. Die Koalitionsfreiheit, also auch das Recht der Beschäftigten, sich frei zu organisieren, etwa in Gewerkschaften; 2. Recht auf kollektive Tarifverträge; 3. Abschaffung der Zwangs- und Pflichtarbeit allgemein, vor allem wegen des Einsatzes von Häftlingen für private Unternehmen; 4. Gleicher Lohn für gleiche Arbeit von Mann und Frau; 5. Mindestalter für den Eintritt in ein Arbeitsverhältnis; 6. Verbot der Diskriminierung in der Arbeitswelt wegen Rasse, Hautfarbe, Geschlecht, Religion, politischer Meinung, nationaler und sozialer Herkunft.

Die USA haben lediglich diese zwei ILO-Normen ratifiziert: 7. Abschaffung der Zwangsarbeit als Disziplinarmaßnahme, 8. Abschaffung der schlimmsten Formen der Kinderarbeit, wobei nicht Kinderarbeit überhaupt verboten wird, sondern nur die Beschäftigung von Kindern als Soldaten, Prostituierte, im Drogenhandel und in der Pornografie.

Die Staaten der EU haben zwar die meisten ILO-Normen ratifiziert, haben sich aber nie wirklich daran gehalten und tun dies immer weniger. Bei den »Rettungsmaßnahmen« der EU für Griechenland, Spanien, Italien und Portugal setzt die EU zusammen mit dem Internationalen Währungsfonds (IWF) Menschenrechtsnormen außer Kraft, etwa wenn Tarifverträge aufgelöst, Lohnsenkungen verordnet und Streiks erschwert werden. Die EU nimmt auch hier die USA zum Vorbild. Und Konzerne wie Daimler, BMW und Thyssen Krupp verlagern freudig Niederlassungen in den weitgehend gewerkschaftsfreien Südstaaten der USA; sie produzieren dort nicht nur für den Verkauf in die USA, sondern für den Export.

Können Staaten, der die Egoismen einer gierigen, menschenrechtsfeindlichen Minderheit über die Rechte und die Freiheit der Mehrheit stellen – können die als Anwalt der Menschenrechte auftreten? Und was ist von Medien zu halten, die die herrschende Menschenrechts-Hetze begleiten und vorantreiben?

Um die gegenwärtige Kapitalmacht zu entmachten, ist es elementar, dass die regulär und prekär Beschäftigten, die Noch-Beschäftigten, die an der Beschäftigung Gehinderten und alle von Beschäftigung Abhängigen nicht nur höhere Löhne und Gehälter und höhere Transfers fordern. Vielmehr müssen sie ihre Arbeits- und Sozialrechte als universelle und unkündbare Menschenrechte einfordern: Freiheit in der Arbeit, Recht auf Arbeit, Recht auf Bildung von Gewerkschaften und betriebliche Vertretung, Recht auf sicheres Leben und auf Wohnung, Schutz vor Armut, Recht auf politischen Streik.

Wir wollen nicht einfach »mehr vom Kuchen«, sondern wir wollen die Menschenrechte und die Freiheit! Dass dazu auch mehr beziehungsweise sehr viel mehr vom gemeinsam gebackenen Kuchen gehört, versteht sich von selbst. Aber wer mit der Forderung »mehr vom Kuchen« nur die von allen Menschenrechten befreite kapitalistische Gier und Macht hilflos nachäfft, wird selbst nie »mehr vom Kuchen« bekommen, oder nur in Ausnahmefällen und nie auf Dauer.

Menschenrechte müssen gegen die Vertreter von privatmächtigen Einzelinteressen erkämpft werden. Schon der bürgerliche Nationaldichter Goethe schrieb: »Wer das Recht auf seiner Seite hat, muss derb auftreten. Ein höflich Recht will gar nichts heißen.«

Autorinnen und Autoren

Dr. Wilhelm Adamy, Leiter der Abteilung Arbeitsmarktpolitik des DGB-Bundesvorstands

Dr. Hermann Bömer, ehemals TU Dortmund, Fakultät Raumplanung

Prof. Dr. Heinz-J. Bontrup, Wirtschaftswissenschaftler an der Westfälischen Hochschule Gelsenkirchen, Campus Recklinghausen, Fachbereich Wirtschaftsrecht und Sprecher der Arbeitsgruppe Alternative Wirtschaftspolitik (»Memorandumgruppe«)

Prof. Gerd Bosbach, Lehrstuhl für Statistik und Empirische Wirtschafts- und Sozialforschung an der Hochschule Koblenz

Prof. Dr. Christoph Butterwegge, Professor für Politikwissenschaft, Universität Köln. Humanwissenschaftliche Fakultät, Institut für vergleichende Bildungsforschung und Sozialwissenschaften

Raoul Didier, DGB-Bundesvorstand, Abteilung Wirtschafts-, Finanz- und Steuerpolitik

Dr. Kai Eicker-Wolf, DGB Hessen-Thüringen. Wirtschaftspolitik

Prof. Dr. Tim Engartner, Professor für Didaktik der Sozialwissenschaften, Goethe-Universität Frankfurt a. M., Fachbereich Gesellschaftswissenschaften

Simon Funcke, Studie »Kommunale Wertschöpfungsketten«, Wissenschaftlicher Mitarbeiter, Doktorand am Zentrum für Erneuerbare Energien (ZEE), Universität Freiburg

Jürgen Grässlin, Sprecher der Kampagne »Aktion Aufschrei – Stoppt den Waffenhandel!«, Bundessprecher der Deutschen Friedensgesellschaft – Vereinigte KriegsdienstgegnerInnen (DFG-VK), Sprecher der Kritischen AktionärInnen Daimler (KAD) und Vorsitzender des RüstungsInformationsBüros (RIB e.V.), »Aachener Friedenspreis«

Dorothea Hauptstock, Diplom-Volkswirtin wissenschaftliche Mitarbeiterin am Wuppertal Institut für Klima, Umwelt, Energie

Dr. Cornelia Heintze, Studium der politischen Wirtschaften, 1990 – 1993 Referentin im niedersächsischen Finanzministerium, 1993 – 1999 Stadtkämmerin, sein 1999 freiberufliche Politologin und Coach

Markus Henn, Weltwirtschaft, Ökologie & Entwicklung – WEED e.V., Referent für Finanzmärkte / Policy Officer Financial Markets

Prof. Dr. Peter Hennicke, ehemaliger Präsident des Wuppertal Instituts für Klima, Umwelt, Energie; Mitglied im Management Board der Europäischen Umweltagentur (Kopenhagen) und »Full Member« des Club of Rome.

Andreas Kemper, Publizist, Blogger und Soziologe mit den Themenschwerpunkten Bildungsbenachteiligung, Klassismus und antifeministische Männerrechtsbewegung.

Daniel Kreutz, Politiker und Sozialexperte, 1990 bis 2000 MdL NRW, bis 2010 Referent für Sozialpolitik beim Sozialverband Deutschland (SoVD) e.V.

Dr. Steffen Lehndorff, bis 2012 Abteilungsleiter »Arbeitszeit und Arbeitsorganisation« des Instituts Arbeit und Qualifikation der Universität Duisburg-Essen

Jochen Marquardt, DGB Regionsgeschäftsführer Ruhr-Mark, DGB Stadtverbandsvorsitzender Hagen

Dr. Manuela Maschke Leiterin Archiv Betriebliche Vereinbarungen in der Hans-Böckler-Stiftung

Prof. Dr. Mohssen Massarrat, Universität Osnabrück, FB Sozialwissenschaften, seit WS 2007/2008 im Ruhestand

Franz-Josef Möllenberg, 1992 – 2013 Vorsitzender der Gewerkschaft Nahrung-Genuss-Gaststätten (NGG)

Lena Paetsch, Lehramtsstudentin an der Uni Münster

Gunter Quaißer, wissenschaftlicher Mitarbeiter der Arbeitsgruppe Alternative Wirtschaftspolitik

Dr. Sabine Reiner, ver.di Bundesvorstand, Ressort Wirtschaftspolitik

Dr. Norbert Reuter, ver.di Bundesvorstand, Ressort Wirtschaftspolitik

Dr. Werner Rügemer, Köln, Publizist, Berater und Lehrbeauftragter an der Universität Köln, Mitglied im PEN-Club Deutschland und Business Crime Control

Prof. Dr. Hajo Schmidt, ehemaliger wissenschaftlicher Direktor des Instituts für Frieden und Demokratie der Fern-Uni Hagen

Prof. Dr. Mechthild Schrooten, Professorin an der Hochschule Bremen, Sprecherin der Arbeitsgruppe Alternative Wirtschaftspolitik.

Josephat Sylvand, Assistent Exportmanager bei der Kaffeekooperative KCU in Tansania

Brian Terrell, Voices for Creative Nonviolence

Carmen Tietjen, DGB NRW, Abteilung Frauenpolitik

Dr. Axel Troost, Geschäftsführer der Arbeitsgruppe Alternative Wirtschaftspolitik und finanzpolitischer Sprecher der Bundestagsfraktion DIE LINKE

Achim Vanselow, DGB NRW Abteilung Wirtschafts- und Strukturpolitik / Umwelt-, Verkehrs- und Technologiepolitik

Dr. Claudia Weinkopf, Leitung der Forschungsabteilung Flexibilität und Sicherheit am Institut Arbeit und Qualifikation der Universität Duisburg-Essen

Heinz-J. Bontrup

Krisenkapitalismus und EU-Verfall

Paperback | 231 Seiten
ISBN 978-3-89438-537-8
€ 15,90 [D]

Heinz-J. Bontrup beschreibt den Krisen- und Verfallsprozess des globalen Kapitalismus als Hintergrund für die Krise der Europäischen Wirtschafts- und Währungsunion. Zunächst präsentiert er Grundsätzliches: Die antagonistischen Prozesse der kapitalistischen Akkumulation und die darin angelegte Mehrwertproduktion. Dabei geht Bontrup auf die zerstörerische Wirkung des Konkurrenzprinzips, auf die katastrophale Lage an den Arbeitsmärkten und die Staatsverschuldung ein. Er beschreibt die historische Entwicklung des kapitalistischen Systems nach dem Zweiten Weltkrieg und die sukzessive Umsetzung des marktradikalen Neoliberalismus seit Mitte der 1970er Jahre. Abschließend behandelt er die aktuelle europäische Finanz- und Wirtschaftskrise. Deren Lösung hält er nur durch eine völlig andere Wirtschaftspolitik in Europa für möglich. Sie muss definitiv mit dem krisenverschärfenden Neoliberalismus brechen. Darüber hinaus ist eine grundsätzliche EU-weite ordnungspolitische Alternative durch eine tiefgreifende Demokratisierung der Wirtschaft vonnöten.

PapyRossa Verlag
Luxemburger Str. 202, 50937 Köln, Tel. (02 21) 44 85 45, Fax 44 43 05
mail@papyrossa.de – www.papyrossa.de